貿易実務シリーズ❷

輸出入通関実務マニュアル

石原 伸志・松岡 正仁 共著

成山堂書店

本書の内容の一部あるいは全部を無断で電子化を含む複写複製（コピー）及び他書への転載は，法律で認められた場合を除いて著作権者及び出版社の権利の侵害となります。成山堂書店は著作権者から上記に係る権利の管理について委託を受けていますので，その場合はあらかじめ成山堂書店（03-3357-5861）に許諾を求めてください。なお，代行業者等の第三者による電子データ化及び電子書籍化は，いかなる場合も認められません。

はじめに

　周囲を海に囲まれているわが国が輸出入取引を行う場合の輸送方法は、海上または航空輸送に限られています。

　さらに、昨今日系企業の海外への生産拠点移転等によるグローバル化に伴い、わが国の貿易取引は従来の原材料を輸入して加工した工業製品の輸出国型からアジア等を中心とした地域からの工業製品の輸入国型へと大きく変換しています。

　現に2018年度のわが国の貿易額を見ると、輸出81兆4787億円（対前年比4.1％）、輸入82兆7033億円（対前年比9.7％）で貿易額は増大の一途を辿る一方、その取引額の約50％はアジア地域となっています。

　ところで、この貿易取引の対象物には固体、液体、気体のような有形財と知的財産権のような無形財があります。本書の対象であるモノを輸出入しようとする時に必ず必要な行為である「通関」の対象になっているのは有形財のみであり、無形財は通関の対象とはなっていません。この通関の有無という行為が、国内取引と貿易取引の最大の違いといえます。

　すなわち、国際間でモノを往来させるには、何等の制約も受けず自由に行えるということではなく、また、通関という行為はモノ本来の往来に携わる当事国が制定する国内法あるいは国際条約や二国間協定などに則した手続や規則に拠ったものでなければなりません。そして、これらが遵守されていることを確認するために、書類審査やモノの検査を行い、問題がなければ許可され、初めて輸出入が可能となるわけですが、この一連の行政行為を行うのが「税関」であり、その輸出入の意思表示を行う申告手続が「通関手続」です。

　ところで、最近の通関関連の主なトピックスを思いつくままに列挙してみると、

　　2006年　　国際標準に則ったAEO制度の導入
　　2011年　　輸出貨物の保税地域搬入前申告への見直し
　　2014年　　コンテナー貨物の本船輸出港出港24時間前報告（JP24）制

		度の導入
	2017年	第6次NACCS稼働と申告官署の自由化
	2018年	TPP11発効
	2019年	日EU・EPAの発効
		中国・タイ・マレーシア・ブラジル・メキシコの特恵関税対象国からの卒業
		中国・台湾とのAEO相互認証の発効等

があり、この他に、国際物流の円滑化と国内外の情勢等を見ながら、関税暫定措置法や関税定率法の一部改訂などが行われており、現在通関手続が過渡期にあるのがよく分かります。

しかし、実務界に目をやると、通関手続きに関する雑誌や新聞等による報道、セミナー・講習会等での部分的な解説や説明はあるものの全体を解説した著書がないのが実態だと思われます。

そこで、今般実務界で通関士として40年近い豊富な経験と知識を有する松岡正仁氏と共同で、輸出入を行ううえで重要な通関手続に関する理論と実践マニュアルを本書『輸出入通関実務マニュアル』としてまとめてみました。

本書は初めて通関手続を学ぶ方だけでなく、日頃から輸出入取引や通関業務に従事されている実務家の方々にとっても十分参考になるよう、2019年4月1日までの最新情報と具体的な帳票類等も盛り込みながら、分かりやすく詳細に解説してあります。本書が関係各位の知識と業務の向上の一助となれば望外の喜びです。

なお、日常業務の中では「事業者（通関事業者、運送事業者等）」と「業者（通関業者、運送業者等）」の二通りの言い方があります。関税法等の法令では業者が使われていますが、本書では業者と事業者を同意語として読みやすいと思われる事業者に統一してあります。

最後に、本書出版に際して、ご尽力いただいた株式会社成山堂書店の方々に深謝いたします。

2019年7月吉日

石原伸志

目　次

はじめに

第1章　輸出入通関概論 …………………………………………………………… 1
1.1　通関とは何か ………………………………………………………………… 1
1.2　通関手続が必要な貨物 ……………………………………………………… 2
1.3　関税・通関に関する法令 …………………………………………………… 3
1.3.1　関税・通関関係法 …………………………………………………… 3
1.3.2　関税法等の改正 ……………………………………………………… 5
1.4　税関の役割と仕組み ………………………………………………………… 5
1.4.1　税関の役割 …………………………………………………………… 5
1.4.2　税関の仕組み ………………………………………………………… 6
1.5　税関の今後の方向 …………………………………………………………… 6
1.5.1　関係各省庁（厚生労働省や農林水産省等）とNACCSを利用した税関手続のシングルウィンドウ化の推進 ……………………… 6
1.5.2　通関関係書類の電子化、ペーパーレス化の促進 ………………… 8
1.5.3　AEO通関制度の推進 ……………………………………………… 11
1.5.4　輸入通関時間 ………………………………………………………… 26
1.6　保税非違と通関非違 ………………………………………………………… 26
1.6.1　保税非違 ……………………………………………………………… 30
1.6.2　通関非違 ……………………………………………………………… 32
1.7　通関事業者と通関業務 ……………………………………………………… 33

第2章　輸出通関の実務 …………………………………………………………… 37
2.1　輸出の定義 …………………………………………………………………… 37
2.2　輸出申告の時期 ……………………………………………………………… 38
2.3　輸出申告前の準備 …………………………………………………………… 39

  2.3.1　輸出許可を要する場合 …………………………………… 39
  2.3.2　輸出承認の取得を要する場合 ……………………………… 42
  2.3.3　輸出申告で必要な書類 ………………………………………… 44
  2.3.4　輸出申告前に必要な作業（HSコードへの分類） ………… 46
 2.4　輸出申告手続 …………………………………………………………… 48
  2.4.1　輸出申告手続の原則（保税地域への貨物の搬入） ……… 48
  2.4.2　特定輸出申告制度 ……………………………………………… 49
  2.4.3　特定委託輸出申告制度（AEO通関制度） ………………… 51
 2.5　NACCSによる輸出申告手続 ………………………………………… 55
 一口メモ　AEOの輸出通関済コンテナ（貨物）運送に関する消費税の扱い … 57
 2.6　輸出の特例 ……………………………………………………………… 58
 2.7　輸出手続の変更 ………………………………………………………… 60
 2.8　輸入免税を前提にした輸出 …………………………………………… 61
 2.9　自社通関 ………………………………………………………………… 62
 2.10　輸出免税と消費税の還付 ……………………………………………… 63

第3章　輸入通関の手続 ………………………………………………… 65
 3.1　輸入の定義 ……………………………………………………………… 65
 3.2　申告前の準備 …………………………………………………………… 65
  3.2.1　搬入届 …………………………………………………………… 65
  3.2.2　保税地域 ………………………………………………………… 68
  3.2.3　輸入通関場所による違い ……………………………………… 70
  3.2.4　輸入承認および確認制度 ……………………………………… 71
  3.2.5　無為替で貨物を輸入するとき ………………………………… 78
  3.2.6　輸入承認を要しない貨物の輸入 ……………………………… 79
  3.2.7　輸入の特例（輸入令第14条） ………………………………… 79
  3.2.8　輸入承認と通関の関係 ………………………………………… 80
 3.3　輸入通関手続の主要規定 ……………………………………………… 82

第4章　輸入申告 ………………………………………………………… 83

- 4.1 輸入申告 …………………………………………………………………… 83
  - 4.1.1 提出書類 ……………………………………………………………… 83
  - 4.1.2 輸入申告価格 ………………………………………………………… 85
  - 4.1.3 関税確定方式 ………………………………………………………… 96
  - 4.1.4 事後調査と犯則調査 ………………………………………………… 98
  - 4.1.5 輸入審査 ……………………………………………………………… 107
  - 4.1.6 輸入検査 ……………………………………………………………… 108
  - 4.1.7 関税率 ………………………………………………………………… 109
  - 4.1.8 関税割当制度 ………………………………………………………… 118
  - 4.1.9 関税額の計算方法および納期限等 ………………………………… 120
  - 4.1.10 NACCSによる輸入申告手続 ……………………………………… 122
  - 4.1.11 輸入通関手続の方法 ………………………………………………… 125
  - 4.1.12 知的財産権侵害物品に係る輸入通関 ……………………………… 133
  - 4.1.13 保税転売 ……………………………………………………………… 135
  - 4.1.14 動・植物および食品等の通関手続 ………………………………… 135
  - 4.1.15 収容・領置・差し押え ……………………………………………… 138
  - 4.1.16 再輸入手続 …………………………………………………………… 140
  - 4.1.17 違約品の輸出 ………………………………………………………… 140
- 4.2 輸入申告時のトラブル事例 …………………………………………… 140

第5章 特恵関税と原産地規則 …………………………………………… 143
- 5.1 特恵関税とは何か ……………………………………………………… 143
- 5.2 特恵関税の対象品目 …………………………………………………… 146
- 5.3 経済連携協定との関係 ………………………………………………… 148
- 5.4 原産地規則 ……………………………………………………………… 148
  - 5.4.1 原産地規則とは ……………………………………………………… 148
  - 5.4.2 特恵関税の原産地規則（原産地認定基準）………………………… 149
  - 5.4.3 非特恵原産地規則（WTO協定税率の原産地基準）……………… 153
  - 5.4.4 自国関与品の特例扱い ……………………………………………… 154
  - 5.4.5 累積原産品の特例扱い ……………………………………………… 155

5.5　特恵関税を巡るトラブル事例 ……………………………………… 155
5.6　日EU・EPAおよびTPP11の特恵関税制度 ………………………… 156
　　5.6.1　日EU・EPAおよびTPP11の原産地証明の概要 ……………… 156
　　5.6.2　日EU・EPAの原産地証明 ……………………………………… 161
　　5.6.3　TPP11の原産地証明 …………………………………………… 176

第6章　その他の輸出入通関 …………………………………………… 190
6.1　関税暫定措置法第8条（暫8） ……………………………………… 190
6.2　国際郵便による輸出入通関（郵便通関） ………………………… 203
6.3　旅具通関 ……………………………………………………………… 205

付録　帳票類 ……………………………………………………………… 221
　　インボイス／パッキングリスト／輸出許可書／輸入実行関税率表／
　　輸入許可通知書／GSP Form A

参考文献 …………………………………………………………………… 229
索　　引 …………………………………………………………………… 231

第 1 章 輸出入通関概論

1.1 通関とは何か

　通関について、わが国の関税法第67条では、「貨物（「商品」または「財貨」。以下「貨物」）を輸出し、または輸入しようとする者は、税関長に申告し、必要な審査、検査を経て、その許可を得なければならない」と定めています。すなわち、**日本から貨物を海外に向けて船積みし、または海外から到着した貨物を日本国内に引取るためには、関税法の規定に基づいて、税関の許可を取得する必要**があります。この許可を得ないで、輸出または輸入行為をした場合には、「密輸行為」ということになります。

　通関や税関の「関」の字は、もともとモノや人の出入りを監視・調査する「関所」が由来となっており、輸出または輸入の許可を取得するために、税関に貨物を輸出または輸入したいという意思表示をすることが「輸出または輸入申告」です。

　つまり、「通関」とは、税関が申告された貨物の輸出または輸入（以下「輸出入」）に関する関税法等の法令で定められた税関手続を履行し、それらの貨物が税関の審査、検査を通ることを意味しています。

　通関手続には、「**広義の通関手続**」と「**狭義の通関手続**」があります。

　輸出における「**広義の通関手続**」とは、輸出申告から輸出許可を経て、外国貿易船・貿易機への積込みまで、輸入においては、外国から到着した貨物の外国貿易船からの船卸し・外国貿易機からの取卸しから輸入の許可を経て、日本国内へ引取るまでの一連の手続のことをいいます。これらの手続には、申告に先立って、関税法およびそれ以外の法令（他法令）の定めるところによる許可、承認あるいは条件の具備等に関する手続も含まれます。

　次に、輸出入における「**狭義の通関手続**」とは、貨物の輸出、または輸入したいと申告する意思表示（法律行為）から、行政庁の処分であるその許可に至るまでの税関手続をいいます。この申告は、関税法で定められている一定の方

式に従って、貨物を輸出入しようとする者が税関長に対して行う要式行為であって、これにより、輸出入しようとする貨物が特定されます。また、輸入貨物については、関税の課税価額が確定し、関税の納付義務が当該貨物を輸入しようとする申告者に課されることになります。

なお、関税法では、貨物の輸出入に際して、他法令による許可、承認または条件の具備を要する貨物については申告前に当該許可および承認を得ていることと規定しており、条件の具備が確認できなければ、税関長はその申告に係る貨物の輸出または輸入を許可しないこととされています。

また、**関税が課される貨物については、原則として当該関税が納付された後でなければ許可されません。**

1.2 通関手続が必要な貨物

輸出または輸入の対象となる貨物（物品）について、関税法ではとくに定義していません。しかし、輸出、輸入、内国貨物および外国貨物については、関税法第2条で次のように定義しています。

① 輸入（第2条第1項第1号）

　外国からわが国に到着した貨物（外国の船舶により公海で採捕された水産物を含む）または輸出の許可を受けた貨物をわが国に（保税地域を経由するものについては保税地域を経てわが国に）引取ること

② 輸出（第2条第1項第2号）

　内国貨物を外国に向けて送り出すこと

③ 外国貨物（第2条第1項第3号）

　輸出の許可を受けた貨物および外国からわが国に到着した貨物（外国の船舶により公海で採捕された水産物を含む）で、輸入が許可される前のモノ

④ 内国貨物（第2条第1項第4号）

　わが国にある貨物で、外国貨物でないモノおよびわが国の船舶により公海で採捕された水産物のこと

また、民法第85条によると、「物品」とは、有体物、すなわち固体、液体、気体として実体のあるもので、貨物とは物品のことです。

ところで、貿易取引の対象物には固体、液体、気体といった有形財と、知的

財産権のような無形財（サービス貿易）がありますが、外国へサービスの提供、または外国からの購入については無形財であるため、可視的な輸出または輸入行為が発生しないことから、通関手続の対象とはなりません。また、WTO（世界貿易機関）も、**輸入関税の対象は有形財である物品に限定**しています。

1.3　関税・通関に関する法令

　通関手続および関税などの徴収業務は法令（法規）に従って実施されています。

　法令とは、国会が制定する「**法律**」、これに基づく内閣の命令である「**政令**」、そして、担当大臣の出す命令である「**省令**」を意味しています。また、実務上の法令の運用、解釈等については、上位の行政機関である財務省から税関への内部文書である「**通達**」によって指示がなされます。すなわち、政令は内閣が法律の実施に必要な規則や委任事項を定めた「施行令」、省令は担当大臣が行政事務について法律や政令を実施するための命令である「施行規則」のことです。

　したがって、法令の適用順位は、

法律　⇒　政令　⇒　省令　⇒　通達

の順になります。

　なお、法令では、「許可」、「承認」といった用語が頻繁に出てきますが、「**許可**」とは、法令等で禁止されている行為について、特定の条件のもとで、それが合法化されること、または禁止事項が解除される行政行為のことです。また、「**承認**」とは、当事者のある行為や事項について、公的機関がその行為や事項を正当・適当であると判断する行為のことをいいます。

1.3.1　関税・通関関係法

　関税・通関制度に関する基本的な法律は、**関税法、関税定率法、関税暫定措置法**で、これらは俗に「**関税三法**」と称されます。

① 関税法

　通関手続、輸入申告時の貨物の性質・価額および数量による課税（関税の

確定)、納付手続、保税制度、罰則等について規定。すなわち、貨物の輸出入についての税関への通関手続や保税制度ならびに輸入貨物に関する関税の確定、徴収、還付などの租税に関する規定事項等について定めた法律。

② 関税定率法

　輸入貨物に関する長期的な基本税率（国定税率）、課税対象（課税標準）、税の減免制度等について定めた法律。

③ 関税暫定措置法

　国民経済の健全な発展に資するため、必要な輸入貨物に関する関税率の調整を行うことを目的として、関税法および関税定率法に関する暫定的な特例等について定めた法律。

表1-1　通関・関税に関する主要法令

法　令	政　令	省　令
外国為替及び外国貿易法	外国為替令	外国為替に関する省令（財務省）
		貿易関係貿易外取引等に関する省令（経済産業省）
	輸出貿易管理令	輸出貿易管理規則（経済産業省）
	輸入貿易管理令	輸入貿易管理規則（経済産業省）
輸出入取引法	輸出入取引法施行令	輸出入取引法施行規則（経済産業省）
貿易保険法	貿易保険法施行令	貿易保険法施行規則（経済産業省）
関税法	関税法施行令	関税法施行規則（財務省）
	税関関係手数料令	
関税定率法	関税定率法施行令	関税定率法施行規則（財務省）
	報復関税等に関する政令	
	相殺関税に関する政令	
	緊急関税等に関する政令	
	不当廉売関税に関する政令	
	関税定率法第5条の規定による便益関税の適用に関する政令	
関税暫定措置法	関税暫定措置法施行令	関税暫定措置法施行規則（財務省）
	関税割当制度に関する政令	重油及び粗油等の関税割当制度に関する省令（経済産業省）
		酒類用粗留アルコール等の関税割当制度に関する省令（財務省）
		とうもろこし等の関税割当制度に関する省令（農林水産省）
	経済連携協定に基づく関税割当制度に関する政令	経済連携協定に基づく経済産業省の所掌業務に係る物資の関税割当制度に関する省令（経済産業省）

（出所：筆者作成）

これら三法のほかに、電子情報処理組織を用いた場合の税関手続に関する輸出入港湾関連情報処理システムである「NACCS法」、EPA（Economic Partnership Agreement）協定などの国際条約を加えた関税関係法、通関手続や貿易管理を主とした各種の法令があります（表1‑1参照）。

1.3.2 関税法等の改正

関税暫定措置法は、暫定税率など1年限りの規定が多いだけでなく、関税法や関税定率法なども国際交渉や国内情勢等の関係から必要に応じて法改正が時々行われます。

関税・税関等に関連したこれらの法改正は、それぞれ個別の法律案ごとに行われるのではなく、「関税定率法等の一部を改正する法律案」として一括して国会に提出されます。この改正法は、4月からの新年度に間に合うように通常3月末までに成立するように提出されますが、施行日については必ずしもすべてが4月1日ではありません。たとえば、2017年10月8日から施行されている「申告官署の自由化」に関する関税法の改正は、2016年3月29日に成立、同年3月31日に公布されました。

1.4 税関の役割と仕組み

1.4.1 税関の役割

現在の税関が果たす主な役割は次のとおりです。
① 関税および消費税等の適正かつ公平な課税と徴収
② 安全かつ安心な社会を確保するための輸出入通関および密輸、公序良俗に反するようなモノの輸出入の水際での取締り
③ SCM[1]におけるセキュリティの確保と貿易の円滑化の両立

---

1 SCMとは、Supply Chain Managementの略で、需要予測に基づく製品企画やマーケティング等に力点をおいて、製品の企画・調達・設計・開発・部材調達・製造・販売・物流・廃棄等に関連する全分野（ライフサイクル）の情報を共有化することによって、製品の供給に関係する企業間に跨った全チェーンを通して、全体的な経営戦略の効率化を図る総合的な業務プロセスのことである。

1.4.2　税関の仕組み

税関（図1-1参照）は、財務省関税局の現場部局で、全国9ブロックに8税関および1地区税関が設置されています。8税関とは、函館、東京、横浜、名古屋、大阪、神戸、門司および長崎の各税関で、地区税関は沖縄に設置されています（表1-2参照）。

これらは「本関」とよばれ、各税関には内部組織として総務部、監視部、業務部、調査部が置かれていて、各税関の業務は文字どおり、「税（通関を通しての税の徴収）」と「関（不法製品等の取締りほか）」に関する次の業務を担当しています。

図1-1　神戸税関
（出所：筆者撮影）

① 貨物の通関：輸出入手続（業務部）
② 関税等の徴収：関税、内国消費税の徴収（業務部）
③ 密輸等の取締り：船舶、航空機の監視、社会悪物品の取締り（監視部）
④ 保税地域の管理：保税地域の管理、監督（監視部）
⑤ 調査：輸出入された貨物の調査（たとえば、事後調査等）、貿易統計の作成・発表、犯罪事件の調査（調査部）

1.5　税関の今後の方向

最近、税関がとくに重視していることは、「貿易の円滑化とセキュリティの確保」です。その貿易の円滑化とセキュリティの確保に向けた取組みとして、次のような施策がとられています。

1.5.1　関係各省庁（厚生労働省や農林水産省等）とNACCSを利用した税関手続のシングルウィンドウ化の推進

現在わが国の輸出入通関の99％は、旧大蔵省関税局が開発した通関情報処理システムであるNACCS（Nippon Automated Cargo And Port Consolidated System：輸出入・港湾関連情報処理システム）を通して行われています。

表1-2　地域別税関管轄一覧表（2019年4月1日現在）

名　称	位　置	管　轄　区　域
函館税関	函館市	北海道、青森県、岩手県、秋田県
東京税関	東京都	山形県、群馬県、埼玉県、千葉県のうち市川市原木および原木一丁目から四丁目まで、成田市、香取郡多古町および山武郡芝山町、東京都、新潟県、山梨県
横浜税関	横浜市	宮城県、福島県、茨城県、栃木県、千葉県（東京税関の管轄に属する地域を除く）、神奈川県
名古屋税関	名古屋市	長野県、岐阜県、静岡県、愛知県、三重県
大阪税関	大阪市	富山県、石川県、福井県、滋賀県、京都府、大阪府、奈良県、和歌山県
神戸税関	神戸市	兵庫県、鳥取県、島根県、岡山県、広島県、徳島県、香川県、愛媛県、高知県
門司税関	北九州市	山口県、福岡県（長崎税関の管轄に属する地域を除く）、佐賀県のうち唐津市、伊万里市、東松浦郡および西松浦郡、長崎県のうち対馬市および壱岐市、大分県、宮崎県
長崎税関	長崎市	福岡県のうち大牟田市、久留米市、柳川市、八女市、筑後市、大川市、小郡市、うきは市、みやま市、三井郡、三潴郡および八女郡、佐賀県（門司税関の管轄に属する地域を除く）、長崎県（門司税関の管轄に属する地域を除く）、熊本県、鹿児島県
沖縄地区税関	那覇市	沖縄県

また、輸出入および港湾・空港手続関係業務等の省庁間の情報システムの統合についても、全省庁共通のプラットホームの一環として「業務・システム最適化計画」に基づいて順次 NACCS への統合・整備が進められています。たとえば、外国為替及び外国貿易法（外為法）に基づく貿易管理システム（JETRAS）が2010年２月に NACCS に統合されました。さらに、経済産業省や厚生労働省等の他省庁とのインターフェースについては、従前は同じパソコン画面上でも別画面として展開する内容でしたが、シングルウィンドウ化に伴って、利用者 ID、パスワードの統一、申請画面・入力方法の統一、情報提供窓口・システム利用申込み窓口の一元化といった改善が進められ、2013年10月には農林水産省輸入植物検査手続電算処理システム（PQ-NETWORK）、輸入動物検疫検査手続電算処理システム（ANIPAS）、厚生労働省輸入食品監視支援システム（FAINS）、2014年11月には医薬品等に関する輸入手続が統合され、同一画面上での処理が可能となっています。

さらに、2017年10月８日から稼働している第６次 NACCS では、保険会社とも接続されただけでなく、①他法令手続等の電子化の推進、② NACCS との連携による民間の貿易取引の電子化（海上運送状、保険料明細書等の発行）の推進、③原則として通関手続に係る電子化等の推進が行われています（図１－２、表１－３参照）。

なお、NACCS をベースにした通関システムは現在ベトナムおよびミャンマーに輸出され、ベトナムは2014年から、ミャンマーは2016年からそれぞれ稼働しています。

1.5.2 通関関係書類の電子化、ペーパーレス化の促進

従前は、許可後３日以内に輸出入通関で使用された通関書類は許可書と一緒に税関に提出する必要がありました。しかし、2012年７月から、輸出入通関時に書類審査のみで関税・消費税等を納入すれば輸入許可となる簡易審査扱い（区分１）とされた際の通関関係書類の税関への提出は省略されるようになりました（関税法第68条、同法施行令第61条第１項、NACCS を使用して行う税関関連業務の取扱通達、第２章2.5および第４章4.1.10参照）。

ただし、区分１とされた場合であっても、次のような場合には、申告日か

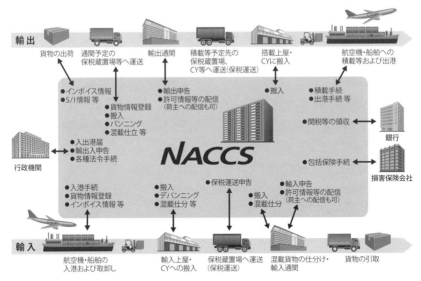

図 1-2　NACCS 概念図
(出所：税関パンフレット)

表 1-3　第 6 次 NACCS と従来の NACCS の処理制限値の比較

項番	項目	Air / Sea	従前	現在
1	輸入申告業務の欄数	Air / Sea	50欄	100欄
2	輸出申告業務の欄数	Air / Sea	50欄	100欄
3	1貨物の分割（スプリット）便数（輸入）	Air	20欄	30欄
4	1貨物の分割（スプリット）便数（輸出）	Air	20欄	30欄
5	1便あたりの旅客数	Air	700人	1000人
6	貨物業務の重量の桁数	Sea	整数部　6桁　小数部　3桁	整数部　8桁　小数部　3桁
7	1 B/L あたりのコンテナ件数	Sea	100件	200件
8	1船舶あたりの運航情報件数	Sea	1件	3件以上

(出所：NACCS センター)

ら 3 日以内（期間の末日が行政機関の休日にあたるときはその翌日）に書類を提出する必要があります。

① 原本確認を必要とする書類：他法令の輸入規制の解除の証明
・関税法第70条に規定する他法令の許可、承認、検査の完了または条件

の具備を証明するために書類の提出を必要とするもの
- 他法令の規定により他法令非該当貨物であることの証明または税関において、用途確認を要するために書類の提出を要するもの等（例：毒物および劇物取締法に基づく社内見本・試験研究用の「薬監証明」、医薬品医療機器等法非該当であることの「薬監証明」、高圧ガス保安法に基づく原本確認を必要とする書類・エアゾール製品等の適用除外）

② 原本確認を必要とする書類（原産地証明書）
- 経済連携協定税率（EPA税率）または特恵税率の適用を受けようとする貨物であって、原産地証明書の提出を要するもの（提出不要のものは第4章の表4-6参照）
- 協定税率の適用を受けようとする貨物であって、原産地証明書の提出を要するもの

③ 原本確認を必要とする書類：通関数量の裏落しを必要とする書類（関税割当証明書）
- 関税定率法第9条の2および関税暫定措置法第8条の6の規定による関税割当制度の適用を受けるために関税割当証明書の提出を要するもの

④ 関税等の減免税関係の書類
- 関税定率法または関税暫定措置法その他関税に関する法令の規定により関税の軽減、免税または払戻しを受けようとする場合であって、輸入申告の際に所定の書類の提出を要するもの
- 内国消費税の免除を受けようとする貨物の場合で、その免除を受けるために輸入申告の際に免税承認申請書、証明書または未納税引取承認申請書の提出を要するもの

⑤ 会計検査院に提出する必要があるもの
- 1品目に対する関税額または消費税額が300万円以上のもの
- 1品目に対する関税額または内国消費税について100万円以上の税額を軽減、または免除するもの

⑥ 税関から提出を求められた場合に提出を要するもの：税関長がとくに必要と認めるもの

上記の場合を除いて、通関申告書類、許可書等は、申告者が各自で保管して

表1-4 帳簿類および書類の保存期間

帳簿類の保存期間

	輸　出	輸　入
対象者	業として輸出する輸出申告者	業として輸入する輸入申告者
帳　簿	品名、数量、価格、仕向人の氏名（名称）、輸出許可年月日、許可番号を記載（必要事項が網羅されている既存帳簿、仕入書等に必要事項追記したものでも可）	品名、数量、価格、仕出人の氏名（名称）、輸入許可年月日、許可番号を記載（必要事項が網羅されている既存帳簿、仕入書等に必要事項追記したものでも可）
保存期間	5年間（輸出許可の日の翌日から起算）	7年間（輸入許可の日の翌日から起算）

書類の保存期間

	輸　出	輸　入
対象者	業として輸出する輸出申告者	業として輸入する輸入申告者
書　類	仕入書および輸出許可貨物に係る取引に関して作成し、または受領した書類	輸入貨物の契約書、運賃明細書、保険料明細書、包装明細書、価格表、製造者または売渡人の作成した仕出人との間の取引についての書類、その他輸入の許可を受けた貨物の課税標準を明らかにする書類
保存期間	5年間（輸出許可の日の翌日から起算）	5年間（輸入許可の日の翌日から起算）

おく必要があります。この時、事後調査等において税関が必要と認めて開示を要求した場合には、速やかに見せることができるよう基本的にはハードコピーでの保存が必要となります。

　ちなみに、現在の通関関係の帳簿類、書類の保存期間は表1-4のとおりです。
　なお、電子取引（いわゆるEDI取引、インターネット等による取引、電子メール等により取引情報を授受する取引）を行った場合における取引情報（取引に関して授受する注文書、契約書等に通常記載される事項）に係る**電子データの保存期間は、輸入許可の日の翌日から起算して5年間**です。

1.5.3　AEO通関制度の推進

　セキュリティ対策を強化することは、その強化の責任を果たそうとする輸出入者、通関事業者および行政に共通する課題です。海上コンテナ輸送に係るセキュリティ強化のためには、輸出入者、それに関与する物流事業者と行政の官民がパートナーシップを組み、双方が協力し合い、セキュリティ強化を図っていくことが重要です。セキュリティ対策を的確に実施していくために、輸出入者、船会社、港湾運送事業者（ターミナル・オペレーター、海貨事業者等）、

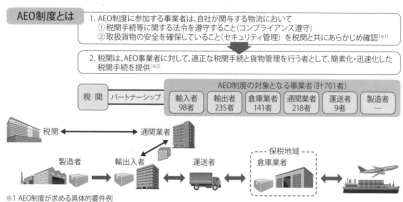

図1-3　わが国のAEO事業者制度概念図（2019年6月1日現在）
（出所：財務省ホームページ）

　倉庫事業者、NVOCC、運送事業者等がSCM上の役割に応じて、社内体制の整備、コンプライアンスに関する社員教育、設備・機器等の整備、他の事業者と税関とのパートナーシップ化をなしていくことが重要で、そのためにAEO（Authorized Economic Operator）制度があります（図1-3参照）。

　海上輸送におけるAEO制度（たとえば「船積み24時間前ルール」等）では、問題のある貨物の早期発見、重点的な取締りによって安全な国際物流や円滑な安全保障貿易を実現するために、物流事業者、船会社、NVOCC等と行政が貨物情報を共有することで行政のリスクマネジメントに反映させ、セキュリティ強化を図っています。また、セキュリティ対策の強化の一端として、リスクが低いと税関長が判断した輸出入事業者の貨物については、円滑かつ効率的な国際物流を遂行するために、通関手続や税関検査の簡素化が図られています。

　ちなみに、輸出者のコンプライアンスを行政に反映させたAEO制度に基づく輸出の事例として、貨物を保税地域に入れることなく輸出許可を受けることが可能となった「**特定輸出申告制度**[2]」が、また、輸入では、貨物引取りと納

税を分離して、関税等の納付前に貨物を引取ることができる「**特例輸入申告制度**」が導入されています。

さらに、AEO制度を普及促進するために、次のような施策が施されています。

(1) 通い容器（リターナブルパレット等）に係る関税等の免税手続の簡素化

2012年10月1日から実施された通い容器の免税手続の簡素化に関しては、AEO事業者（AEO輸出者とAEO輸入者の双方の承認を得ている者）とAEO輸出入事業者以外の者とで異なっています。

① AEO事業者の場合

　1) AEO事業者による通い容器の輸出入は自主管理

　2) 輸入時または再輸入時に特例輸入申告制度を利用

手続が簡素化されたことで、日本から輸出した通い容器を輸入する場合、再輸入時における、(ⅰ)帳簿等の関係資料の事前提出、(ⅱ)輸出申告書への材質等の記載、(ⅲ)輸出申告書等の提示が不要となりました。また、複数の通い容器を再輸入する場合であっても、その材質が異なることから、複数の税番に分類される場合でも、まとめて輸入申告を行うことが可能となりました。

次に、外国から輸入した通い容器を再輸出する場合であっても、輸入時における、(ⅰ)引取申告および特例申告に係る申告書への必要事項の記載、(ⅱ)再輸出貨物減免税明細書の提出が不要となっています。さらに、再輸出時における輸入許可書および再輸出減免税貨物の輸出の届出書の提出が不要となっています。

② AEO輸出入事業者以外の場合

AEO事業者以外による通い容器に関する税関手続は表1-5のとおりです。

(2) 特定輸出申告に係る輸出許可後の積載予定船舶（航空機）変更による船（機）名変更手続の省略

AEO輸出者は、2013年4月からは輸出貨物の積載船舶（航空機）の出港予定日（Estimated Time of Departure：ETD）以降の輸出許可後の内容変更手

2　AEOを取得した輸出事業者が行う輸出申告のこと。

表1-5 AEO事業者以外による通い容器に関する通関手続

日本から輸出した通い容器を再輸入する場合		
	簡素化前	簡素化後
輸出時	・通い容器の輸出入状況に係る帳簿等の内部資料を、通関手続を行うすべての税関官署に提出	・複数の税関官署で通関手続を行う場合であっても、通い容器の輸出入状況に係る帳簿等の内部資料を、通関手続を行ういずれかの一の税関官署に提出
再輸入時	・通い容器の材質が異なる場合は、材質ごとに別々の欄に記載して輸入申告	・すべての材質を一欄にまとめて輸入申告
帳簿管理	・通い容器の種類ごとに、輸入個数(国内製、外国製)、廃棄個数、総戸数、輸出個数、輸入個数、在庫個数を帳簿管理 ・原則として、通関手続を行うすべての税関官署に1年ごとに提出	・通い容器の種類ごとに、輸入個数、輸入年月日、輸出個数、輸出年月日および在庫個数を帳簿管理 ・原則として、複数の税関官署で通関手続を行う場合であっても、通関手続を行ったいずれかの一の税関官署に1年ごとに提出
外国から輸入した通い容器を再輸出する場合		
	簡素化前	簡素化後
輸入時	・輸入申告書に輸入の目的および輸出予定地を付記	・輸入申告書への付記は不要

表1-6 海上コンテナを使った国内輸送の簡便化

	改正前(2012年以前)	改正後(2012年以降)
再輸出期間	原則3か月以内	原則1年以内
空コンテナの国内運送への使用	不可 (貨物を詰めて輸入されたコンテナである必要がある)	制限なし
国内運送の経路	制限有 (貨物のバン出し地からバン詰め地までの通常の経路である必要がある)	制限なし
国内運送の使用回数	1回限定	制限なし
国内運送使用の事前申請	必要	不要

*ただし、管理者変更の通知等の諸手続については従来どおりです。

続を承認税関AEO部門に一括提出できるとともに、変更する項目にかかわらず、変更理由の説明と状況報告も一本化してAEO担当部門に提出可能です。

また、特定輸出申告にあたっては、輸出許可後に積載予定船舶(航空機)に変更が生じても、船名変更手続を省略することが可能です。

(3) **海上コンテナを使った国内貨物輸送の簡便化**

2012年4月1日から「関税定率法等の一部を改正する法律」(平成24年法律

第19号）が施行されたことにより、コンテナに関する通関条約の規定に基づいて、関税・消費税の免除を受けて一時輸入された免税コンテナに係る税関手続が表1-6のとおり変更となっています。

(4) 諸外国とのAEOの相互承認の拡大

　AEOの相互承認とは、AEO制度を有する二国間で、それぞれの国のAEO制度を相互承認することで、AEO事業者相互間の国際物流のセキュリティ強化と円滑化を図ろうとするものです。日本は、2019年4月1日現在米国、EU、カナダ、韓国、シンガポール、ニュージーランド、マレーシア、香港、中国、台湾の10か国・地域とAEOの相互承認に合意しています（表1-7参照）。

　相互承認することで、①自社が関与する輸出入貨物について、日本税関だけでなく、相手国における税関手続でもリスクに応じて、書類審査、検査の負担が軽減される、②AEO事業者としての企業ステータスが国際的に認知される、といった追加的効果が期待できます（図1-4参照）。

(5) 海上コンテナ貨物の輸出港24時間前報告

　わが国では、2007年2月1日から本船入港24時間前までに、船長が輸入貨物に関する明細を税関に連絡することになっていました。しかし、テロ対策等国際的な物流セキュリティを強化するためには、本船入港24時間前より早い段階で、海上コンテナ貨物に関する詳細な情報を入手して、水際での取締りを強化する必要があるとの判断から、2012年に関税法が改正され、「**海上コンテナー貨物情報の輸出港出港24時間前報告制度**（Advance Filing Rule：AFR）」（略称「日本版出港前報告制度JP24」）が2014年3月10日から導入されました（図1-5参照）。

　JP24は、わが国に入港しようとする船舶に積み込まれる海上用コンテナ貨物に関する情報を、原則として当該コンテナ貨物が積み込まれる本船が積出港を出港する24時間前までに電子的に報告（NACCS経由）する義務を課した制度です（関連法令：関税法第15条第7項から第9項、第114条の2第1項第1号および関税法施行令第12条第6項から第10項）。

　当該制度が導入されるに至った背景は、2001年9月11日に発生した米国同時多発テロによって、WCO（世界税関機構）が「国際貿易の安全確保及び円

表1-7　AEOの相互承認の利用方法

相互承認	締結時期	相互承認相手国での効果発生方法（日本のAEO事業者）	日本での効果発生方法（相手国AEO事業者と取引する日本の事業者）
EU	2010年6月	AEO輸出入者が自身のAEO相互承認用コードを相互承認相手国の取引先相手に通知する	EUのAEO輸出入者が有する12桁の相互承認用コードを入手し、日本の輸入申告の際に、海外仕出人・仕向人コード欄に入力する。
シンガポール	2011年6月		シンガポールのSTP—Plus輸出入者が有する17桁のコードを入手し、ルールに従って12桁に変換し、日本の輸出入申告の際に海外仕出人・仕向人コード欄に入力する。
韓国	2010年6月		韓国のAEO輸出入者が有する12桁のコードを入手し、ルールに従って変換し、日本の輸出入申告の際に、海外仕出人・仕向人コード欄に入力する。
マレーシア	2014年6月		マレーシアのAEO輸出入者が有する14桁のコードを入手し、ルールに従って12桁に変換し、日本の輸出入申告の際に、海外仕出人・仕向人コード欄に入力する。
中国	2018年10月		中国のAEO輸出入者が有する15桁のコードを入手し、ルールに従って12桁に変換し、日本での通関申告の際に、海外仕出人・仕向人コード欄に当該コードを入力する。
台湾	2018年11月		台湾のAEO輸出入者が有する14桁のコードを入手し、ルールに従って12桁に変換し、日本での通関申告の際に、海外仕出人・仕向人コード欄に当該コードを入力する。
米国	2009年6月	作業不要（取引先相手に通知の必要はない）	米国のC-TPAT輸出者が有する12桁の相互承認用コードを入手し、日本の輸入申告の際に、海外仕出人コード欄に入力する。
カナダ	2010年6月		カナダのPIP輸出者が有する5桁のコードまたは12桁の相互承認用コードを入手し、5桁のコードの場合はルールに従って12桁に変換し、日本の輸入申告の際に、海外仕出人コード欄に入力する。
ニュージーランド	2008年5月		ニュージーランドのSES輸出者が有する12桁の相互承認用コードを入手し、日本の輸入申告の際に海外仕出人コード欄に入力する。
香港	2016年8月		香港税関が付与する12桁のコードを香港側の事業者から聞き取った上で、日本での通関申告に際し、NACCSの海外仕出人・仕向人コード欄に当該コードを入力する。

（出所：関税協会「教育セミナー平成28年度輸出通関手続」7pに筆者が香港、中国、台湾を加筆）

1.5 税関の今後の方向

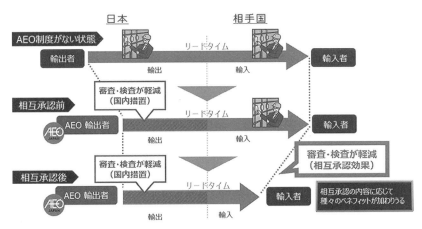

図1-4　AEO相互承認の一般的効果例
(出所：税関ホームページ)

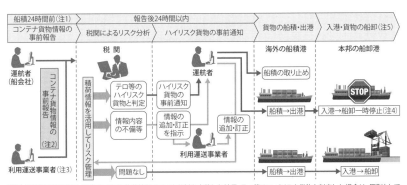

(注1) 出港前報告制度により報告された積荷情報のリスク分析を実施した結果、テロ等のハイリスク貨物と判定した場合は、原則として報告から24時間以内に事前通知を行うことから、法令に規定する報告期限は出港の24時間前までであるものの、諸外国同様に船積24時間前までに税関へ報告することにより、船積み前までにハイリスク貨物の事前通知を受取ることが可能となり、当該通知を受けた貨物については船積みを取り止めることができる。
(注2) 輸出入・港湾関連情報処理システム(NACCS)を活用した電子的報告を義務化。
(注3) 利用運送事業者(Non Vessel Operating Common Carrier〈NVOCC〉)とは、自らは船舶の輸送手段を保有せず、運航者等のサービス(船舶輸送)を使って貨物を輸送する事業者。
(注4) 検査体制を整備した後、厳重検査を実施。
(注5) 報告期限までに積荷情報の報告がなされなかった場合には、罰則の適用を受ける場合があるほか、当該報告がなされなかった積荷については、船卸しについて税関の許可を受けなければならない。

図1-5　輸出港出港24時間前報告制度(JP24)の概念図
(出所：税関ホームページ)

滑化のためのWCO基準の枠組み」として取りまとめた国際的に実施すべき方策が基となっており、現在北米、欧州、中国向け他でも実施されています。

この制度は、わが国の国際物流におけるセキュリティの水準を国際的なレベ

ルに合わせ、無差別テロや国際間での犯罪を未然に防ぐことを目的としています。

　国際物流におけるコンテナ化は、その効率性や利便性、また一貫性などが相俟って増加の一途を辿り、定期船によってわが国に輸入される定期航路貨物の約90％が海上コンテナによって運ばれてきます。しかし、外見からではコンテナにどのような貨物が詰められているのか判別することができないため、コンテナ特性であるドア・ツー・ドア輸送がテロや国際犯罪者向けの隠れ蓑として悪用されている危険性があります。そこで、事前にコンテナに積載された貨物明細の報告を義務化することで水際での取締りを強化し、わが国の安全をより高めようとしたものです。

　この際の報告対象貨物は、わが国に入港しようとする本船に積載されたコンテナ貨物とされていますが、空のコンテナ、フラットラックタイプのコンテナに積載された貨物、わが国で船卸しをしないコンテナ貨物（通過貨物）は報告対象外となっています。

　この制度では、NACCSを介して税関へ報告することが要件となっており、その報告義務者およびシステム概要は次のとおりです。

　① 報告義務者
　　１）オーシャン（マスター）B/Lに基づく積荷情報（マニフェスト情報）を把握している本船の運航者（船会社）（関税法第15条7項）。
　　２）ハウスB/Lに基づく積荷情報を把握している利用運送事業者（NVOCC）等（関税法第15条8項および関税法施行令第12第9項）。
　② システム概要
　　１）上記①の1）の外国貿易船の運航者（船会社等）：オーシャン（マスター）B/Lの欄に掲げる積荷に関する事項。
　　２）上記①の2）のハウスB/Lに基づく積荷情報を把握している利用運送事業者等：ハウスB/Lの欄に掲げる積荷に関する事項。

　なお、上記報告を受けた税関は、積荷情報のリスク分析を行い、わが国の安全確保上の危険性があると判定した場合で、わが国での船卸（陸揚げ）一時停止等の措置が必要とする貨物（関税法第106条）については、原則として報告を受けてから24時間以内に、次のようなコードでNACCSを通じて事前通知

を行うこととなっています。
① コード「DNL」
わが国に持込むことができない危険性の高い貨物である旨の通知。
② コード「HLD」
報告された積荷情報ではリスク分析を完了することができないため、追加の情報、または情報の訂正を要請する必要がある場合の通知。
③ コード「DNU」
1）外国貿易船が船積港を出港した後に、リスク分析の結果わが国の安全確保上の危険性が高い貨物であることが判明した場合、当該外国貿易船がわが国の港に入港した時に当該積荷の船卸一時停止を行う旨の通知。
2）上記1）の事前通知を行った後に、当該事前通知が解除されることなく当該積荷が外国貿易船に積載され船積港を出港したことが確認された場合、当該外国貿易船がわが国の港に入港するまでに税関が要請した追加情報の報告、または事前情報の訂正が行われない限り、船卸一時停止を行う旨の通知。

また、事前報告期限である外国の船積港を出港する24時間前までに積荷に関する報告がなされなかった場合は、その旨を表すコード「SPD」がNACCSを通じて税関より通知されます。

なお、この通知が行われた積荷に関しては、税関の船卸許可を受けない限り当該積荷の船卸しをすることはできませんので、船卸しを行いたい場合は以下の区分に則し、「船卸許可申請手続」をする必要があります。
① 積荷に関する事前報告が行われなかった場合
船卸しをしようとする港を管轄する税関に対し、あらかじめ積荷に関する事前報告を行った後、船卸許可申請を行い、許可を受けなければなりません。
② 積荷に関する事前報告が報告期限より遅れた場合
船卸しをしようとする港を管轄する税関に対し、船卸許可申請を行い、許可を受けなければなりません。

また、当制度は、報告期限までに報告が行われなかった場合、または偽った

報告があった場合、あるいは船卸しの許可を受けようとする者が、当該許可を受けることなく船卸しをした場合は1年以下の懲役または50万円以下の罰金に処せられます。

次に、航空貨物に係る事前報告制度についても、海上コンテナと同様、2007年2月に導入した事前報告制度（入港前報告制度）で、日本の税関空港に入港しようとする外国貿易機の積荷に関する事項として、マスターAWB（航空運送状）に係る項目について、当該外国貿易機の機長等が、原則として入港の3時間前までに税関に報告を行う措置が講じられました。（関税法第15条第9項および同施行令第13条第2項第1号）

さらに、**航空貨物の場合**は、2017年3月31日、関税定率法等の一部を改正する法律案が国会で可決、成立しました。本改正により、航空貨物に係る事前報告制度が拡充されることとなり、現下のテロ情報等を踏まえ、税関ではより一層の効果的・効率的に航空貨物のリスク分析を行うために、積荷目録情報だけではなく、マスターおよびハウスAWBに記載されている荷送人および荷受人の氏名・住所、貨物の仕出地、仕向地、記号、番号、数量、品名を原則NACCSを通して、入港3時間前（ただし、航行時間が3〜5時間の場合は入港1時間以内、航行時間が3時間未満の場合は入港する時）までに機長が報告することになっています。（関税法施行令第2条の3第2項第1号・第2号）

(6) 輸出入申告官署の自由化

輸出入通関は、原則として「輸出又は輸入の許可を受けるためにその申告に係る貨物を入れる保税地域等の所在地を所轄する税関長に対してしなければならない」と長年にわたり、関税法第67条の2第1項で定められてきました。

しかし、2016年3月31日に公布された関税法の改正（輸出入申告官署の自由化等）により、2017年10月8日の第6次NACCSの稼働が始まったことに合わせて、AEO事業者（特定輸出者、特例輸入者、認定通関事業者）に限っては、貨物が蔵置されている蔵置官署であるか否かを問わず、日本全国どこの税関に対しても輸出入申告手続および許可の取得行為が可能となりました。これにより、輸出入通関時の必須条件であった同一税関による書類審査と貨物検

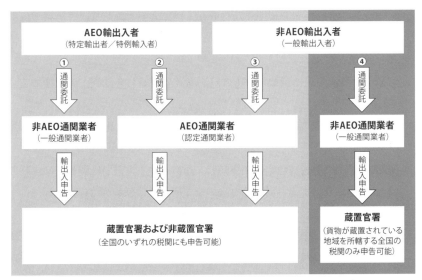

図 1-6 輸出入申告官署の自由化後
(出所：筆者作成)

査は分離して行われることが可能となり、書類審査（申告）を受ける税関を申告者が選べるようになりました（図 1-6 参照）。

　この新しい制度の導入は、貨物の蔵置官署で輸出入申告を行うことが、適正な通関手続の原則であることを踏まえつつも、一方で輸出入の申告官署を自由化することで、申告官署の選択肢が広がり、事務作業の集約化や効率化およびそれに伴うコスト削減等が見込まれることから貿易の円滑化の推進に大きく寄与するものと考えられています。

　しかし、わが国が導入したこの新制度も、諸外国ではすでに似たような制度が実施されています。たとえば、米国の輸出はAES（Automated Export System）、輸入はRLF（Remote Location Filing：遠隔地申告）、また、英国では輸出入ともCHIEF（Customs Handling of Import Export Freight）による電子申告が要件となっていますが、両国とも申告場所の制限を設けずに24時間使用可能となっています。

　また、わが国では、この制度が導入されたことに則し、関連する通関業法も以下のように改正されました。

① 通関業の許可権者を税関長から財務大臣に変更。ただし、許可権限は引き続き税関長に委任（通関業法第3条：通関業の許可、第40条の3：権限の委任）。
② 通関事業者の需給調整を廃止（同法第5条第3号の削除：通関業の許可基準）。
③ 通関業の許可申請者の欠格事由に暴力団員等を明文化（同法第6条：欠格事由）。
④ AEO通関事業者（認定通関事業者）が新設する営業所に関しては、許可制から届出制に変更（同法第9条：営業所新設に係る許可の特例）。
⑤ 通関業の営業区域制限を廃止（同法第9条：営業区域制限）。
⑥ 合併等による場合の通関事業者およびAEO通関事業者（認定通関事業者）の地位の継承（同法第11条の2：地位の継承）。
⑦ 営業所における専任通関士の設置義務を廃止および通関士の設置義務が免除されている特例地域限定を廃止。ただし、特例地域限定が廃止されることにより発生した設置義務の履行は、改正通関業法の施行の日から起算して5年を経過する日までの猶予が与えられています。また、一営業所において通関業務に係る取扱貨物が一定の種類に限られる場合は、引き続き通関士の設置義務免除の特例貨物限定は維持されています（同法第13条：通関士の設置義務）。
⑧ 通関業務料金の最高額の規定を廃止（同法第18条：料金の提示等）。
※詳細は、後述の「(8) 輸出入通関取扱最高限度額表の廃止」を参照。

(7) 通関士の在宅勤務の見直し制度の導入

今般の通関業法の改正により、自宅を営業所の一部と見なして、**通関士の在宅勤務制度が導入**されました。

在宅制度の導入により、出産や育児などの理由により在宅勤務を希望する女性通関士や働く意思を持ちながらも遠距離通勤や介護等の理由から豊富な知識と充分な経験を有していながら退職せざるを得なかった通関士にも門戸を開き、働き方の多様化を促進し、労働年齢層の拡大も期待されています。

ちなみに、この根拠は、通関業法基本通達8-4の「通関業者の通関業務に従事する通関士その他の通関業務従事者が情報通信機器を活用して、労働時間

の全部又は一部において、自宅で業務に従事する勤務形態（以下「在宅勤務」という。）を導入する場合においては、当該勤務場所（自宅）を当該従業者の所属する営業所の一部とみなすものとし、法第8条又は第9条に規定する手続は要しない」によるものです。

ただし、通関士の在宅勤務に関する法的な整備はなされたとしても、その実施については、通関事業者自身で厚生労働省や総務省が公表する在宅勤務に関するガイドラインに留意した「在宅勤務者のための適切な業務管理規則や手順書及び関係書類の保存規定の作成」、「通関営業所と在宅勤務場所の連絡体制の整備」、「情報セキュリティ対策」等を具備することが条件となっています。とくに通関事業者にとって軽微な問題といえないのがNACCS等による電子的な申告が原則とされているために、「情報セキュリティ対策」の補完に掛かるソフトやハードの費用負担が必要だということです。また、在宅勤務により勤務場所が増えれば、その分の経費負担が増加するという現実もあります。

いずれにせよ、これらの条件を整えた後、関係社内規則等とともに在宅勤務をさせる通関士の氏名や自宅の住所および所属する営業所名などの必要事項を記載した「在宅勤務の開始・終了の申出書」（税関様式B第1113号、図1-7参照）を税関に提出し、内容の確認を受ける必要があります。

この新制度の導入が、目論見どおりに貿易の円滑化を推進させ、さらに働き方の多様化促進や労働年齢層の拡大にどのような影響を与え、またどの程度の効力を発揮するのか大いに注目されるところです。

(8) 輸出入通関取扱最高限度額表の廃止

通関事業者が通関業務等の委託者である荷主企業から収受できる料金の最高限度額は、通関事業者が著しく不当な料金を設定して、荷主企業に迷惑をかけることがないように、財務大臣が定めることになっていました（旧通関業法第18条第2項、表1-8参照）。

ところが、2009年4月に公正取引委員会が公表した「国際航空貨物の輸出入に係る競争実態について」において、こうした最高額の定めは「利用者の利益を害している恐れがある」、「維持する実益が乏しくなっている」と指摘されました。さらに、他の業法においても料金（報酬）の最高額を定めている例はほとんど見られず、他の主な士法については2001年から2004年にかけていず

税関様式B第 1113 号
令和　年　月　日

在宅勤務の開始・終了の申出書

税　関　長　殿
　　　　申出者
　　　　　住　　所
　　　　　法人番号
　　　　　氏名（名称及び代表者の氏名）　　　　　㊞
　　　　　（署名）

下記の従業者について、在宅勤務を開始・終了させることとしたので、申し出ます。

記

氏　　　　名	
在宅勤務場所の住　所・電話番号	
開始・終了年　月　日	
通関士又はその他の通関業務の従業者の別	
所属する営業所名及び所在地・電話番号	

（注）1．申出者欄には、住所及び氏名を記載の上、押印又は署名のいずれかを選択することができます（法人においては、法人の住所及び名称並びにその代表者の氏名を記載の上、法人又は代表者の押印若しくは代表者の署名のいずれかを選択）。
　　　2．開始又は終了の別に応じて、不要の文字を抹消してください。
　　　3．「開始・終了年月日」欄は、在宅勤務を開始する申出の際にはその開始年月日を、終了する申出の際には終了年月日を記載してください。

（規格A4）

図1-7　在宅勤務の開始・終了の申出書（税関様式B第1113号）
（出所：税関ホームページ）

表1-8 廃止される直前までの通関料金最高限度額表（2011年度版）

通関業務の種類		単位	料金
①輸出（積戻し）申告		1件	5,900
	少額貨物簡易通関扱	〃	4,200
②輸入申告	申告納税（予備申告を含む）	〃	11,800
	少額貨物簡易通関扱	〃	8,600
	賦課課税	〃	10,500
	少額貨物簡易通関扱	〃	7,800
	保税蔵置場蔵出・総合保税地域総保出（加工、製造、展示されたものを除く）	〃	7,000
	少額貨物簡易通関扱	〃	5,100
③保税蔵置場蔵入申請		〃	7,000
④保税工場移入申請		〃	7,000
⑤保税展示場蔵置場等承認申請		〃	7,000
⑥総合保税地域総保入申請		〃	7,000
⑦輸入許可前貨物引取申請		〃	5,100
⑧外国貨物船（機）用品積込申告		〃	5,100
⑨外国貨物運送申告		〃	5,100
⑩その他の申告・申請または届		〃	1,300
⑪諸申告または許可承認書写作成		〃	200
⑫割増料		〃	料金の5割

れも自由料金制に変更されています。

　利用者との値決めの際に、最高額の定めを示すことで通関業務料金の透明性が確保され、利用者に安心感を与えられるというメリットもありますが、その一方で、最高額の定めがあることで通関業務料金が下げ止まっているのであれば、輸出入者にとって不利なものとなっていて、本定めは時代にそぐわないというデメリットもあります。

　つまり、通関事業者の創意工夫が活かされる環境整備の観点および近年の通関業務料金の平均収受率は、海上貨物については最高額の70％、航空貨物については30％以下という実態を踏まえれば、通関業に係る料金の上限規制は、通関事業者に料金設定の際の基準や目安となる価格を示すものとして機能していますが、利用者の利益を害している恐れもあります。

また、一般的に料金の上限規制の目的は、利用者の保護であると考えられるため、通関業の新規参入に対する需給調整が行われた時代には、通関業に係る料金の上限規制が一定の役割を果たしていたものと評価できますが需給調整条項が通関業の参入の実質的な障害とならないようにされているところは、通関業に係る料金の上限規制を維持する実益が乏しくなっていると考えられます。

　したがって、財務大臣が通関業務料金の額について必要な定めをすることができる旨の規定を維持する必要性は乏しく、自由競争の下、通関事業者がサービスに応じて自由に料金を設定することを可能とすることが時代の流れではないかとの考え方から、この最高限度額の取決めは2017年10月8日から廃止されました。ただし、通関事業者が**独自で設定した通関業務の受託料金は掲示すること**が**義務付け**られています。掲示する料金表は顧客に分かりやすいものであればその様式および掲示すべき場所は社会通念上妥当と考えられる方法により各通関事業者が自由に決めることができます。また、貨物の特性や取扱い規模に応じて料金の割引や割増し、またはさまざまな事情で別料金を請求する可能性がある場合はその旨を料金表に記載する必要があります。

1.5.4　輸入通関時間

　財務省は3年ごとに海上貨物と航空貨物の輸入通関の所要時間に関する調査を行っています。最新の第12回調査は、2018年3月12〜18日の間に行われました（表1-9、図1-8、1-9参照）。

　第12回調査を見ますと、前回2015年3月9〜15日に行われた第11回調査の時と比較して、海上貨物の場合は、本船入港〜保税地域搬入までが2.9時間延長、搬入〜輸入申告までは0.2時間短縮、申告から許可までが0.3時間短縮されていますが、全体では2.4時間長くなっています。とくにコンテナ貨物の場合は9.8時間と時間が顕著に伸びています。

　この背景には、京浜港の混雑が大きな影響を与えているものと思われます。
　なお、通関別詳細は、表1-9をご参照ください。

1.6　保税非違と通関非違

　「非違」とは、法から外れた非法または違法のことで、「**保税非違**」と「**通関**

表1-9 輸入通関時間推移表（2015・2018年）

	項目	年度	入港〜搬入	搬入〜申告	申告〜許可	合計
海上貨物	一般貨物	2015	26.7時間	30.4時間	2.4時間	59.5時間（2.5日）
		2018	29.6時間	30.2時間	2.1時間	61.9時間（2.6日）
	うちコンテナ貨物の場合	2015	22.0時間	26.8時間	2.4時間	51.2時間（2.1日）
		2018	29.2時間	30.1時間	2.1日	61.4時間（2.6日）
	予備申告を利用した場合	2015	26.8時間	14.7時間	1.6時間	43.0時間（1.8日）
		2018	31.0時間	17.3時間	1.2時間	49.5時間（2.1日）
	予備申告を利用しなかった場合	2015	26.6時間	43.5時間	3.0時間	73.1時間（3.0日）
		2018	28.4時間	39.3時間	2.8時間	70.5時間（2.9日）
	AEO貨物の場合	2015	15.8時間	18.8時間	0.0時間	34.6時間（1.4日）
		2018	19.3時間	27.5時間	0.1時間	46.9時間（2.0日）
	うちのAEOのコンテナ貨物の場合	2015	15.3時間	19.7時間	0.0時間	35.0時間（1.5日）
		2018	19.4時間	27.7時間	0.1時間	47.2時間（2.0日）
	自由化申告貨物	2015	—	—	—	—
		2018	31.1時間	30.3時間	1.9時間	63.3時間（2.6日）
	うちコンテナ貨物の場合	2015	—	—	—	—
		2018	30.0時間	29.6時間	1.9時間	61.5時間（2.6日）
航空貨物	一般貨物	2015	7.4時間	5.1時間	0.3時間	12.8時間（0.5日）
		2018	8.2時間	3.7時間	0.3時間	12.3時間（0.5日）
	予備申告を利用した場合	2015	6.0時間	0.2時間	0.3時間	6.5時間（0.3日）
		2018	7.7時間	0.1時間	0.2時間	8.0時間（0.3日）
	予備申告を利用しなかった場合	2015	9.6時間	13.3時間	0.3時間	23.2時間（1.0日）
		2018	10.0時間	16.5時間	1.0時間	27.4時間（1.1日）
	AEO貨物の場合	2015	2.9時間	20.4時間	0.0時間	23.4時間（1.0日）
		2018	3.9時間	23.5時間	0.0時間	27.5時間（1.1日）
	自由化申告貨物	2015	—	—	—	—
		2018	3.4時間	18.0時間	0.2時間	21.6時間（0.9日）

（出所：財務省ホームページの「輸入通関時間の推移2015・2018」をベースに筆者作成）

第1章 輸出入通関概論

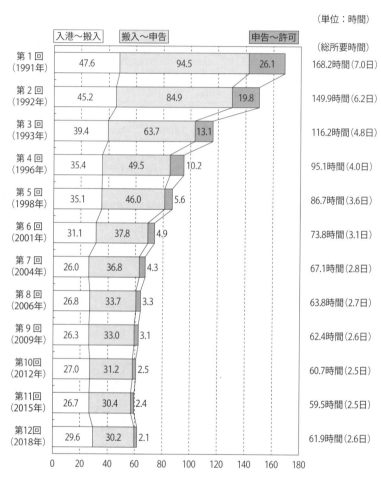

(注1) 第10回調査までは、一般貨物（Ⅲ.1.の注にある「AEO貨物」およびⅣ.1.の注にある「自由化申告貨物」以外の貨物）の平均所要時間の実績。
　第11回調査においては、2014年の全輸入申告に占める一般貨物およびAEO貨物それぞれの許可件数の割合に応じて、一般貨物とAEO貨物の平均所要時間を加重平均して算出した実績。
　第12回調査においては、2017年10月から2018年3月までの全輸入申告に占める一般貨物、AEO貨物および自由化申告貨物のそれぞれの許可件数の割合に応じて、一般貨物、AEO貨物および自由化申告貨物の平均所要時間を加重平均して算出した実績。
(注2) 端数処理（単位未満四捨五入）の関係で「入港〜搬入」、「搬入〜申告」、「申告〜許可」の合計時間と総所要時間は必ずしも一致しない。（※以下、同様）

図1-8　海上貨物の輸入通関所要時間の推移
（出所：財務省ホームページ）

1.6 保税非違と通関非違 29

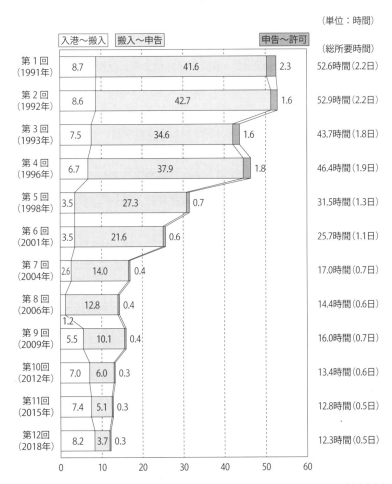

(注1) 第10回調査までは、一般貨物（Ⅲ．1．の注にある「AEO 貨物」およびⅣ．1．の注にある「自由化申告貨物」以外の貨物）の平均所要時間の実績。
　　第11回調査においては、2014年の全輸入申告に占める一般貨物および AEO 貨物それぞれの許可件数の割合に応じて、一般貨物と AEO 貨物の平均所要時間を加重平均して算出した実績。
　　第12回調査においては、2017年10月から2018年3月までの全輸入申告に占める一般貨物、AEO 貨物および自由化申告貨物のそれぞれの許可件数の割合に応じて、一般貨物、AEO 貨物および自由化申告貨物の平均所要時間を加重平均して算出した実績。
(注2) 端数処理（単位未満四捨五入）の関係で「入港〜搬入」、「搬入〜申告」、「申告〜許可」の合計時間と総所要時間は必ずしも一致しない。（※以下、同様）

図1-9　航空貨物の輸入通関所要時間の推移
（出所：財務省ホームページ）

非違」があります。

1.6.1 保税非違

　保税非違とは、指定保税地域、保税蔵置場等の保税地域における記帳などの保税業務に関して、「関税法令の規定に違反した行為」のことをいいます。

　また、非違と類似した用語に「事故」があります。保税貨物の誤搬出など貨物管理が不適切だった場合、または災害および保税運送中の貨物の亡失などを指します。

　ただし、「非違」と「事故」の内容が同じような場合、その発生時の状況や原因等を調査して、「非違」または「事故」のいずれかに分類されることになりますが、「事故」と判定された場合でも、誤搬出などが頻発しているような保税蔵置場等においては、「業務遂行能力がない」として、同蔵置場への貨物の搬入停止または施設の許可の取り消し（法第48条第１項）などの処分を受ける可能性があります。

　これは、わが国の輸出入通関では、輸出または輸入しようとする貨物は原則として保税地域を経由して外国向けに積み出したり、国内に引き取ることが基本となっているためです。したがって、関税法令では、保税地域ごとに蔵置期間やそこでの可能な作業内容が規定されています。

　関税法では、保税蔵置場等での貨物管理は、貨物管理者すなわち保税蔵置場の許可を受けた者（以下「保税管理者」）が自ら策定した法令遵守規則（コンプライアンス・ルール：CP）ルールに基づいて、搬出入、取扱い等の貨物管理を適正に行い、それらの事実を迅速、かつ、的確に記帳することになっています。

　このCP作成の目的は、保税地域の企業内における適正な貨物管理体制を確保し、関税法その他関係法令に規定する税関手続の適正な履行を確保する観点から、性善説に基づいて、社内管理規定を整備することになっているためです。すなわち、関税法では、倉主に関して、①記帳義務（法第34条の２）、②業務遂行能力等の許可要件（法第43条）、③収容能力の増減等（法第44条）、④亡失貨物に係る関税納付義務（法第45条）および処分（法第48条）等を定めており、貨物の搬出入時の立会いおよび在庫管理を義務とした明文の規定は

ありません。

　これは、**貨物の搬出入および在庫状況の事実が化体しているのが「保税台帳」**であり、倉主に記帳義務を課すことで貨物の状況が明らかとなり、関税法の予定する適正な貨物管理を確保しうるとの考え方によるものです。したがって、「保税台帳記帳義務違反」が多くなります。

　そこで、関税法基本通達34の2-9（社内管理規定の整備）では、社内での評価・監査体制として、
- ① 社内管理規定の諸手続が厳格に遵守され、かつ、実施することの確認
- ② 内部監査人による定期的評価・監査制度を制定し、社内管理規定の実行性の評価改善のための勧告を行う体制の整備
- ③ 内部監査人による評価・監査は、原則として毎年実施し、評価・監査の都度、その結果を税関に提出する、ことを求めています。

　そうすることで、適正な貨物管理能力の維持、未然の事故・非違の防止、不適切な処理の早期発見と改善につなげようとしています。

　監督行政機関である税関は、保税業務を担当する監視部署が保税地域での自主管理や必要な手続が適正に行われているかを確認するため、保税巡回や保税業務検査を定期的に行っています。

　税関による巡回や検査によって保税非違が発見された場合、あるいは保税管理者が自ら申し出た場合であっても、通関非違と同様、故意または過失の如何に関わらず、税関により確認されたものとみなされ、罰則が科されます。しかし、内国貨物に関しては、偶発的に起こった誤搬出などのような貨物管理の不備が起因する場合、または自然災害や保税運送中での貨物の亡失などは、原則として非違とはみなされず、事故として扱われています。

　通関非違が、輸出入手続における申告内容に関する違反行為であるのに対し、保税非違は、税の徴収を担保する貨物に直結する違反行為であることから、その非違内容によっては厳しい処分が保税管理者に科されます。**処分は定められた計算式に則した点数制により決定**され、**悪質な場合は、保税貨物の搬入停止処分**（関税法第41条の2）、**または許可の取消し**（関税法第48条）が科されます。

　保税管理者がこれらの処分を受けるような事態は、事業の継続を困難なもの

とする深刻な問題であり、かかる事態を回避するためには、日々行われる作業に対する従業者の意識が最も重要な要素と考えられます。

なお、保税非違の主だった事例は次のとおりです。

(1) 記帳義務違反
① 帳簿（保税台帳等）への記載漏れおよび誤記入（関税法第34の2）
② 帳簿（保税台帳等）の未整備（関税法第61条の3）

(2) 無届違反
① 外国貨物の廃棄（関税法第34条）
② 保税蔵置場の収容能力の増減、改築およびその他の工事や移転届（関税法第44条第1項）
③ 外国貨物の亡失届（関税法第45条第3項）
④ 保税蔵置場の休業、または廃業届（関税法第46条）
⑤ 保税工場の作業開始および終了届（関税法第58条）
⑥ 保税工場の製造報告届（関税法第61条の2第2項）
⑦ 外国貨物であって販売または消費される貨物の総合保税地域への搬入届（関税法第62条の11）
⑧ 保税運送の運送品目録届（関税法第63条第3、5、6項）

(3) 未承認違反
① 蔵入未承認（関税法第43条の2第1項）
② 期間延長未承認（関税法第43条の3第1項）
③ 保税運送未承認（関税法第63条第1、3項）

(4) 無許可違反
① 保税地域外蔵置（関税法第30条第1項）
② 保税地域から外国貨物の一時持ち出し（関税法第32条）

1.6.2 通関非違

通関非違とは、関税法等の規定に違反した不適正な輸出入通関手続のことで、輸出入者やその代理人である通関事業者の故意または過失の如何に関わらず、税関により確認された以下のような場合を指します。

(1) 税関より指摘を受ける前に、輸出入者、または通関事業者から申告内容の

誤りを申し出た場合

　例）輸出入者が何らかの手違いにより誤った情報を通関事業者に伝え、その情報に基づいて通関事業者が代理申告の行為に至った場合。また通関事業者の申告作業ミスによる場合などで、かつその誤りに気づいた時点で自ら申し出た場合。

　ちなみに、誤って伝えられる情報としては、輸出入申告の基となる取引の価格や条件および約定品の内容等に多く見受けられます。

　また、通関事業者の申告作業ミスとしては、申告価格の計算間違いや、HSコードの選定間違等が多く見受けられます。

(2) 明らかに通関事業者の単純なミスに起因する申告内容の誤記（NACCSへの誤入力）および記入漏れ（NACCSへの入力漏れ）等が発生した場合

　例）申告価格や数量の桁違い、または通貨の誤認および適用法令等の入力漏れなど。

(3) 輸出入申告が許可された後、事後調査で申告内容の誤りが判明した場合

　例）修正申告、または更正の請求等を行なった場合など。

(4) 予備審査制度（予備申告、第4章4.1.11参照）の内容に誤りがあった場合

　例）申告対象貨物の数量等を誤認したまま申告した場合など。

　なお、輸出入に関する通関手続が法令に違反するものであってはならないという観点から、通関行政を所管する税関は、各々の管轄地における毎月の総輸出入申告の中から非違に該当する事例を集計し、その内容を非違実績として該当する各通関事業者に通知しています。

　税関が非違実績を通関事業者に通知するのは、輸出入者や通関事業者に対し、法令遵守に基づいた適正な通関手続の履行を促す注意喚起や指導を目的とし、非違率0％を標榜していることによります。

　とくに申告納税方式による輸入通関手続は、申告内容に非違があれば公正な関税および消費税等の徴収が行えなくなることから、非違に対する意識の向上と通関業務の正確性を求めています。

1.7　通関事業者と通関業務

　通関は税関に対する要式行為であり、専門的な知識や経験等が求められるこ

とから、その手続全般を通関事業者に委託するのが一般的です。

　通関事業者とは、通関業法第5条で規定する許可基準に適合していることが確認された者として税関長より許可を受け、輸出または輸入を行おうとする者に対し、主として以下の業務を独占的に提供することができる事業者のことをいいます。

(1) 税関に対する輸出または輸入申告から許可取得までの通関手続に関する代理業務
(2) 輸入貨物に対する関税・消費税および関連するその他税の納付手続、また納付に関する更生の請求、修正申告および関税の減免税制度の適用等の通関手続に関する代理業務
(3) 通関行為において、税関より受けた行政処分に対する不服申立および主張・陳述等に関する代行業務

　これらの代理および代行業務は、財務省が認定する国家資格である通関士試験に合格した者であって、かつ所属する通関事業者の申請に基づき、財務大臣の確認を受けた通関士が行うこととなっています。

　また、通関業法は、通関事業者が提供できる通関業務およびその関連業務について定めており、通関業務とは同法第2条第1号において、「他人の依頼によってする次に掲げる事務をいう」と定義され、「次に掲げる事務」とは通関手続の代理または代行および通関書類の作成を意味します。

　また、関連業務については同法第7条において、「他人の依頼に応じ、通関業務に先行し、後続し、その他当該業務に関連する業務」と定義されています。これらの通関業務および関連業務は、表1-10の「9105 カスタムスアンサー 通関業務、関連業務の範囲」において具体的に整理されています。

表1-10 9105 カスタムスアンサー 通関業務、関連業務の範囲

通関業法第2条本文	具体例
次に掲げる手続又は行為につき、その依頼をした者の代理又は代行をすること。	
（1）関税法その他関税に関する法令に基づき税関官署に対してする次に掲げる申告若しくは承認の申請からそれぞれの許可又は承認を得るまでの手続（関税の確定及び納付に関する手続を含む。以下「通関手続」という。）	「通関手続」
（一）輸出（関税法第75条に規定する積戻しを含む。）又は輸入の申告	ア　輸出、積戻し又は輸入の申告から、それぞれの許可を得るまでの手続
（二）関税法第7条の2第1項の承認の申請	イ　特例輸入者の承認の申請から、その承認を得るまでの手続
（三）本邦と外国との間を往来する船舶又は航空機への船用品又は機用品の積込みの申告	ウ　船用品又は機用品の積込みの申告から、その承認を得るまでの手続
（四）保税蔵置場、保税工場若しくは総合保税地域に外国貨物を置くこと、保税工場において外国貨物を関税法第56条第1項に規定する保税作業に使用すること若しくは総合保税地域において同法第62条の8第1項第2号若しくは第3号に掲げる行為をすることの承認の申請又は保税展示場に入れる外国貨物に係る同法第62条の3第1項の申告	エ　保税蔵置場、保税工場若しくは総合保税地域に外国貨物を置くことの申請から、その承認を得るまでの手続 オ　保税工場又は総合保税地域において外国貨物を保税作業に使用することの申請から、承認を得るまでの手続 カ　総合保税地域において外国貨物を展示・使用することの申請から、その承認を得るまでの手続 キ　保税展示場に入れる外国貨物について、積卸、蔵置、内容の点検・改装、展示・使用等をすることの申告から、その承認を得るまでの手続
（五）関税法第67条の3第1項第1号の承認の申請	ク　特定輸出者の承認の申請から、その承認を得るまでの手続
（参考）その他通関手続に含まれるもの ケ　前記ア～クの輸出入申告等以外の手続（例えば、各種の関税の減免税関係手続、指定地外貨物検査許可申請、開庁時間外の執務を求める届出等）であっても、輸出入申告等と関連して、輸出入申告等からそれぞれの許可又は承認を得るまでの間に行われるものは通関手続に含まれます。 コ　輸入の許可後に行われる関税の確定及び納付に関する手続（例えば、輸入許可後の修正申告、更正の請求、特例申告等）は通関手続に含まれます。 サ　前記ア～クの輸出入申告等の許可又は承認の内容に変更を及ぼすこととなる手続（例えば、輸出許可後の船名、数量変更申請手続）も通関手続に含まれます。 シ　輸入の許可前引取承認申請手続は、輸入申告から許可を得るまでの手続ですので、通関手続に含まれます。	
（2）関税法その他関税に関する法令によってされた処分につき、行政不服審査法又は関税法の規定に基づいて、税関長又は財務大臣に対してする不服申立て	「不服申立ての代理」 ア　税関長に対する再調査の請求 イ　財務大臣に対する審査請求
（3）通関手続、（2）の不服申立て又は関税法その他関税に関する法令の規定に基づく税	「税関に対する主張又は陳述の代行」 ・検査の立会いにおける主張又は陳述

関官署の調査、検査若しくは処分につき、税関官署に対してする主張又は陳述	
関税法その他関税に関する法令又は行政不服審査法の規定に基づき税関官署又は財務大臣に対して提出する通関手続又はイの（2）の不服申立てに係る申告書、申請書、不服申立書その他これらに準ずる書類（その作成に代えて電磁的記録（電子的方式、磁気的方式その他の人の知覚によつては認識することができない方式で作られる記録であつて、電子計算機による情報処理の用に供されるものをいう。）を作成する場合における当該電磁的記録を含む。以下「通関書類」という。）を作成すること。	「通関書類の作成」 ・輸出申告書 ・輸入（納税）申告書 ・再調査の請求書 ・審査請求書　等 ・これらに準ずる書類 　○更正請求書 　○納付書 　○過誤納金充当申立書 　○反論書　等
通関業法第7条	具体例
通関業者は、通関業務のほか、その関連業務として、通関業者の名称を用いて、他人の依頼に応じ、通関業務に先行し、後続し、その他当該業務に関連する業務を行うことができる。 　ただし、他の法律においてその業務を行なうことが制限されている事項については、この限りでない。	「通関業務に先行する関連業務」 ・事前教示照会手続 ・輸出入申告等の前にされる開庁時間外の執務を求める届出等 ・外国貨物仮陸揚届出手続 ・保税運送申告手続 ・見本の一時持出しの許可申請手続 ・見本の展示の許可申請手続 ・内国消費税に関する納税申告手続 ・製造工場の承認申請手続 ・他所蔵置許可申請手続 ・他法令の許可承認申請手続 ・本船扱い申請手続 ・ふ中扱い申請手続 ・搬入前申告扱い申請手続 ・ラベル貼り ・内容点検　等 「通関業務に後続する関連業務」 ・輸出入申告等の許可又は承認の後にされる開庁時間外の執務を求める届出 ・関税の払戻し又は還付の申請手続 ・内国貨物の運送申告　等

（出所：税関ホームページ）

第 2 章　輸出通関の実務

2.1　輸出の定義

　関税法第 2 条で輸出とは、「内国貨物（日本国内にあって外国貨物でないもの及び日本の船舶によって公海[1]または排他的経済水域[2]の海域で捕獲・採取した水産物）を外国に向けて送り出すこと」と定義しています。

　つまり、輸出とは、内国貨物を税関の許可をとって、船舶または航空機によってわが国から海外に向けて送り出すことをいいます。

　現在、日本からの輸出取引は**原則自由**となっていますが、一部の取引は「外国為替及び外国貿易法」（略称「外為法」）で規制されている貨物もありますので、注意が必要です。

　また、輸出の具体的な時期は、原則として「外国に向けられた船舶または航空機に輸出しようとする貨物を積み込んだ時」とされています（図 2 - 1 参照）。

図 2 - 1　航空機への積荷のようす（左：航空機747-400、右：那覇空港）
(出所：筆者撮影)

1　公海とは、どこの国にも属さない、誰もが自由に行き来したり、魚を捕ったりすることのできる海のこと。
2　排他的経済水域とは、漁業や油田などの天然資源の掘削、科学的な調査等の活動を、他の国に邪魔されずに自由に行うことができる水域のこと。

2.2　輸出申告の時期

　輸出申告の時期は、船積みを予定している本船の荷受け締切時間までに必要とされる輸出許可の取得、欧米向け等の場合には船積み前にそれぞれの税関宛に貨物情報を送付して事前の船積み許可の取得（船積み24時間前報告）等の作業を終えることを見越して決める必要があります。

　ちなみに、荷受け締切時間は、本船の出港予定日（Estimated Time of Departure：ETD）に合わせ、船会社やNVOCC[3]が設定しています。その間に、輸出者は税関に申告して、税関による書類審査、貨物検査を経て、輸出許可を取得するまでに費やす作業時間が必要です。また、船会社等が指定する荷受場所（CY[4]やCFS[5]等）以外に貨物を置いて通関手続を完了した場合は、指定荷受場所まで貨物を搬送する時間を考慮する必要もありますし、船会社や航路によって荷受け時間のルールが異なっています。

　たとえば、通常本船入港日前日の16:30である船会社の荷受け締切時間（CY Cut）は、米国向けに関しては2001年9月11日に発生した同時多発テロの影響によって、土・日・祝日を含まない本船入港日の3日前になっています。これは、2002年以降米国はコンテナの特性であるdoor to door輸送によって、米国内のテロリスト向け等に、武器や弾薬などが持ち込まれてくるとして、米国向けに船積みされるコンテナ（貨物）のマニフェスト情報を米国税関宛に船積みの24時間前までに報告することを輸出者、船会社、NVOCCに義務付け、米国向け貨物のセキュリティチェックを輸出地で事前に行い、危険な貨物が米国内に持ち込まれないようリスク回避を図っているためです。この事前報告制度が「船積み24時間前ルール」です。

　現在米国は上記の「船積み24時間前ルール（10＋2を含む）」、EUは「ENS（Entry Summary Declaration）」、中国は「中国版24時間ルール」、わが国で

3　NVOCCとは、Non-Vessel Operating Common Carrierの略で、船舶や鉄道等の実運送人を下請けに使って、運送人として運送業務を受託する利用運送事業者のこと。
4　CYとは、Container Yardの略で、コンテナ・ターミナルのこと。
5　CFSとは、Container Freight Stationの略で、コンテナ単位に満たない小口貨物（Less than Container Load：LCL貨物）をコンテナに詰め（バンニング）たり、コンテナから取り出す（デバンニング）場所のこと。

は「海上コンテナ貨物情報の輸出港出港24時間前報告制度（略称「日本版出港前報告制度 JP24」。詳細は第1章1.5.3（5）参照）と称し、原則本船は積み込む24時間前までに、航空機は到着6時間前までに、仕向地の税関やその関係機関宛に電子的な方法（NACCS 等）により貨物明細を報告することを義務付けられています。ただし、わが国に飛来する航空機の場合は、目的地の税関空港に入港する3時間前を原則としています（関税法第15条第9項および同施行令第13条第2項第1号）。

また、直前の出発空港から目的地の税関空港までの航行時間が3時間以上5時間未満の場合は、入港する1時間前、当該航行時間が3時間未満の場合は、入港する時と規定されています（関税法施行規則第2条の3第2項第1号または第2号）。

ちなみに、中国では飛行時間が4時間以上の場合は離陸4時間前まで、また飛行時間が4時間以内の場合は到着4時間前と規定されています。

2.3　輸出申告前の準備

2.3.1　輸出許可を要する場合

現在わが国では、輸出取引は「原則自由」となっていますが、1991年のソビエト連邦崩壊以降、表2-1で指定されている軍需関連物資を輸出する場合には、輸出貿易管理令（輸出令）において、旧ココム規制からワッセナー・アレンジメント[6]関連の戦略物資の規制へと転換され、経済産業大臣（経産大臣）の輸出許可の取得対象となっています。

なお、表2-1の別表第1に抵触するかどうかはっきりしない場合は、**パラメーターシート**[7]を使って該非判定を行い、該当する場合には経産大臣の輸出許可を取得する必要があります。また、該当しない場合は非該当証明を税関に提出します。なお、パラメーターシートの用紙は、CISTEC（安全保障貿易セ

6　ワッセナー・アレンジメントとは、1996年に発足した通常兵器および関連汎用品、技術の輸出管理（日本での規制対象品目は輸出令別表第1の1および5から15までの項に掲げる貨物）を行うことを目的にした国際レジームで、カナダ、フランス、ドイツ、イタリア、ノルウェー、ロシア、スイス、日本、韓国、英国、米国等41か国が参加しています。

7　パラメーターシートとは、日本から輸出しようとする商品が輸出貿易管理令別表第1で規定されている輸出許可の取得が要/不要を判定するために税関に提出する判定シートのことです。

ンター）や JMC（日本機械輸出組合）で入手できます。

　ところで、規制対象品目に挙げられていませんが、大量破壊兵器開発の用途に使用される可能性のある貨物がわが国から輸出されています。そこで、わが国でも欧米なみに9・11米国テロの影響を受けて、2002年4月1日から外国貿易管理令および輸出貿易管理令別表第1の16項を改正して、通常兵器関連汎用品として挙げられていない品目であっても、次のいずれかに該当すれば輸出が禁止される**キャッチオール規制**（「通常兵器キャッチオール規制」と「大量破壊兵器キャッチオール規制」がある）が導入されました。

　ちなみに、通常兵器とは、輸出貿易管理令別表第1の1の項の中欄に掲げる貨物（ただし、大量破壊兵器等に該当するものを除く）のこと、また、大量破

表2-1　輸出貿易管理令別表第1

	項番	貨　　物		規制対象地域
リスト規制（国際的に合意された品目を規制）	1	通常兵器、大量破壊兵器（武器輸出三原則等）	武器およびその部分品	全地域
	2 3 3の2 4	大量破壊兵器関連資機材	核兵器関連関連貨物 化学兵器関連貨物 生物兵器関連貨物 ミサイル関連貨物	全地域
	5項 6項 7項 8項 9項 10項 11項 12項 13項 14項 15項	通常兵器関連汎用品	先端材料 工作機械（材料加工） エレクトロニクス コンピューター 通信関連 センサー・レーザー等 航法関連装置 海洋関連装置 水進装置 その他の汎用品（軍需品等） 機微品目（上記5～13項の品目のうち、とくに機微な品目）	全地域
キャッチオール規制（補完的輸出規制）	16項	対象貨物・技術	関税定率法別表第25類～第40類、第54類～第59類、第63類、第68類～第93類、第95類	別表第3のホワイト国（27か国）*を除く全地域

＊別表第3のホワイト国：
　アイルランド、米国、アルゼンチン、イタリア、イギリス、オーストラリア、オーストリア、オランダ、カナダ、ギリシャ、スイス、スウェーデン、スペイン、韓国、チェコ、デンマーク、ドイツ、ニュージーランド、ノルウェー、ハンガリー、フィンランド、フランス、ブルガリア、ベルギー、ポーランド、ポルトガル、ルクセンブルグ
　なお、2019年7月3日現在、2019年8月頃から韓国をホワイト国から外す方向で日本政府は検討中です。

壊兵器とは、①核兵器、②軍用の化学製剤、③軍用の細菌製剤、④軍用の化学製剤または細菌製剤散布のための装置、⑤300km以上運搬することのできるロケット、⑥300km以上運搬することのできる無人航空機（いずれも部品を含む）のことをいいます。

また、キャッチオール規制は大量破壊兵器などの開発が懸念される国やテロリスト向けの原則としてすべての鉱工業品目についての輸出を禁止する有事規制のことで、「**客観要件**」と「**インフォーム要件**」があります（表2-2参照）。

「**客観要件**」とは、輸出者が用途の確認または需要者の確認を行った結果、
① 大量破壊兵器等の開発、製造、使用または貯蔵等に用いられる恐れがある場合
② 通常兵器の開発、製造または使用に用いられる恐れがある場合
には許可が必要となる要件です。

これに対して、「**インフォーム要件**」とは、経産大臣から、
① 大量破壊兵器等の開発、製造、使用または貯蔵に用いられる恐れがある

表2-2　キャッチオール規制

・大量破壊兵器キャッチオール規制

対象地域	規制要件		
	インフォーム要件	客観要件	
		用途要件	需要者要件
ホワイト国[*1]以外の国・地域	○	○	○

・通常兵器キャッチオール規制

対象地域	規制要件		
	インフォーム要件	客観要件	
		用途要件	需要者要件
国連武器禁輸国[*2]・地域	○	○	―
ホワイト国[*1]以外の国・地域 （国連武器禁輸国・地域を除く）	○	―	―

[*1] 別表第3のホワイト国：
　アイルランド、米国、アルゼンチン、イタリア、イギリス、オーストラリア、オーストリア、オランダ、カナダ、ギリシャ、スイス、スウェーデン、スペイン、韓国、チェコ、デンマーク、ドイツ、ニュージーランド、ノルウェー、ハンガリー、フィンランド、フランス、ブルガリア、ベルギー、ポーランド、ポルトガル、ルクセンブルグ
　なお、2019年7月3日現在、2019年8月頃から韓国をホワイト国から外す方向で日本政府は検討中です。

[*2] 国連武器禁輸国・地域：輸出貿易管理令第3の2の地域
　アフガニスタン、中央アフリカ、コンゴ民主共和国、エリトリア、イラク、レバノン、リビア、北朝鮮、ソマリア、スーダン

場合

② 通常兵器の開発、製造または使用に用いられる恐れがある場合

として、許可申請をすべき旨の通知（インフォーム通知）を受けた場合は、経産大臣の許可が必要となる要件です。

なお、キャッチオール規制については、直接規制対象国向けに輸出しなくても、第三国を経由して最終的に規制対象国に入る場合も規制対象となります。したがって、**当該規制に抵触する恐れのある貨物は、船積みしてから5年間の書類保存とともに、転売・消滅など追跡調査をしておくことも重要**です。

キャッチオール規制の違反事例は経産省のホームページに掲載されていますが、たとえば、ホワイト国に指定されている第三国からドバイ向けで受注した貨物の最終仕向地がイランだった、ということがありました。これは、日本の輸出者はホワイト国に指定されている国からの受注であり、また、ドバイ向けであれば規制対象品目に挙げられていない貨物であったことから、ついキャッチオール規制に対する認識が甘かったようです。しかし、輸出相手先はドバイに貨物を集結させ、イランに転売しました。したがって、契約時に規制対象国向けへの転売目的の可否の確認を取っておく配慮も必要です。

なお、経産省では、2002年4月にキャッチオール規制が導入されたのを機に、その実効性向上のため、大量破壊兵器の開発などの懸念がある企業名または組織名等の情報を、「外国ユーザーリスト」としてホームページで提供しています。

もし、輸出しようとする貨物の荷受人が本リストに掲載されている場合は、当該貨物が大量破壊兵器等の開発に関係ないことがはっきりしない限り、輸出許可申請が必要となります。

2.3.2 輸出承認の取得を要する場合

(1) 輸出貿易管理令第2条第1項に該当する場合

表2-3の輸出貿易管理令第2条に該当する貨物を輸出しようとする場合は、国内需要の確保、国際協定等の遵守などの観点から、輸出申告前に経産大臣の輸出承認を取得しておく必要があります。

(2) 逆委託加工貿易の特定原材料についての規制（承認）

表2-3 輸出貿易管理令別表第2（2019年4月1日現在）

項番	対象貨物の概要
1	ダイヤモンド原石
19	安全な血液製剤の安定供給の確保等に関する法律第2条第1項に規定する血液製剤（原則輸出禁止）
20	核燃料物質および核原料物質
21	放射性廃棄物等
21の2	放射性同位元素
21の3	麻薬、向精神薬原材料等
25	船舶（漁船）
30	しいたけ種菌（原則輸出禁止）
33	うなぎの稚魚
34	冷凍のあさり、はまぐり、いがい
35	オゾン層を破壊する物質
35の2	（1）特定有害廃棄物等、（2）廃棄物の処理および清掃に関する法律に規定する廃棄物
35の3	有害化学物質（ロッテルダム条約、ストックホルム条約関連）
35の4	水銀、水銀使用製品（水俣条約関係）
36	ワシントン条約対象貨物
37	希少野生動植物の個体・卵・器官
38	かすみ網
39	偽造、変造通貨等
40	反乱を扇動する書籍等
41	風俗を害する書籍等
43	国宝、重要文化財等
44	仕向国における特許権等を侵害すべき貨物（原産地を誤認させるべき貨物）
45	関税法第69条の12第1項に規定する認定手続がとられた貨物（育成者権侵害貨物、その他の権利侵害貨物）
その他	委託加工貿易

（出所：経済産業省ホームページ）

　「革、毛皮、皮革製品（毛皮製品を含む）及びこれらの半製品の製造であって、かつ輸出する原材料が皮革（原毛皮及び毛皮を含む）及び皮革製品の半製品であるもの」を外国にいる業者（受託者）に送って、外国で加工して出来あがった製品を日本に輸入する契約、または日本の委託者が指定する第三国向けに船積みする契約に基づいて、日本から委託加工用の原材料を輸出する場合

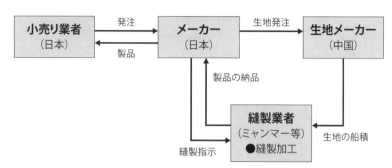

図2-2　最近の衣料品の委託加工貿易取引形態
(出所：筆者作成)

は、経済産業大臣の承認が必要です。

　なお、委託加工取引には、日本から海外に原材料を送って、出来あがった製品を日本または日本の委託者が指定した第三国に送る「**逆委託加工貿易**」と、日本で海外から送られてきた原材料を加工する「**順委託加工**」があることはすでに記したとおりです。

　1990年代までは、原材料（生地等）を日本から中国に送って縫製する加工が一般的でしたが、2000年代に入ると、国内の人件費の高騰と技術継承者の不足等もあり、従来の加工貿易形態に加えて、昨今は中国に生地を発注し、その生地をミャンマーやベトナムに輸出し、そこで安い人件費を使って縫製加工する国際水平分業の形態による委託加工も増えていますが、この場合の取引は、通常の輸入取引になります（図2-2参照）。

(3) **北朝鮮を仕向地とする貨物に関する輸出の承認**

　2009年6月16日付けで、拉致問題の関係から輸出承認が必要となっています。

2.3.3　輸出申告で必要な書類

　現在の輸出申告はNACCSを通して処理されていますが、申告に際して必要な書類は、次のとおりです。

　① インボイス（Invoice：仕入書、商業送り状）（付録の資料①参照）

　② パッキングリスト（Packing List：梱包明細書）（付録の資料②参照）

表 2-4　輸出関係他法令一覧表（2019 年 4 月 1 日現在）

法令名	主な品目	主管省庁課	税関確認書類
外国為替及び外国貿易法 （1）外国為替令	現金等の支払手段等	財務省国際局調査課外国為替室	輸出許可証
（2）輸出貿易管理令	武器・化学兵器等 （別表1） 麻薬等の輸出規制品 （別表2） 北朝鮮への奢侈品 （別表2の2）	経済産業省貿易経済協力局貿易管理部安全保障貿易審査課・貿易管理課	輸出許可証 輸出承認証
輸出入取引法	現在対象なし	経済産業省貿易経済協力局貿易管理部貿易管理課	
文化財保護法	重要文化財または重要美術品 天然記念物 重要有形民俗文化財	文化庁文化財部伝統文化課	輸出許可書
林業種苗法	現在対象なし	林野庁森林整備部研究・保全課	
鳥獣の保護及び狩猟の適正化に関する法律	鳥、獣およびそれらの加工品等	環境省自然環境局野生生物課	鳥獣適法捕獲証明書
大麻取締法	大麻草およびその製品	厚生労働省医薬・生活衛生局監視指導・麻薬対策課	大麻輸出許可書
覚せい剤取締法	覚せい剤、覚せい剤原料	厚生労働省医薬・生活衛生局監視指導・麻薬対策課	覚せい剤原材料輸出許可書
麻薬及び向精神薬取締法	麻薬、向精神薬、麻薬向精神薬原材料等	厚生労働省医薬・生活衛生局監視指導・麻薬対策課	麻薬輸出許可書、麻薬向精神薬原材料輸出届 麻薬等原料輸出業者業務届受理証明書等
あへん法	あへん、けしがら	厚生労働省医薬食品局監視指導・麻薬対策課	あへん輸出委託証明書等
植物防疫法	顕花植物、しだ類またはせんたい類に属する植物、有害植物、有害動物	農林水産省 消費・安全局植物防疫課	栽培地検査合格証明書
狂犬病予防法	犬、猫、あらいぐま、キツネ、スカンク	農林水産省 消費・安全局動物衛生課	犬の輸出検疫証明書、狂犬病予防法に基づく動物の輸出検疫証明書
家畜伝染病予防法	偶蹄類の動物、馬、鶏、あひる、ミツバチ、ソーセージ、ハム、ベーコン類等	農林水産省 消費・安全局動物衛生課	輸出検疫証明書
13. 道路運送車両法	中古自動車	国土交通省自動車局自動車情報課	輸出抹消仮登録証明書 輸出予定届出証明書

（出所：税関ホームページ）

③ 他法令に基づく輸出許可書または輸出承認証（他法令は表 2 - 4 参照）
④ 関税払戻し申請書（減免戻し税等の適用を受ける場合）
⑤ その他必要書類（カタログ、売買契約書、通関実績等）

2.3.4　輸出申告前に必要な作業（HS コードへの分類）

　HS コードとは、WCO（世界税関機構）が定めた HS 条約（Harmonized Commodity Description Coding System：商品の名称及び分類についての統一システムに関する国際条約）で規定された統計品目番号のことで、日本では、9 桁の番号（最初の 2 桁を類、次の 2 桁を項、その次の 2 桁を号、および下 3 桁の細分）で構成されており、**頭 6 桁は世界共通**となっています。

　　　　HS コード　　20 02.10 000
　　　　　　　　　　　類 項 号

　輸出入しようとする貨物は、貨物名よりもその貨物が属する HS コードを主体にして通関行為が行われます。

　輸出申告の場合は、輸出統計品目表（表 2 - 5 参照）を、輸入申告の場合は実行関税率表をそれぞれ基にして 9 桁の HS コードを決定（区分け）することになっています。また、輸出と輸入では、下 3 桁の細分に微妙な違いがあります。

　輸出統計品目表の参考欄および実行関税率表の欄外には、HS コードごとに外為法他の他法令関係の注釈が附されていますので、輸出入申告をしようとする貨物が他法令に該当しているか否かを判断する際の参考となります。

　輸出入の申告価格（輸出は FOB、輸入は CIF 価額） は、申告単位のインボイス上で同一 HS コードに分類された貨物の価格を合算したものが基となります。したがって、輸入申告の場合は、HS コード分類の間違いが関税額の確定間違いへと連鎖してきますので、納税に関する大きな問題へと発展する可能性があります。

　HS コードは、国際貿易を通関という観点からみた場合のいわば共通語であり、この HS コード分類（区分け）作業は通関手続の要となっていますので、通関士が申告の事前準備をするに際して、もっとも時間と神経を費やす作業となっています。

　各通関事業者や通関士は、HS コードの分類作業をより容易にするため、長

表2-5 輸出統計品目表

番号 NO	細分 番号 sub. no	NACCS用	品名	単位 UNIT I	単位 UNIT II	DESCRIPTION	備考
84.70			計算機並びにデータを記録し、再生し、及び表示するポケットサイズの機械（計算機能を有するものに限る。）並びに会計機、郵便料金計機、切符発行機その他これらに類する計算機構を有する機械並びに金銭登録機			Calculating machines and pocket-size data recording, reproducing and displaying machines with calculating functions; accounting machines, postage-franking machines, ticket-issuing machines and similar machines, incorporating a calculating device; cash registers:	
8470.10	000	4	－電子式計算機（外部の電源を必要としないものに限る。）並びにデータを記録し、再生し、及び表示するポケットサイズの機械（計算機能を有するものに限る。）		NO	－Electronic calculators capable of operation without an external source of electric power and pocket-size data recording, reproducing and displaying machines with calculating functions	質4-22、8、9-7、9-8、9-10
			－その他の電子式計算機			－Other electronic calculating machines:	
8470.21	000	0	ーー印字機構を有するもの		NO	ーーIncorporating a printing device	〃
8470.29	000	6	ーーその他のもの	NO	KG	ーーOther	〃
8470.30	000	5	－その他の計算機		NO	－Other calculating machines	〃
8470.50	000	6	－金銭登録機		NO	－Cash registers	
8470.90	000	1	－その他のもの	NO	KG	－Other	〃
84.71			自動データ処理機械及びこれを構成するユニット並びに磁気式又は光学式の読取機、データをデータ媒体に符号化して転記する機械及び符号化したデータを処理する機械（他の項に該当するものを除く。）			Automatic data processing machines and units thereof; magnetic or optical readers, machines for transcribing data onto data media in coded form and machines for processing such data, not elsewhere specified or included:	
8471.30	000	3	－携帯用の自動データ処理機械（重量が10キログラム以下で、少なくとも中央処理装置、キーボード及びディスプレイから成るものに限る。）		NO	－Portable automatic data processing machines weighing not more than 10 kg, consisting of at least a central processing unit a keyboard and a display	質4-16、4-20、4-22、8、9-5の5、9-7、9-8、9-10、10-2、15-4、15-8、Ⅱの2
			－その他の自動データ処理機械			－Other automatic data processing machines:	

（出所：日本関税協会『輸出統計品目表2018』）

年にわたり顧客ごとの通関実績などを蓄積しています。また、昨今は各分野でのデーターベース化が充実し、その検索機能も進歩していることから、インターネットでも大まかなHSコードを調べることができます。たとえば、日本

関税協会のホームページには、輸出申告用として「web輸出統計品目表」、輸入申告用として「webタリフ」を設け、目安となるHSコード検索の提供を行っています。

2.4　輸出申告手続

輸出申告は、その申告状況や貨物の特性および輸送手段等により、次のように制度分類され、その制度に則した方法で手続が行われます。

① 一般輸出申告制度
② 特定輸出申告制度
③ 特定委託輸出申告制度
④ 特定製造貨物輸出申告制度
⑤ 郵便物輸出申告制度
⑥ 旅具貨物輸出申告制度
⑦ 少額貨物輸出申告制度

2.4.1　輸出申告手続の原則（保税地域への貨物の搬入）

わが国の輸出申告手続は、指定保税地域や保税蔵置場他の保税地域（第3章3.2.2参照）に貨物を搬入した後でなければ開始することができない「保税搬入原則」を長年建前にしてきました（関税法第67条の2）。

それは、輸出しようとする貨物をいったん税関の管轄下に置くことで、不正輸出の防止を目的として取られていた法的規制であり、単なる事務的な手違いにより保税地域に貨物を搬入していない状態で申告をした場合においても、「未搬入申告扱い」として税関から始末書の提出等かなり厳しい指導を受けることがありました。

しかし、2011年3月31日に成立した「関税定率法等の一部を改正する法律」（2011年10月

図2-3　保税蔵置場で輸出通関待機中の貨物
（出所：筆者撮影）

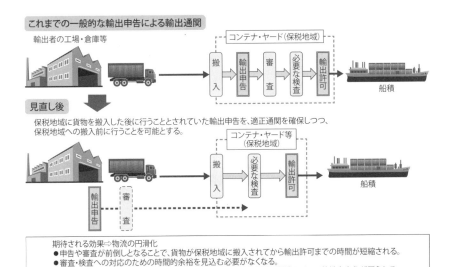

図2-4　輸出通関における保税搬入原則の見直し（2011年10月1日施行）
(出所：税関ホームページ)

1日から施行）によって、「輸出貨物に関する保税搬入原則」の一部が廃止され、輸出貨物は保税地域に搬入する前であっても、貨物搬入（船積み）予定の保税地域を所轄する税関に対して、書類申告をすることができるようになりました。極端な言い方をすれば、貨物を工場等で生産中であっても、書類さえ整えば輸出（書類）申告は可能となりました。ただし、書類審査は申告と同時に行われますが、許可は保税地域に貨物が搬入された後になります（図2-3、2-4参照、輸出許可書のサンプルは付録の資料③参照）。

貨物の保税地域搬入前の申告が認められたことにより、
① 貨物が保税地域に搬入されてから輸出許可までの時間が短縮されたこと
② 審査・検査への対応のための時間的余裕を見込む必要がなくなったこと
③ 船舶等への貨物積込みの確実性が増し、在庫削減やリードタイムの短縮
が図られ、コンテナ輸送の最大のメリットであるdoor to door 輸送をより進展させることになりました。

2.4.2　特定輸出申告制度

特定輸出申告制度とは、2006年に導入されたAEO（Authorized Economic

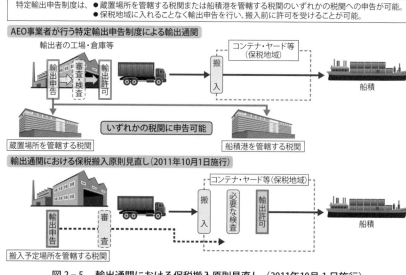

図2-5 輸出通関における保税搬入原則見直し（2011年10月1日施行）
(出所：税関ホームページ)

Operator）制度に基づくもので、貨物のセキュリティ管理とコンプライアンス（法令遵守）の体制が整備された者として、あらかじめ税関長の承認を受けた輸出者（特定輸出者、AEO事業者）が輸出申告を行う場合、貨物を保税地域に搬入しなくても輸出許可の取得ができるようになりました（図2-5参照）。また、2017年10月8日からは貨物が蔵置されている場所（保税地域は関係ない）および船積み（積込み）を予定している港（空港）に関係なく、日本全国どこの税関長に対しても輸出申告を行い、輸出許可を受けることができる制度（申告官署の自由化）も始まりました。この制度は、AEO事業者（認定通関事業者に通関業務を委託した場合を含む）に限って認められています（詳細は第1章1.5.3（6）参照）。

この特定輸出申告制度では、保税地域でない特定輸出者の倉庫や工場等に貨物を置いたままで輸出申告・許可の取得ができるほか、税関による書類審査・貨物検査も輸出者のセキュリティ管理とコンプライアンスが反映されていることから、輸出貨物の迅速かつ円滑な船積み（積込み）が可能となり、リードタイムの短縮と物流コストの削減を図ることができます。

ところで、特定輸出者として税関長の承認を受けるためには、「特定輸出者承認申請書」を税関（原則として主たる貿易業務を行っている事業所の所在地を管轄する税関）のAEO制度担当部門宛に提出する必要があります。その際、承認を受けようとする輸出者は、下記条項に抵触していないことが前提条件となります（関税法第67条の3、第67条の6）。

① 過去3年間において、関税法または関税定率法その他関税に関する法令の規定に違反して刑に処せられ、または通告処分を受けていないこと。
② 過去2年間において、関税法第70条に規定する他の法令の規定に違反して刑に処せられていないこと。
③ 過去2年間において、上記①または②以外の法令の規定に違反して禁固以上の刑に処せられていないこと。
④ 過去2年間において、暴力団員による不当な行為の防止等に関する法律に違反し、または刑法もしくは暴力行為等処罰に関する法律の罪を犯して罰金の刑に処せられていないこと。
⑤ 暴力団員等でないこと。
⑥ 上記①～⑤による処分を受けたことのある者を役員、代理人、使用人その他従業者としていないこと。
⑦ 暴力団員等によりその事業活動を支配されていないこと。
⑧ 過去3年間において、特定輸出者の承認を取り消された者でないこと。
⑨ 本制度の適用を受ける貨物の輸出に関する業務（貨物を輸出のため外国貿易船または外国貿易機に積み込むまでの間の貨物の管理に関する業務を含む）を適正かつ確実に遂行することができる能力を有していること。
⑩ 本制度の適用を受ける貨物の輸出に関する業務（税関手続および貨物管理）を適正に遂行するために、当該輸出者（法人の場合は従業者を含む）が遵守すべき事項を規定した法令遵守規則を定めていること。

なお、承認を受けた輸出者（特定輸出者）は、全国の税関官署において、特定輸出申告制度を利用することができます。

2.4.3　特定委託輸出申告制度（AEO通関制度）

特定委託輸出申告制度とは、貨物のセキュリティ管理と社内のコンプライア

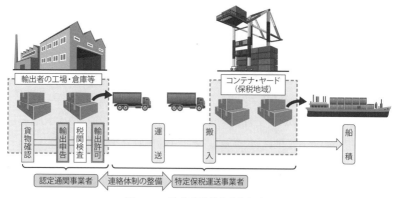

図2-6 特定委託輸出申告制度
(出所:税関ホームページ)

ンス(法令遵守)の体制が整備されている者として、あらかじめ税関長の認定を受けた AEO 通関事業者(認定通関事業者)に輸出通関を委託(特定委託輸出申告)した場合は、特定輸出申告制度の場合と同様、保税地域に貨物を搬入しなくても、日本全国いずれかの税関長に対して NACCS を介して輸出申告を行い、許可を受けることができる制度のことです(図2-6参照)。ただし、特定輸出申告制度と特定委託輸出申告制度では、次の点において違いがあります。それは、特定委託輸出申告制度で輸出許可を受けた場合、工場や倉庫等から保税地域までの貨物運送(保税運送)は、AEO 保税運送者(特定保税運送者)に限定されていることです。2019年5月末現在、AEO 保税運送者は東京6社、横浜2社、神戸1社の9社しかいないため、この地域以外では特定委託輸出申告はできないことになります。

なお、特定保税運送制度における特定保税運送者は、貨物の発送時および到着時の税関への運送目録(OLT)の提示を NACCS で行うことにより、個々の承認が不要となります。

(1) AEO 通関事業者(認定通関事業者)

AEO 通関事業者(認定通関事業者)になるためには、「特例輸入者等承認・認定申請書(税関様式 C 第9000号)」に所要事項を記載したうえで、関係書類(法令遵守規則および登記事項証明書等)を財務大臣から権限委譲されている税関長宛に提出し、認定通関業としての認定を受ける必要があります。

その際の要件およびスケジュールは表2-6のとおりです（関税法第79条）。
① 通関業の許可を受けてから3年を経過していること。
② 過去3年以内に関税法その他の法令の規定に違反して通告処分等を受けていないこと。
③ 暴力団員等でないこと、また暴力団員等によりその事業活動を支配されている者でないこと。
④ 通関業務その他の輸出および輸入に関する業務について、法令遵守規則を定めていること。
⑤ 通関手続について、電子情報処理組織（NACCS）を使用していること。
⑥ 通関業務その他の輸出および輸入に関する業務を適正かつ確実に遂行することができること。
⑦ 通関業務その他の輸出および輸入に関する業務について、法令を遵守するための事項として財務省令で定める事項を規定した規則を定めていること。

(2) AEO保税運送者（特定保税運送者）

AEO保税運送者（特定保税運送者）になるためには、「特例輸入者等承認・認定申請書（税関様式C第9000号）」に所要事項を記載したうえで、関係書類（法令遵守規則および登記事項証明書等）とともに税関長宛（AEO事業者は当該認定を受けている税関長宛）に提出し、通関業の許可を受けている税関長の承認を受ける必要があります。承認の審査は、申請書が提出されてから2か月を目処に行われ、必要に応じて国土交通省での審査・調査が行われます。

特定保税運送者の承認を受けるための要件は下記のとおりです。
① 認定通関事業者、特定保税承認者（AEO制度に基づく保税蔵置場等）または以下の者であって、当該許可等を受けてから3年を経過していること。
　1）保税蔵置場または保税工場の被許可者
　2）指定保税地域または総合保税地域の貨物管理者
　3）航空会社（航空運送事業者）
　4）船会社（貨物定期航路事業者、不定期航路事業者）
　5）フォワーダー（貨物利用運送事業者）

表2-6　AEO認定事業者の認定を受けるまでのスケジュール

スケジュール		事業者	税関
検討段階	① 社内検討	・社内でAEO制度への参加について検討 ・管轄税関のAEO担当部門に相談	・面談日時の設定
税関と面談	② 意思確認 現状把握	・税関との面談 ・事業概要・会社組織の説明 ・申請について社の方針の決定（全社的取組みが必要）	・AEO制度の趣旨、目的、必要事項の説明
電話・メール税関と面談	③ 体制の整備	・法令遵守体制の整備 →総括管理部門、法令監査部門の設置	・各部門の独立性・中立性（牽制効果）の確認
税関と面談　電話・メール　不具合があれば再検討	④—1 法令遵守規則（CP）業務手順書の整備	・法令遵守規則（CP）の作成 ・CPに付随する各種業務手順書（ドラフト版）の作成 ・各部門における業務実態との整合性および実効性の確認	・以下の点について確認 →必要事項の記載 →CPと業務手順書の整合性
	④—2 自己評価	・CPの記載内容等に関するチェックシートによる自己評価	・チェックシートの内容について確認および助言
	④—3 実地調査	・事業部門での業務内容とCP、業務手順書との整合性の証明	・CPおよび業務手順書の実効性・継続性の確認 ・セキュリティ対策の確認
申請	⑤ 申請	・承認または認定申請書および関係書類の提出	・承認または認定申請書および関係書類の受理 ・提出された書類の審査
承認または認定	⑥ 承認または認定		・承認又は認定通知書の交付
繰り返し	⑦ 監査	・監査手順書に基づき、計画的に内部監査の実施 →承認または認定後における実務とCPおよび業務手順書の整合性を確認するため、チェックシート等に基づき監査し、監査結果を税関へ報告	・事後監査の実施 →CP等に基づき適正な業務が行われているか →監査結果の講評 →業務改善の求めの発出（適正な業務が行われていない場合）
※②面談から⑥承認または認定までの所要期間…半年〜1年 （承認または認定までの所要期間はこれまでの実績によるもので、事業者の状況や取組みによって異なります。）			

（出所：税関ホームページ）

　　6）トラック事業者（一般貨物自動車運送事業者、特定貨物自動車運送事業者）

　　7）海貨事業者（一般港湾運送事業者）

② 関税関係法令および各業法において過去3年間、その他の法令について

過去2年間、これらの法令に違反して犯則処分等を受けていないこと。
③ 特定保税運送に関する業務について法令遵守規則を定めていること。
④ 特定保税運送に関する業務についてNACCSを使用して行うこと。
⑤ 特定保税運送に関する業務について適正かつ確実に遂行することができること。

2.5　NACCSによる輸出申告手続

一般的な輸出申告手続は、通関事業者がインターネット、またはNACCS専用回線を利用してNACCSのホストコンピューターに接続することにより行われます（図2-7参照）。

また、申告から許可取得までの手続は、以下の手順のとおりです。

① 「輸出貨物情報登録（ECR）」で輸出申告貨物の情報登録を行い、輸出管理番号を取得します。

　ECRは、輸出申告貨物の基本情報である輸出者情報（輸出者法人番号または輸出入者コード、住所、電話番号）、積載予定船舶、貨物の正味重量等の各項目を入力して登録します。

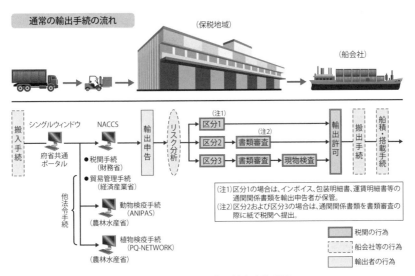

図2-7　NACCSによる輸出申告手続
（出所：税関ホームページ）

② 「輸出申告事項呼び出し（EDB）」の画面で輸出管理番号を入力し、ECRで登録した輸出申告貨物の基本情報を呼び出し、輸出申告事項登録（EDA）でその他の必要な項目を追加で登録します。

なお、その他の追加情報として、貨物品名、HSコード、インボイス価格（建値がFOB以外の場合は、FOB価格も必要）等を入力します。

③ EDAを行った後、登録した通関事業者の申告番号付きの応答画面にNACCSが自動計算した申告価格等が出力されます。

④ 通関士が申告内容を審査するため、「通関士審査内容呼び出し（CCB）」で呼び出した登録内容を確認し、「通関士審査結果登録（CCA）」を行います。

なお、通関事業者によってはNACCSでCCBやCCAを行うのではなく、自社システムに登録されている情報を基に内容確認や登録を行っています。

⑤ CCAあるいは社内システムでの確認や登録の後、業務コードと申告番号を入力して「輸出申告（EDC）」を行います。

⑥ 輸出申告を受け付けた後、税関は以下のような審査区分の選定を行うとともに、それぞれに合わせた処理を行います。

　1）「区分コード1」の簡易審査扱い

　　ただちに輸出許可が行われ、通関事業者に「輸出許可通知書」が出力されます。なお、「区分コード1」の場合は、2012年7月より、他法令該当物品等を除き、原則として通関関係書類の提出を省略できることになりました。

　　また、2017年10月8日以降、審査に必要との判断から通関関係書類の提出を税関から求められた場合は、NACCSの「申告添付登録業務（MSX業務）」を介し、PDF形式等の添付可能なファイルでの提出が可能となりました。

　2）「区分コード2」の書類審査扱い、または「区分コード3」の検査扱いとされた場合は、通関事業者は（MSX業務）で必要書類を税関に提出します。

⑦ 税関は（MSX業務）で提出された関係書類を確認して、「区分コード

2」を「区分コード3」に変更した場合、輸出申告審査区分変更を行います。
⑧「区分コード3」の検査扱いの場合は、検査の種類に応じて次の通知等が通関事業者に出力されます。
　1）現場検査、本船検査、艀中検査：検査通知書
　2）検査場検査：検査指定票（運搬用および蔵主用）
また、税関検査は、以下のような方法で行われています。
　1）出張検査（現場検査、本船検査、艀中検査）

一口メモ　AEOの輸出通関済コンテナ（貨物）運送に関する消費税の扱い

　消費税法によると、消費税は国内取引に課される税であることから、輸出取引では免税扱いになっています。
　ところで、AEO輸出者やAEO通関事業者に委託して輸出通関を行った貨物は、輸出者等の保税地域でない倉庫や工場に貨物を蔵置したままの状態で輸出許可となり、その場所から船社CYまでの実入りコンテナの運送は保税運送となります。そこで、当該運送の消費税は外貨のため免税されると考えがちです。しかし、消費税法施行令第17条で、輸出取引等で消費税が免税となる範囲は、「特例輸出貨物の係る役務の提供にあっては、指定保税地域等及び当該特例輸出貨物の輸出のための船舶または航空機への積込みの場所におけるもの並びに指定保税地域等相互間の運送に限る」と規定しています。
　したがって、保税地域の指定を受けていない輸出者の倉庫や工場から指定保税地域である船社CYまでの実入りコンテナの運送では、発地が保税地域ではないことから、免税扱いとはならないので注意を要します。

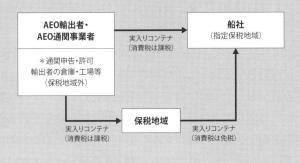

2）大型X線装置による検査
3）一部貨物指定検査
4）全量検査
5）見本検査

なお、税関検査が行われるのは、当該貨物が申告内容と合致しているか、また、他法令等の条件を満たしているかを確認する目的で行われます。

⑨ 書類審査および貨物検査の結果に問題がなければ審査終了となり、通関事業者に輸出許可書が出力されます。

2.6　輸出の特例

わが国の外為法第47条では、輸出原則として「貨物の輸出は、この法律の目的に合致する限り、最小限度の制限の下に、許容されるものとする」と定めています。

つまり、わが国から輸出をする場合の管理は、必要最小限度にとどめるべきであると謳っています。

ところが、北朝鮮問題など世界を揺るがす事態が頻発している近年の状況からも理解できるように、安全保障の分野に関しては、外為法第48条で以下のような規制を定めています。

第1項　政令で定める特定の地域を仕向地とする特定の種類の貨物の輸出をしようとする者は、経済産業大臣の許可を受けなければならない。

第2項　第1項に定める特定の地域以外に特定の種類の貨物を輸出しようとする者に対し、経済産業大臣は輸出の許可を受ける義務を課すことができる。

第3項　第2項で定める場合のほか、特定の種類のもしくは特定の地域を仕向地とする貨物または特定の取引により貨物を輸出しようとする者に対し、①国際収支の均衡の維持のため、②外国貿易および国民経済の健全な発展のため、③わが国が締結した条約その他の国際約束を誠実に履行するため、④国際平和のための国際的な努力にわが国として寄与するため、または、外為法第10条第1項の

閣議決定を実施するために必要な範囲内で、政令で定めるところにより、承認を受ける義務を課することができる。

　つまり、外為法第47条で輸出の不管理原則を謳い、同法第48条では特定分野に関する規制を定めているわけで、この論旨の混乱を緩和する制度として「輸出の特例」があります。

　この特例制度は、輸出令第4条に規定するもの、経産大臣が貨物を輸出する場合、米軍や国連軍が貨物を輸出する場合に適用されます。

　なお、ここでは、輸出令第4条で規定する輸出特例について説明します。

　輸出令第4条では、本来輸出の許可取得が必要とされる同令別表第1の1項から15項に掲げられた貨物の輸出に関し、許可を取得せずに輸出できる場合として以下（同条第1項第1号、第2号および第4号）を定めています。

（1）仮に陸揚げした貨物（第1号）

　「仮に陸揚げした貨物」とは、関税法第21条に規定されている仮陸揚貨物および同法第30条の規定に該当する貨物のほか、外国から積載されてきた貨物であって、指定保税地域に搬入されているもの、または保税蔵置場に搬入されているもののうち、同法第43条の3第1項の規定に基づいて、税関長による蔵入承認を受けないで蔵置されている貨物のことをいいます。

　ただし、**輸出の許可に係る特例としては、「本邦以外の地域を仕向地とする船荷証券により運送された貨物」が対象**となります。

（2）その他の貨物（第2号）

① 外国貿易船または航空機が自己の用に供する船用品または航空機用品

② 航空機の部分品や航空機の発着または航行を安全にするために使用される機上装備用の機械、器具やこれらの部分品のうち、修理を要するものであって無償で輸出するもの

③ 国際機関が送付する貨物であって、わが国が締結した条約その他の国際的な約束事により輸出に対する制限を免除されているもの

④ わが国の大使館、公使館、領事館そのほかにこれに準ずる施設に送付する公用の貨物

⑤ 無償特例（輸出令第4条1項2号ホおよびヘに基づくもの）

　　1）無償で輸出すべきものとして無償で輸入した貨物であって、経済産

業大臣が告示で定めるもの

例）外国から輸入する物品に用いられる無償の反復容器で、再輸出されるものなど

※反復容器（外国①⇒日本②⇒外国と行き来する通箱の②の時点での輸出）

2）無償で輸入すべきものとして無償で輸出する貨物であって、経済産業大臣が告示で定めるもの

例）日本から外国に輸出する物品に用いられる無償の反復容器や、海外出張などの際に持参する本人用と認められる持暗号記号を有する無線 LAN 内蔵のパソコン等

※反復容器（日本①⇒外国⇒日本と行き来する通箱の①の時点での輸出）

(3) 少額特例（第 4 号）

輸出契約ごとに、イラン、イラク、北朝鮮（別表第 4 に掲げる地域）を除く地域を仕向地として輸出しようとする場合に、100万円または 5 万円を上限として総価額が定められています。また、総価額は、個々の貨物の価格ではなく、契約ごとに該当する個々の貨物の合計額となります。たとえば、1 契約で 5 項の（8）超電導材料、9 項の（3）通信用の光ファイバーなど、該当する貨物の合計額で少額特例の適不適が判断されます。

さらに、すべての貨物に適用されるのではなく、輸出令別表第 1 の 5 項から13項および15項の中欄に掲げられたものが該当貨物として適用され、同表第 1 項から 4 項および16項には適用されません。

最後に、上述した許可を取得せずに輸出できる特例輸出制度は、外為法および輸出令等に係るもので、関税法第67条の定める通関行為における税関より受ける輸出許可とは別物です。

2.7　輸出手続の変更

(1) 輸出申告の撤回

税関に輸出申告後、輸出許可前に輸出申告を取り下げたい場合には、「輸出申告撤回申請書」を税関に提出します。

(2) 輸出取止め

輸出許可後、貨物の全部または一部を取止める場合には、貨物はすでに外国

貨物の状態になっているので、改めて輸入手続をしなければなりませんが、簡易手続で行われます。この際、貨物の輸入検査は省略され、輸入関税も免除されます。

(3) 数量変更

輸出許可後に貨物の一部積み残し、あるいは船積貨物の一部をB/L（Bill of Lading：船荷証券）発行前に船卸しをした時は、「船名・数量等変更申請書」に輸出許可書を添付し、税関に変更申請を行うと、数量・価額等が訂正され、輸出許可書が再交付されます。

(4) 船名変更

輸出許可後の船名変更は、数量変更の場合と同様に「船名・数量等変更申請書」に輸出許可書を添付し、税関に変更申請を行います。

(5) 積戻し貨物（Re-Ship）

外国から到着した貨物を陸揚げ後、輸入手続未済みのまま保税地域または他所蔵置から再び外国に送り出すことを積戻しといいますが、この積戻し手続は、輸出申告書の標題を「積戻申告書」と訂正し、提出することによって輸出の場合と同様の方法で行われます。

さらに、蔵置されている外国貨物に簡単な加工を施したり、内国貨物を付加した場合には、その旨を積戻し申告書に朱書注記します。

2.8　輸入免税を前提にした輸出

輸出者が機械の修理等のために輸出し、修理完了後に再輸入するような場合は、輸出申告時に必ず税関にその旨を届け出て、写真や現物サンプルおよびシリアル番号等で、税関職員によって現物と書類との照合確認を得ておく必要があります。

輸入時には、輸出時の許可書、インボイス、パッキングリストおよび上記の写真・現物サンプル・シリアル番号と現物照合（検査）がなされ、問題がなければ機械本体は無税で輸入できます（ただし、修理に要した費用等には消費税が課されます）。

貨物の形状に変更がなければ（リース等）再輸入までの期限はありませんが、修理・補修等の場合は1年以内に再輸入しなければなりません。

2.9 自社通関

現在、輸出入通関の99％は NACCS を通して処理されています。従来 NACCS は税関やその他の関係行政機関、通関事業者、特定銀行、保税施設とのみ接続されていましたが、2008年10月の新 NACCS 稼働時に、既存の通関事業者や NVOCC だけでなく、荷主企業も直接接続ができるようになりました。さらに、2006年から AEO 制度に基づく特定輸出申告が認められたことに加え、以下のような理由から AEO 輸出企業の自社通関が容易となっています（図2-8参照）。

① 手続が輸入通関と違って簡便であること。
② 審査区分1で輸出許可となった場合、申告書類等が自主管理となり、都度税関への提出が不要となったこと。
③ 貨物を申告前に保税地域に搬入する必要がなくなったこと。
④ 輸出目的が親子間取引や企業内取引などの場合は、B/L等の発行を省くことができるため、船会社への Dock Receipt 等の差し入れ作業が不要なこと。

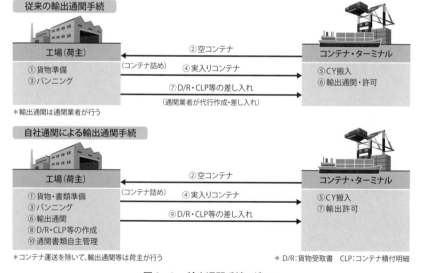

図2-8　輸出通関手続の違い

⑤ 通関士が不要であること。
⑥ 上記のような理由から、今まで通関事業者に委託していた多くの作業が不要となり、コンテナ搬送のみを運送事業者に委託すれば、ほぼ輸出手続を荷主企業自身で完了できるようになったこと。
⑦ 複数の委託作業が不要となったことからコスト削減が図れること
⑧ 自社情報を一元管理することができるため、通関対応が迅速かつ適正に行えること。
⑨ 税関との緊密化が図れ、通関上の相談等がしやすくなること。
⑩ 物流全体のリードタイムの短縮化が図れること。
⑪ 生産やセキュリティ等に関する企業情報が守れること。

しかし、その一方で通関の知識を持つ人材の育成や社内整備の手間、また通関業務料金の上限規制が廃止されたことから、プロの通関事業者に委託するほうが効率的だという考えもあります。

2.10　輸出免税と消費税の還付

消費税は、国内で消費されるモノやサービスの提供等に係る課税取引があった場合に発生します。しかし、輸出したことによって外国で消費されるモノについては、不課税取引として消費税は課税されない「輸出免税」という制度があります。

また、**輸出するために仕入れた輸出品およびそれに伴う作業や消耗品等については、通常取引時に消費税を支払っていますが、その際に発生した消費税は、貨物を輸出した後に還付を受けることができる**制度があります。これを輸出の仕入れに係った「**消費税の還付**」といいます。

さて、輸出免税制度については問題ないと思いますが、消費税の還付制度の適用を受けるためには、あらかじめ輸出者の納税地を所轄する税務署長に「消費税課税事業者届出書」を提出し、消費税課税事業者となっておく必要があります（消費税法第57条第1項第1号、消費税法施行規則第26条第1項第1号）。

また、免税事業者が輸出取引に係る消費税の還付を受けようとする場合は、輸出者の納税地を所轄する税務署長に、納税義務の免除を受けない旨の「消費税課税事業者選択届出書（第1号様式）」を提出しなければなりません。さら

に、この届出書は、原則として適用を受けようとする初日の前日までに提出することが必要です（消費税法第9条）。

　ちなみに、**消費税課税法人事業者が消費税還付を受ける**ためには、以下の3点を課税期間の末日の翌日から2か月以内に、税務署長へ提出し還付申請します。

① 課税期間分の消費税および地方消費税の確定申告書
② 仕入控除税額に関する明細書（法人用）
③ 課税売上割合・控除対象仕入税額等の計算書

　消費税課税個人事業者の場合は、以下の2点を課税期間の翌年3月末日までに、税務署長へ提出し還付申請します。

① 課税期間分の消費税および地方消費税の確定申告書
② 付表2課税売上割合・控除対象仕入税額等の計算書

　また、消費税課税事業者が輸出取引と国内取引を併営している場合は、還付消費税と納付消費税が発生します。その還付税額と納付税額は上記の「課税期間分の消費税及び地方消費税の確定申告書」の中で同時申告され、還付税額と納付税額で相殺されます。消費税課税事業者はその差額を還付、または納付します。

　消費税の還付申請時期は、一般の法人課税事業者は事業年度の課税期間に対する「事業年度分の消費税の確定申告書」による税務申告の際に上記書類を税務署長に提出します。個人課税事業者は暦年の課税期間に対する「事業年度分の消費税の確定申告書」による税務申告の際に上記書類を税務署長に提出します。輸出専業や輸出比率の高い課税事業者の場合は、税務署長に「消費税課税期間特例選択・変更届出書（第13号様式）」を提出すれば課税期間は1か月または3か月ごとに短縮され、1年に12回または4回の還付申請ができます。

　さらに、輸出免税の適用を受けるためには、輸出取引等の区分に応じて輸出許可書、税関長の証明書または輸出の事実を記載した帳簿や書類を整理し、納税地等に7年間保存しておく必要があります。

　なお、帳簿や書類とは、輸出許可が必要な物品の場合には輸出許可書が、サービスの提供などの物品以外の場合にはその契約書などの一定の事項が記載されたものになります。

第 3 章 輸入通関の手続

3.1 輸入の定義

　関税法第2条第1項で、「「輸入」とは、外国から本邦に到着した貨物（外国の船舶により公海で採捕された水産物を含む）又は輸出の許可を受けた貨物を本邦に（保税地域を経由するものについては、保税地域を経て本邦に）引き取ること」と定義しています。

　つまり、輸入とは、海外から到着した外国貨物を原則として輸入関税、消費税等を支払い、かつ税関の許可を得て、国内に引き取ることをいいます。

　また、輸出の場合は、外国為替及び外国貿易法第47条で「貨物の輸出は、この法律の目的に合致する限り、最小限度の制限の下許容されるものとする」と謳っており、原則自由を標榜していますが、輸入の場合は、わが国の社会情勢に大きな影響を及ぼすことから、関連国内法令により必要な規制が設けられています。

　さらに、輸出の具体的な時期については、「外国に仕向けられた船舶等に、外国に向けて貨物を積み込んだ時」とシンプルに定めていますが、輸入の場合は、それぞれの状況に合わせて時期が定められています。たとえば、輸入の許可を受けた貨物の場合は、「その許可の時」とされ、あるいは、関税法第76条第1項の規定に基づき簡易手続が適用される郵便物で、関税法施行令第64条に規定するものを除いて「名宛人に交付された時」とされています。また、これ以外にもいくつかの場合を想定して、定められています。

3.2 申告前の準備

3.2.1 搬入届

　輸入申告は、関税法第67条の2第3項ただし書前文において、「その申告に係る貨物を保税地域等に入れた後にするものとする」と規定し、後文では、以下の同項第1号および第2号の「いずれかに該当する場合は、この限りでな

い」と規定しています。

　同項第1号：当該貨物を保税地域等に入れないで申告をすることにつき、政令で定めるところにより、税関長の承認を受けた場合

　同項第2号：当該貨物につき、特例輸入者または特例委託輸入者が政令で定めるところにより輸入申告を行う場合

　しかし、通常の**輸入申告は保税地域に貨物が搬入されてから可能**となりますので、後述する保税地域へまず貨物を搬入することが**輸入通関の実務的な始まり**といえます。

　ちなみに、通関制度を司る行政機関である税関に貨物の到着（搬入）状況を報告することを「**搬入届**」といいますが、この「搬入届」は、コンテナ・ターミナル・オペレーター（港運業者）[1]やCFSオペレーター[2]のような保税管理者がNACCSを通して行います。また、輸入申告を行う側が、係る貨物の保税地域等への貨物の搬入状況を確認することを「**搬入確認**」といい、NACCSの貨物情報照会（貨物状況情報）で行うことができます。

　ところで、日本の貿易港に到着したコンテナ船は、すべて専用のコンテナ・バースに接岸され、輸入貨物が詰められたコンテナは、船会社がコンテナの積卸し作業を委託したターミナル・オペレーターによって陸揚げされます（図3

図3-1　ヤード・オペレーション（左）とコンテナの荷役風景（右）
(出所：筆者撮影)

1　コンテナ・ターミナルとは、コンテナ船が接岸して積込や荷揚などを行う埠頭のことで、コンテナ・ターミナル・オペレーターとはその運営主体のことをいう。

2　CFS（Container Freight Station）とは、船会社およびNVOCCが運ぶ輸出の小口貨物をコンテナに混載したり、または運んできた輸入の混載貨物をコンテナから取り出したりするための荷捌倉庫のことで、CFSオペレーターはその運営主体者のことをいう。

−1参照)。

　単独荷主の貨物だけをコンテナに詰めて輸送するFCL（Full Container Load）コンテナ輸送の場合は、貨物がコンテナに詰められた状態のままで、コンテナ・ヤード（Container Yard：CY）に搬入されます。また、単独荷主ではコンテナ1本を満たすだけの物量が無く、複数の荷主でコンテナを共用する混載（Less than Container Load：LCL）コンテナ輸送の場合は、コンテナがCY経由でCFS（コンテナ・フレイト・ステーション）まで保税運送[3]（Over Land Transport：OLT）された後、そのCFSでコンテナから貨物が取り出された（デバンニング、バン出し）後に搬入届が提出されます。

　FCLコンテナの場合は、ターミナル・オペレーター（船会社から委託された港運事業者）は、作業が完了すると陸揚げされたコンテナと船会社から入手している積荷目録（Cargo Manifest）とを照合し、問題がなければ、通常コンテナ（貨物）の搬入情報（搬入届）として、通常本船入港日の翌日午前中を目安に税関にNACCSを通して報告しています。

　また、LCL貨物の場合は、CYからCFSまでのコンテナ搬送と、コンテナから貨物を取り出すデバンニング作業等が完了した後でなければ、税関に貨物の搬入情報を報告することができません。したがって、CFSオペレーターが搬入届を完了させるのは、おおむね本船入港日から3〜5日程度を要しています。

　ターミナル・オペレーターやCFSオペレーターが行う搬入届の方法には、「包括（一括）搬入」と「個別搬入」があります。「包括（一括）搬入」とは、すべてのコンテナの陸揚げが終わった後に一括して搬入届を提出する方法です。これに対して、「個別搬入」とは、当該荷主のコンテナの陸揚げが終了した時点で、あらかじめ輸入者から要請のあった当該貨物のみで搬入届を提出する方法です。

　たとえば、中国等からの輸入で、個別搬入を前提とした"Hot Delivery Service（HDS）"というサービス形態があります。これは、早期に輸入申告および貨物の引取り等を行いたい場合に、当該コンテナが到着港で最初に荷揚げされるように、あらかじめ積載する船会社に要請しておく方法です。HDSの

3　保税運送とは、税関の承認を得て、保税地域間を外国貨物のまま運送することをいう。

図3-2　RORO船での荷役
（出所：筆者撮影）

図3-3　コンテナ・ターミナル
（出所：筆者撮影）

　要請を受けた船会社は、積込港での本船荷役[4]において、当該コンテナを最後に積み込み、到着港では最初に陸揚げし、保税地域に搬入次第すぐに当該コンテナ（貨物）だけで搬入届を提出するよう手配しておきます。なお、このサービスを受けるためには「特別料金（Hot Delivery Charge）」を支払う必要があります。

3.2.2　保税地域
　保税地域には、次のような地域があります。
　① 指定保税地域（Designated Bonded Area）
　関税法第37条では、「指定保税地域とは、国、地方公共団体又は港湾施設若しくは空港施設の建設若しくは管理を行う法人であって政令で定める者が所有し、又は管理する土地又は建設物その他の施設で、開港又は税関空港における税関手続の簡易、かつ、迅速な処理を図るため、外国貨物の積卸し若しくは運搬をし、又はこれを一時置くことができる場所として財務大臣が指定したものをいう」と定めています。

---

[4] 本船荷役とは、本船への積込または本船からの荷揚作業のことで、コンテナ船のようにクレーンを使った垂直荷役と、RORO船（貨物専用船）・フェリー船（貨客船）のようにスロープを使って自走して船側から積み込む水平荷役による場合の2通りの方法がある。RORO船やフェリー船の荷役（図3-2参照）時間はコンテナ船よりも短時間で行え、またフェリー船の運送主体は旅客のため、定時運航されている。したがって、RORO船やフェリー船に積まれた貨物の搬入届は、本船入港後数時間後には行われているので、コンテナ船よりも早く輸入申告が行えることになる。

すなわち、指定保税地域とは、輸出入貨物の通関の簡易・迅速化および荷捌きの利便性を図るために財務大臣が指定した場所で、蔵置期間は1か月で、具体的な場所としては、コンテナ・ターミナル（図3-3参照）があります。

② 保税蔵置場（Bonded Warehouse）

関税法第42条では、「保税蔵置場とは、外国貨物の積卸し若しくは運搬をし、又はこれを置くことができる場所として、政令で定めるところにより、税関長が許可したものをいう」と定めています。

すなわち、保税蔵置場は、輸出入貨物の通関手続の簡易化と商取引の便宜的供与を図るために税関長が認めた通関業者の倉庫（保税蔵置場）等入れた日から蔵置期間は3か月（保税上屋的機能）、また蔵入承認を受けた貨物（保税倉庫的機能）は蔵入承認された日から2年（ただし、延長申請も可）です。以前は短期的な保管のための保税上屋（蔵置期間1か月）と長期的保管のための保税倉庫（蔵置期間2年間）の2つの名称による区別がありましたが、1994年の関税法改正で、保税蔵置場に一本化されました。

③ 保税工場（Bonded Factory）

関税法第56条では、「保税工場とは、外国貨物についての加工若しくはこれを原料とする製造（混合を含む。）又は外国貨物に係る改装、仕分その他の手入（以下これらの加工若しくは製造又は改装、仕分その他の手入を「保税作業」という。）をすることができる場所として、政令で定めるところにより、税関長が許可したものをいう」と定めています。

すなわち、保税工場は外国貨物の加工・製造・改装・仕分け等を行うために設けられた場所で、蔵置期間は当該保税工場に移入した日から2年（ただし、延長申請も可）です。

④ 保税展示場（Bonded Exposition）

関税法第62条の2では、「保税展示場とは、政令で定める博覧会、見本市その他これらに類するもの（以下「博覧会等」という。）で、外国貨物を展示するものの会場に使用する場所として、政令で定めるところにより、税関長が許可したものをいう」と定めています。

すなわち、保税展示場は、文化交流や貿易の振興等を図るために、見本市等で外国貨物の展示を行うために設けられた場所で、蔵置期間は税関長が指定す

る期間（貨物の搬出入＋展示期間）です。
　⑤　総合保税地域（Integrated Bonded Area）
　関税法第62条の8では、「総合保税地域とは、一団の土地及びその土地に在する建設物その他の施設（次項において「一団の土地等」という。）で、次に掲げる行為をすることができる場所として、政令で定めるところにより、税関長が許可したものをいう」と定めています。
　そして、次に掲げる行為として、以下のように定めています。
　　　1）外国貨物の積卸し、運搬若しくは蔵置又は内容の点検若しくは改装、仕分その他の手入れ（関税法第62条の8第1項第1号）
　　　2）外国貨物の加工又はこれを原料とする製造（混合を含む。）（同法同条第2号）
　　　3）外国貨物の展示又はこれに関連する使用（これらの行為のうち政令で定めるものに限る。）（同法同条第3号）
　すなわち、総合保税地域とは、貨物の荷捌き、外国貨物の加工・製造および展示等ができる保税地域の総合体で、蔵置期間は当該総合保税地域入れした日から2年（ただし、延長申請も可）で、現在以下の4か所が指定されています。
　　・横浜港国際流通センター（横浜・流通センター）
　　・かわさきファズ物流センター（川崎・東扇島）
　　・中部国際空港（常滑市・セントレア）
　　・愛媛エフ・エー・ゼット（松山・愛媛国際物流ターミナル）
　⑥　他所蔵置（保税地域以外で保管すること）
　関税法第30条第1項によれば、外国貨物の特殊性（巨大重量物、特殊な蔵置施設を要する危険物・貴重品・生鮮食料品または大量貨物等）の理由から、保税地域で蔵置することが困難または著しく不適当な場合には、税関長が期間および場所を指定して許可したものについては、例外として保税地域外に置くことが認められています。

3.2.3　輸入通関場所による違い
(1)　FCL貨物の場合
　①　CY通関

CY 通関とは、同一コンテナに同一荷受人だけの貨物が詰まった状態である FCL コンテナに関して、船会社の CY（コンテナ・ヤード）にコンテナを置いたままの状態でバン出し（デバンニング）せず、輸入通関を行う方法です。CY 通関を行うことで、コンテナのままでの door delivery が可能となり、配送コスト、配送時間を最小限に抑えることができるだけでなく、カーゴダメージも減少させることができます。

② 通関業者の保税蔵置場での通関

船会社の CY から保税運送（Over Land Transport：OLT）で通関業者の保税蔵置場までコンテナを搬送し、そこでバン出し（デバンニング）、保税蔵置場に貨物を搬入後、通関をする方法です。

③ 他税関保税地域への搬入

保税運送（OLT）で他税関が管轄する保税地域まで移送し、そこで通関する方法です。

(2) LCL 貨物の場合

① CFS 通関

船会社または NVOCC[5] の CFS に貨物を置いたままで輸入通関をする方法です。

② 通関業者の保税蔵置場で通関

船会社または NVOCC の CFS から貨物をピック・アップし、保税運送（OLT）で通関業者の保税蔵置場まで移送し、そこで通関する方法です。

③ 他税関保税地域への搬入

FCL 貨物と同様、保税運送（OLT）で他税関が管轄する保税地域まで移送し、そこで通関する方法です。

3.2.4　輸入承認および確認制度

貨物の輸入取引は、「原則自由」の下に行うことができますが、もちろん全く自由というわけではなく、ケースに応じて必要な規制が設けられています。また、輸出と輸入の場合では、その規制の仕方に大きな違いがあります。

5　NVOCC とは、自ら船舶等の運航は行っていませんが、船会社等の実運送人のサービスを下請けに使って貨物運送を受託する利用運送事業者のこと。

外為法第47条では、貨物の輸出に関しては原則「最小限の制限の下に許容されるものとする」とわざわざ謳っていますが、輸入では、そのような条文はなく、逆に同法第52条において、「貨物を輸入しようとする者は、輸入令で定めるところにより、輸入承認の義務を課されることがある」と明文化しています。

さらに、関税法第69条の11（輸入してはならない貨物）や、その他の法令（食品衛生法、動・植物検疫法等）および行政機関による処分や検査などに関する規程も設けられています。

このように、輸出貨物と比べて、輸入貨物に規制が重く定められているのは、わが国の経済、保健衛生または公安・風俗への悪影響の排除、国際的な条約等の履行が背景にあるからです。

輸入貿易管理令（輸入令）第4条で定められた輸入の承認を受ける義務が生じる場合として、以下3つの制度があります。

(1) 輸入割当規制（輸入令第4条第1項第1号）

輸入割当規制（Import Quota：IQ）は、国内の生産者を保護するために、経産省が輸入制限を行う旨定めた（割当）特定の品目について、原則として年1回輸入できる数量や金額を公表し、かつその割当を受けることができる者およびその方法を定めて行う承認制度です。

割当により輸入制限を行う特定品目は、以下のように定められています。

① 非自由化品目

にしん、たら、あじ、さば、いわし、ぶり、いか、帆立貝等の魚介類および昆布、のり等の海藻類

なお、輸入割当を受けることができる者およびその方法は以下のとおりです。

・商社割当（実績割当）

・需要者割当

・漁業者割当

・海外水産開発割当

・先着順割当

② オゾン層を破壊する物質に関するモントリオール議定書に定める規制物

質で、同議定書の付属書 A、B、C および E に掲げる物質

(2) 2号承認／特定地域規制（輸入令第 4 条第 1 項第 2 号）

わが国が締結した国際条約や国際的に発動された経済制裁などを履行するために、特定の原産地または船積地域からの特定の輸入品について定めた承認制度（表 3 - 1 参照）。

(3) 2の2号承認／全地域規制（輸入令第 4 条第 1 項第 2 号）

特定の原産地または船積地域に関わらず、特定の輸入品について定めた承認制度。

- 武器類
- 火薬類
- 原子力関連貨物
- 口蹄疫ワクチン
- 第 1 種特定化学物質使用製品
- 化学兵器禁止法関連物質
- 特定有害廃棄物（バーゼル法に該当している貨物）
- 廃棄物（廃掃法に該当している貨物）
- ワシントン条約関連

また、上記のような承認制度とは若干趣旨は異なりますが、別途以下のような 2 つの確認制度があります。これらは、それぞれが特定する品目を輸入しようとする場合において、指定された行政機関で確認を受けることにより、輸入の承認が不要となる制度です。その趣旨は、直接輸入を規制するものではなく、輸入の監視、国内法の実効性を担保するため、輸入割当制度および事前許可制度の補完、および国際条約の履行等です。したがって、輸入目標を超えそうな時は、輸入を手控えるように行政指導をすることも可能となります。

(4) 事前確認制度

以下の特定品目を輸入しようとする場合、経済産業大臣に事前確認を受けることにより輸入の承認が不要となる制度です。

- 鯨およびその調製品
- 冷凍くろまぐろ類
- めろ

表3-1　2号承認関係貨物

地域	HSコード	貨物例	窓口
アンティグア・バーブーダ、アルゼンチン、オーストラリア、オーストリア、チリ、コスタリカ、デンマーク、ドミニカ、フィンランド、フランス（海外県ギアナを含む）、ドイツ、グレナダ、インド、アイルランド、ケニア、メキシコ、モナコ、オランダ、ニュージーランド、中国（香港およびマカオを含む）、オマーン、セントルシア、セントビンセント、セネガル、ソロモン、セント・キッズ、南アフリカ共和国、スウェーデン、スイス、英国、米国、ベネズエラを除く国または地域	0106・12 0208・40 0210・92 1504・30 1521・90 16・01 1602・10 1602・20 1602・31 1602・39 1602・49 1602・50 1602・90 2301・10 2309・10 2309・90	鯨およびその調製品	野生動植物貿易審査室
アルバニア、アルジェリア、アンゴラ、オーストリア、バルバドス、ベルギー、ベリーズ、バミューダ諸島、ボリビア、ブラジル、ブルガリア、カナダ、カーボヴェルデ、中国（香港およびマカオを含む）、コートジボワール、クロアチア、キュラソー島、キプロス、チェコ、デンマーク、エジプト、エルサルバドル、赤道ギニア、エストニア、フィンランド、フランス、ガボン、ドイツ、ガーナ、ギリシャ、グアテマラ、ギニア、ガイアナ、ホンジュラス、ハンガリー、アイスランド、アイルランド、イタリア、韓国、ラトビア、リベリア、リビア、リトアニア、ルクセンブルク、マルタ、モーリタニア、メキシコ、モロッコ、ナミビア、オランダ、ニカラグア、ナイジェリア、ノルウェー、パナマ、フィリピン、ポーランド、ポルトガル、ルーマニア、ロシア、サンピエール島・ミクロン島、セントビンセント、サントメ・プリンシペ、セネガル、シエラレオネ、スロバキア、スロベニア、南アフリカ共和国、スペイン、スリナム、スウェーデン、シリア、台湾、トリニダード・トバゴ、チュニジア、トルコ、英国、米国、ウルグアイ、バヌアツ、ベネズエラを除く国または地域（当該国または地域を原産地とする場合に限る）	030・35 0302・91-2 0302・99-1 0302・99-2-(2) 0304・49-2 0304・59-2	くろまぐろ （大西洋または地中海において畜養された生鮮または冷蔵のトゥヌス・ティヌスに限る）	農水産室
オーストラリア、オーストリア、ベルギー、ブルガリア、クロアチア、キプロス、チェコ、デンマーク、エストニア、フィンランド、フランス、ドイツ、ギリシャ、ハンガリー、インドネシア、アイルランド、イタリア、ラトビア、リトアニア、ルクセンブルク、マルタ、オランダ、ニュージーランド、韓国、フィリピン、ポーランド、ポルトガル、ルーマニア、スロバキ	0302・36 0302・91-2 0302・99-1 0302・99-2-(2) 0304・49-2 0304・59-2	みなみまぐろ （生鮮または冷蔵のみなみまぐろに限る）	農水産室

地域	HSコード	貨物例	窓口
ア、スロベニア、南アフリカ共和国、スペイン、スウェーデン、台湾、英国を除く国または地域（当該国または地域を原産地とする場合に限る）			
中国、北朝鮮および台湾	0301・91-2 0301・99-2 0302・11 0302・13 0302・14 0302・19 0302・91 0302・99 0303・11 0303・12 0303・13 0303・14 0303・19 0303・91 0303・99 03・04 0305・10 0305・20 0305・39 0305・41 0305・43 0305・49 0305・59 0305・69 0305・72 0305・79 1604・11 1604・19 1604・20	さけ、ますおよびこれらの調製品	農水産室
わが国の区域に属さない海面（当該海面を船積地域とする場合に限る） （外国の港湾内で船積みされた場合およびわが国から出漁した漁船によって輸入される場合であって、わが国以外から出漁した船舶から転載されたものでない場合を除く）	0106・12 0208・40 0210・92 1504・30 1521・90 16・01 1602・10 1602・20 1602・31 1602・39 1602・49 1602・50 1602・90 2301・10 23・09	海棲哺乳動物およびその調製品	農水産室
	0208・40 0210・92 03・01	魚、甲殻類その他の水棲動物およびこれらの調製品	

地域	HSコード	貨物例	窓口
	03・02 03・03 03・04 03・05 03・06 03・07 1504・10 1504・20 15・06 16・04 16・05 2106・90 2301・20 23・09		
	05・04 05・06 05・07 05・08 0511・91 0511・99	動物性生産品	
	1212・21 1212・29 2106・90	海草およびその調製品	
イラク	97・01 97・02 97・03 97・04 97・05 97・06	1990年8月6日以降にイラクにおいて不法に取得された文化財	貿易審査課
北朝鮮	全貨物	全貨物	貿易管理課
エリトリア	－	輸出貿易管理令別表第1の1の項の中欄に掲げる貨物	貿易管理課
リビア	－	輸出貿易管理令別表第1の1の項の中欄に掲げる貨物	貿易管理課
ソマリア	44・02	木炭	貿易管理課
シリア	－	輸出貿易管理令別表第1の1の項（13）に掲げる貨物（化学製剤に関連するものに限る）、同項（13の2）に掲げる貨物（化学製剤に関連するものに限る）、	貿易管理課

地域	HSコード	貨物例	窓口
		同項（14）に掲げる貨物（化学製剤に関連するものに限る）、同項（16）に掲げる貨物（化学製剤に関連するものに限る）および同表の3の項（1）に掲げる貨物	
シリア	97・01 97・02 97・03 97・04 97・05 97・06	2011年3月15日以降にシリアにおいて不法に取得された文化財	貿易審査課
ウクライナ（クリミア自治共和国またはセヴァストーポリ特別市を原産地とする場合に限る。）	全貨物	全貨物	貿易管理課

(2) ワシントン条約動植物及びその派生物、モントリオール議定書附属書に定める物質及び製品並びに化学兵器の禁止及び特定物質の規制等に関する法律に定める第一種指定物質等

		窓口
ワシントン条約動植物及び派生物	輸入公表三の9の（3）のイおよびロに掲げる国または地域を除く国又は地域を原産地または船積地域とする絶滅のおそれのある野生動植物の種の国際取引に関する条約（以下「ワシントン条約」という）附属書Ⅱに掲げる種に属する動物（第1の表中三の9の（1）に掲げる国を除く国または地域の項に掲げるものおよびジンベイザメ、ウバザメ、ホホジロザメ、タツノオトシゴ属全種を除く）または植物ならびにこれらの個体の一部および派生物（卵、種子、球根、果実（果皮を含む。）、はく製または加工品をいう。以下同じ）（植物の個体の一部及び派生物にあっては、附属書Ⅱにより特定されるものに限る）ならびに三の9の（3）のイ及びロに掲げる国または地域を除く国または地域を船積地域とし、かつ、同条約附属書Ⅲに掲げる国を原産地とする附属書Ⅲに掲げる種に属する動物または植物ならびに附属書Ⅲにより特定されるこれらの個体の一部および派生物	野生動植物貿易審査室
モントリオール議定書付属書に定める物質及び製品	輸入公表三の9の（4）のイに掲げる国または地域を除く国または地域を船積地域とするモントリオール議定書附属書Aに掲げる物質および同議定書附属書Dに掲げる製品、三の9の（4）のロに掲げる国または地域を除く国または地域を船積地域とする同議定書附属書Bに掲げる物質、三の9の（4）のハに掲げる国または地域を除く国または地域を船積地域とする同議定書附属書CのグループⅡに属する物質および同議定書附属書Eに掲げる物質、三の9の（4）のニに掲げる国または地域を除く国または地域を船積地域とする同議定書附属書CのグループⅢに属する物質ならびに三の9の（4）のホに掲げる国または地域を除く国または地域を船積地域とする同議定書附属書CのグループⅠに属する物質	貿易審査課
化学兵器の禁止及び特定物質の規制等に関する法律に定める第一種特定物質	輸入公表三の9の（5）に掲げる国または地域を除く国または地域を船積地域とする化学兵器の禁止および特定物質の規制等に関する法律（平成七年法律六十五号。以下「化学兵器禁止法」という）第二条第五項に規定する第一種指定物質および第一種指定物質を含有するもの（化学兵器の禁止および特定物質の規制等に関する法律施行令（平成七年政令第	

		窓口
	百九十二号）別表二の項の第三欄に掲げる第一種指定物質についてはその含有量が全重量の1％以下のもの、同項の第四欄に掲げる第一種指定物質についてはその含有量が全重量の10％以下のものおよび個人的使用に供される小売用の包装にしたもの（瓶、缶、チューブその他の容器に詰められたものを含む）を除く）	

（出所：経済産業省　特定地域からの輸入規制（2号承認）より）

- かに
- ワシントン条約対象貨物
- オゾン層破壊物質
- 第1種特定化学物質
- 文化財

(5) 通関時確認制度

　以下の特定品目を輸入しようとする場合、輸入通関時に所定の書類を税関長に提出することにより、輸入の承認が不要となる制度です。

- 生鮮くろまぐろ類
- かに
- ワシントン条約対象貨物
- 放射性同位元素
- ダイヤモンド原石
- 農薬
- けしの実、大麻の実

3.2.5　無為替で貨物を輸入するとき

（1）無償で輸入する場合は、輸入公表[6]に係る貨物を除き自由です。
（2）特殊事由による非自由化品目の無為替輸入（輸入注意事項55号第90号）

　非自由化品目を次に掲げる特殊事由で無為替輸入する場合は、本来の輸入割当申請とは全く別に輸入割当を申請できます。

6　輸入公表とは、輸入令（昭和24年政令第414号）第3条第1項の規定に基づき、輸入割当を受けるべき品目、輸入の承認を取得すべき貨物の原産地または船積地域およびその他の輸入について必要な事項を公表したもの。

① 試験研究用、商品見本用貨物で、転売されないもの
② 商品クレームによる代替貨物
③ 使用目的を達成後、荷送人（輸出者）に積み戻す貨物
④ その他特殊事由によるもの（輸入令第18条第1号）
なお、この輸入割当に基づく輸入の承認申請は税関長に対して行います。
(3) 特定の原産地または船積地域から特定の貨物（輸入公表第2号品目）を無為替輸入する場合の輸入の承認申請は税関長に対して行います（輸入令第18条第1号）。
(4) 事前確認品目および通関時確認品目の無為替輸入については、有為替の場合と同様の手続を要します。

3.2.6　輸入承認を要しない貨物の輸入

(1) 輸入令第3条で規定する輸入公表に該当しない貨物を輸入する場合。
(2) 逆委託加工貿易で、輸出の承認を取得して輸出した指定加工原材料の加工品の輸入。ただし、輸出承認日から1年以内であることおよび事前確認等を要する品目でないこと。
(3) 経済産業大臣の事前確認を受けた場合または通関時に一定の書類を税関に提出し、確認を受けた場合。

3.2.7　輸入の特例（輸入令第14条）

　輸入令第4条（輸入の承認）および第9条（輸入割当）の規定に該当する輸入貨物であっても、その貨物の特性や係る取引の内容上の理由などから適用を除外される場合があります。これを「輸入の特例」といい、同令第14条において規定されています。ちなみに、以下が同令第14条の規定する「輸入の特例」となります。
(1) 別表第1に掲げられた貨物を輸入しようとする場合で、その主なものは以下のとおりです（輸入令第14条1項）。
　① 少額のもの
　　経産大臣が告示で定める貨物であって、総額が500万円以下のもの。
　　ただし、同令第9条の規定する輸入割当品目の場合は、総額が18万円以

下で、かつ無償で輸入される貨物とされています。
② 貨物の特性によるもので、かつ無償のもの
　　・救じゅつ品
　　・商品見本や宣伝用物品等
　　・教育用の寄贈品や宗教用具等
　　・販売の対象とならない程度の個人的に使用する家庭用品など
③ 取引の内容によるもの
　　・クレームによる無償で輸入される代替品
　　・委託加工契約に基づくもの
④ 外交上の理由によるもの
　　・外国公館や外交官などに供される貨物
　　・外国の公共的機関からわが国に友好を目的として寄贈される貨物
⑤ 国際的な催しに供されるもの
　　オリンピックなどの国際競技会に参加する選手や関係者が携帯、または別送する競技会に供する貨物
(2) 別表第2に掲げられた貨物を輸入しようとする場合（輸入令第14条第1項）
　① 一時的に入国する者および一時的に出国して再入国する者の携帯品および職業用具
　② 永住の目的を持って入国する者（一時的に出国して再入国する者を除く）の携帯品職業用具および引越し荷物
　③ 船舶または航空機の乗務員本人が私用に供すると認められる貨物
(3) 仮陸揚貨物
　わが国以外の地域を仕向地とした貨物（一定の国へ輸出される場合以外で、核兵器等の大量破壊兵器の製造、開発の恐れがあるとされるものを除く）を、運送上の都合等によりわが国の港で、他船に積替える等の作業を実施するため、わが国の港の保税地域等に一時的に船卸しされた貨物。

3.2.8　輸入承認と通関の関係

上記の輸入承認と通関との関係は図3-4のとおりです。

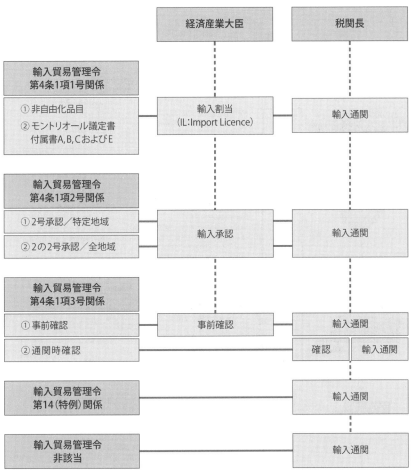

図 3-4　輸入承認と通関との関係
(出所：筆者作成)

3.3 輸入通関手続の主要規定

輸入の具体的な時期は、原則として「一般の貨物は、その貨物の輸入が許可された時」とされ、関税法に基づく輸入に関する主要規定は図3-5のとおりです。

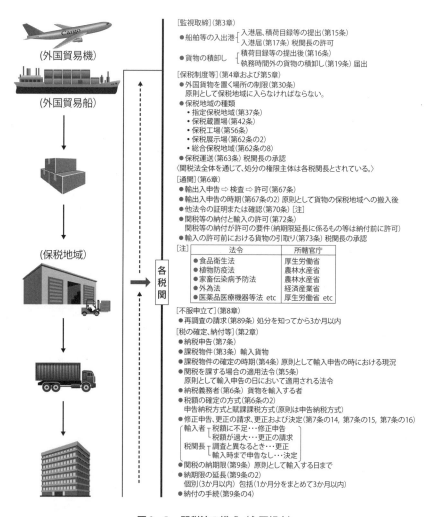

図3-5 関税法の構成（主要規定）
（出所：日本関税協会『貿易の円滑化と税関手続等に関する研究会【報告書】』）

第 4 章 輸入申告

4.1 輸入申告

4.1.1 提出書類

通常の輸入申告は、「輸入（納税）申告書」を税関に提出することから始まりますが、この申告書の内容に間違いがないことを確認するため、あるいは他法令の規定に抵触していないことの確認や税関からの要請等により、輸入申告時に「輸入（納税）申告書」以外にも次のような書類の提出が求められます（表4－1参照）。

(1) 基本的な提出書類
　① インボイス（Invoice：仕入書、商業送り状）
　② 運賃明細書（インボイス価格がCIF以外の場合には船荷証券やArrival Noticeのコピー）
　③ 保険料明細書（インボイス価格がCIF以外の場合に保険料請求書のコピー）
　④ パッキングリスト（Packing List：梱包明細書）

(2) その他法令の規定や税関の要請等による任意提出書類
　① 特定貨物を輸入する場合の輸入許可書・承認証
　② 特恵関税の適用を受けようとする場合の原産地証明書原本またはEPA協定等に基づく原産地証明書
　③ 減免税の適用を受けようとする場合の減免税明細書
　④ 動・植物を輸入する場合の動物検疫証明書、植物検疫証明書
　⑤ 輸入しようとする貨物のカタログや成分分析表他
　⑥ その他特別に要請された書類

なお、2017年10月8日のNACCS更改時から、輸出入申告書の輸出入者コード欄には、従来のJASTPROコード（法人）および税関発給コード（法人）に代わって、当該輸出入者の社会保障・税番号制度（マイナンバー制度）にお

表4-1　輸入通関の際に必要とされる書類等

必要書類等	根拠法令等	記事
○輸入（納税）申告書 ○インボイス（仕入書）	法7、67、68 令59、60 基本通達67-4-4	・関税法の規定により、原則としてすべての輸入（納税）申告に必要とされる書類である。なお、各欄の課税価格の合計額が20万円以下の場合には、輸入（納税）申告書に代えてAir Waybillまたはインボイスにより輸入（納税）申告することができる。 ・課税価格の合計額が10万円以下の貨物で、輸入申告に際してインボイスを提出することができない場合には、インボイスに代わる書類としてインボイスと実質的に同等の内容を有する社内帳票等を税関に提出することができる。
○契約書 ○運賃明細書 ○保険料明細書 ○パッキングリスト（包装明細書） ○価格表 ○納付書	法68、令61 基本通達7-5	・インボイスにより輸入貨物の課税価格を決定することが困難である場合等に提出を求めることができる。 ・法第9条の2第2項の規定に基づき、納期限を延長する場合を除く。
○延長税額確認票	〃	・法第9条の2第2項の規定に基づき、納期限を延長する場合に限る。
○計算書	〃	・あん分計算その他複雑な計算を要する貨物の場合に限る。
○原産地証明書	法68、令61	・協定税率等を適用するうえにおいて、とくに問題があると認められる場合に限られる。
［他法令該当貨物］ ○植物検査合格証明書等	法70	・他法令の規定により許可、承認等を必要とする貨物について必要である。
［評価申告が必要な場合］ ○輸入貨物の評価（個別・包括）申告書	令4	・課税価格の総額が100万円以下である場合（一部除外）には、提出を要しない。
［減免税等の適用を受けようとする場合］ ○関税割当証明書 ○博覧会等における使用物品免税明細書 ○再輸出貨物減免税明細書　等	関割政令3 定率法15、同令21の2 定率法17、18	・農林水産大臣または経済産業大臣に対し、「関税割当申請書」を提出し、関税割当証明書の発給を受ける。
［特恵関税等の適用を受けようとする場合］ ○Certificate of Origin 等	暫定法8の2、同令27	
［納期限延長申請を行う場合］ ○関税（消費税兼用）納期限延長申請書	法9の2 令7	・担保を提供することが必要である。
［輸入貨物の本船扱等の場合］	法67の2 令59の6	・輸入貨物を保税地域に搬入することなく、輸入（納税）申告をする場合に必要である。

○本船扱・ふ中扱・搬入前申告扱承認申請書		
［輸入許可前に貨物引取りを希望する場合］ ○輸入許可前貨物引取承認申請書	法73 令63	・担保を提供することが必要である。
［税関の執務時間外に輸入（納税）申告を行う場合］ ○開庁時間外事務執行届	法98	・手数料の納付が不要である。

(出所：東京税関)

ける「法人番号」を記載することになりました。

4.1.2 輸入申告価格

(1) 課税価格（輸入申告価格）決定の原則

　輸入申告をする際に、納付すべき関税額を確定するために課税標準を定める必要があります。この課税標準は、関税定率法（以下「定率法」）第3条において、「輸入貨物の価格または数量と規定する」とされており、価格によるものを「従価税品」、数量によるものを「従量税品」、さらに価格および数量の両方によるものを「従価従量品」としています。また、課税標準となる価格を「課税価格」、数量を「課税数量」といいます。

　課税価格を決定することを「関税評価」といい、WTOの関税評価協定（1994年の関税及び貿易に関する一般協定第7条の実施に関する協定）に基づき、定率法第4条から第4条の8で規定されています。

　定率法第4条第1項の「課税価格の決定の原則」で、輸入貨物の課税価格は現実に支払われた、または支払われるべき取引価格（現実支払価格）であること、さらに加算要素として、輸入港に到着するまでの運賃および保険料が含まれていること、とされています。これは、貨物の価格（Cost）にわが国の港に到着するまでの運賃（Freight）および保険料（Insurance）を加えた、いわゆる"CIF価格"のことです（図4−1参照）。

　① 運賃および保険料以外の現実支払価格の主な加算要素
　　1）輸入取引に関する業務等を行う者に対して買手が支払う仲介手数料等
　　2）輸入貨物の容器、包装に要する費用

例）楽器用のケース、写真機用ケース等特定の輸入機材のために制作されたもの
3）無償提供物品、役務
例）・輸入貨物の生産のために使用された機械、設備、金型、ダイス、副資材、値札等の物品
・買手が自ら開発した役務または買手と特殊関係にある者が開発した役務であって、買手がその者から直接に提供を受けた役務の場合はその役務の開発に要した費用
4）ロイヤルティ等
例）特許権、意匠権、商標権その他これらに類するもの
5）売手帰属収益
例）買手による輸入貨物の再販売その他の処分または使用によって得られる売上代金、賃貸料、加工賃等
6）貨物代金の一部別払い、別債務の相殺、第三者債務の肩代わり、弁済等がある場合はこれらの額を加算

② 現実支払価格に含まないもの
1）その輸入貨物の輸入申告がなされた日以後に行われるその輸入貨物に係る据付け、組立て、整備または技術指導に要する役務の費用
2）その輸入貨物の輸入港到着後の運送に要する運賃、保険料およびその他運送に関連する費用
3）その輸入貨物に対してわが国において課される関税その他の公課
4）その輸入貨物に係る輸入取引が延払条件付取引である場合における延払金利

なお、図4-1、4-2は原則的な課税価格の決定方法をまとめたものです。

(2) 評価申告

① 評価申告の趣旨

課税価格は関税定率法第4条第1項において、輸入しようとする貨物について現実に支払われた、または支払われるべき取引価格（現実支払価格）であること、さらに加算要素として、輸入港に到着するまでに要した運賃および保険料等が含まれていることとされています。

4.1 輸入申告

```
            輸入貨物の課税価格    (A＋B)
                    │
        ┌───────────┴───────────┐
```

A 現実に支払われたまたは支払われるべき価格
（現実支払価格） 〈定率法施行令第1条の4〉

現実支払価格とは、輸入貨物につき、買手により売手に対しまたは売手のために行われたまたは行われるべき支払の総額（買手により売手のために行われたまたは行われるべき当該売手の債務の全部または一部の弁済その他の間接的な支払の額を含む。）をいう。

(1) 仕入書価格

(2) 仕入書価格以外の現実支払価格の構成要素 (＋)

次のような別払金、債務の弁済または相殺があり、仕入書価格に含まれていないときは、これらの別払等は、現実支払価格の一部を構成するので、仕入書価格に加算する。
〈定率法基本通達（以下「定基」という。）4-2(3)〉

イ 仕入書価格のほか、輸入貨物の価格の一部の別払金がある場合
ロ 輸入貨物の売手が第三者に対して負っている債務を買手が弁済することを考慮して仕入書価格が設定されている場合
ハ 輸入貨物の売手が買手に対して負っている債務との相殺を考慮して仕入書価格が設定されている場合

(3) 控除すべき費用等 (−)

仕入書価格にその額が明らかな次のような現実支払価格を構成しない要素が含まれている場合には、控除する。
〈定率法施行令第1条の4〉

イ 課税物件確定後の据付け、組立て、整備または技術指導に要する役務の費用　〈1号〉
ロ 輸入港到着後の運送に要する運賃、保険料その他運送関連費用　〈2号〉
ハ 本邦で課される関税その他の公課　〈3号〉
ニ 輸入取引に係る延払金利　〈4号〉

(4) 価格調整条項付契約により調整される仕入書価格
〈定基4-2(3)ニ〉 (＋・−)

価格調整条項付契約による輸入取引において仕入書価格が調整される場合には、調整後の価格が現実支払価格となる。

B 定率法第4条第1項各号に掲げる運賃等の額
（加算要素）

(1) 輸入港までの運賃等 (＋)
〈定率法第4条第1項第1号、定率法施行令第1条の5第1項〉
輸入貨物が輸入港に到着するまでの運送に要する運賃、保険料その他当該運送に関連する費用

(2) 輸入貨物の輸入取引に関し買手により負担される次の費用等 (＋)　〈定率法第4条第1項第2号〉

イ 仲介料その他の手数料（買付けに関し当該買手を代理する者に対し、当該買付けに係る業務の対価として支払われるものを除く。）　〈イ〉
ロ 輸入貨物の容器の費用　〈ロ〉
ハ 輸入貨物の包装に要する費用　〈ハ〉

(3) 輸入貨物の生産または輸入取引に関連して　買手により無償でまたは値引きをして　直接または間接に提供された物品または役務のうち、次のもの要する費用 (＋)　〈定率法第4条第1項第3号〉

イ 輸入貨物に組み込まれている材料、部分品またはこれらに類するもの　〈イ〉
ロ 輸入貨物の生産のために使用された工具、鋳型またはこれらに類するもの　〈ロ〉
ハ 輸入貨物の生産の過程で消費された物品　〈ハ〉
ニ 輸入貨物の生産に必要とされた技術、設計、考案、工芸および意匠であって本邦以外において開発されたもの
〈ニ〉および〈定率法施行令第1条の5第3項〉

(4) ロイヤルティまたはライセンス料 (＋)
〈定率法第4条第1項第4号、定率法施行令第1条の5第5項〉

輸入貨物に係る特許権、実用新案権、意匠権、商標権、著作権および著作隣接権並びに特別の技術による生産方式その他のロイヤルティまたはライセンス料の支払いの対象となるもの（当該輸入貨物を本邦において複製する権利を除く。）の使用に伴う対価で当該輸入貨物に係る取引の状況その他の事情からみて当該輸入貨物の輸入取引をするために買手により直接または間接に支払われるもの

(5) 売手帰属収益 (＋)　〈定率法第4条第1項第5号〉

輸入貨物の処分または使用による収益で直接または間接に売手に帰属するものとされているもの

図4-1　輸入貨物の課税価格
（出所：税関ホームページ）

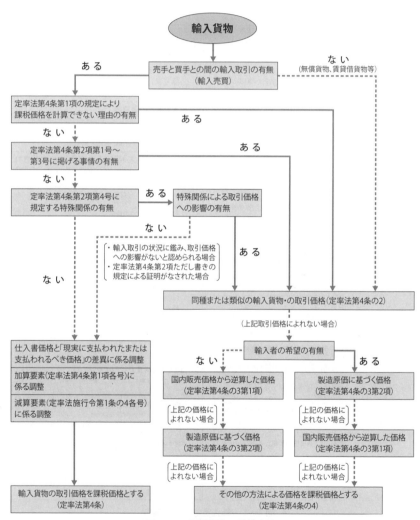

図4-2 課税価格の計算方法
(出所:税関ホームページ「課税価格の計算方法」)

また、納税申告の際の課税価格の決定は、基本的にインボイスおよび運賃や貨物保険の明細書などを根拠として行われています。しかし、インボイス価格が、法の定める課税価格決定要素のすべてを含んでいるかを判別できない場合は、課税価格の決定に必要な事項に関する評価申告書を提出します。このことを「**評価申告**」といいます。

1）評価申告を必要とする場合
- インボイス価格と現実支払価格が一致しない場合（貨物代金の一部の別払い、別債務の相殺、第三者債務の肩代わり、弁済等）
- 加算要素がインボイス価格に含まれていない場合（輸入港までの運賃、保険料、輸出地側で発生する諸掛り、横持ち料、船積み料等、取引条件として支払われるロイヤルティ、ライセンス料他。4.1.2の（1）課税価格（輸入申告価格）決定の原則参照）
- 売主と買主との間に特殊関係があり、そのことが取引価格に反映されている場合（仲介料、その他の手数料）
- 輸入取引に関して、特別な事情がある場合や輸入取引によらない無償または値引き貨物などのため、原則的な課税価格の決定方法以外により計算する場合

2）評価申告を必要としない場合
- 関税が無税（免税）または従量税の場合
- インボイスごとの課税価格の総額が100万円以下の場合（取引関係が同一人である場合を除く、関税法施行令第4条、第4条の2）

なお、評価申告の要否等について不明瞭な場合は、納税申告をする以前に事前教示制度（詳細は後述）などを利用して、税関に確認しておくことが重要です。

② 評価申告の種類

評価申告には「個別申告」と「包括申告」があり、個別申告にするか包括申告にするかは、輸入者が自由に選択できます。

1）個別申告

個別申告は、個々の輸入申告の都度、評価申告書を提出して行われるもので、スポット取引、取引が同一人との間で継続して行われる場合であっ

ても、偶発的にある輸入しようとする貨物に関して、他の貨物と異なる事情が発生したことにより、その貨物の課税価格の計算基礎およびこれに関連する事項について、個別に評価申告を行う必要がある場合に使用されます。

　個別申告は、輸入申告書とあわせて、輸入申告をする税関長（支署長、出張所長を含む）に提出します。

　この場合の評価申告書は1通提出すればよく、包括方式によりすでに評価申告を提出してある貨物については個別申告の必要はありません。

2）包括申告

　包括申告は、ある貨物の輸入取引が同一人との間で継続して行われ、かつ、その貨物に係る個々の輸入申告書への課税価格の計算の基礎およびこれに関連する事項ならびに課税価格の計算に関係がある取引上の特殊な条件等が同一内容となるときに、あらかじめ包括的な評価申告書（包括評価申告書）を提出するものです。

　この方式は、評価申告書を輸入申告前であればいつ提出してもよく、もちろん該当貨物の輸入申告のときに今後輸入される予定貨物分を含めて、包括申告をしておくこともできます。包括評価申告書の提出数は2通（原本および申告者交付用）となっています（NACCSを通して通関を行う場合はこれにもう1通加える）。

　税関はこれを審査・受理すると、申告書に受理した旨の審査印を押捺した包括申告書を交付し、さらに他の輸入予定地税関にも受理済みの包括申告書を送付することになっています。

　当該包括申告書の有効期間は提出された日から原則として2年間（税関長が、とくに必要があると認めたときにはこの期間が短縮されることもある）です。また、個々の輸入申告書には、すでに包括申告書を提出している旨を都度付記することで提出済みの当該包括申告書の記載事項を省略することができます。したがって、包括申告書を利用すれば、個々の輸入申告のたびに評価申告書を提出する必要はありません。ただし、包括申告書を提出した場合であっても、当該包括申告書に記載した事項について変更があったときは、速やかに、その変更内容を届け出る必要があります。

なお、貨物が2か所以上の税関にわたって輸入申告される場合の包括申告書の提出先については、輸入頻度の高い税関を代表税関にしてそこに提出します。
　評価申告の詳細方法は、事前教示に関する照会書（関税評価照会用）税関様式C第1000号-6などを使用して、各税関へ問い合わせることで確認することができます（表4-2参照）。

③　評価申告の参考例

　納税申告をする際の基本的な提出書類からだけでは適正な課税価格を計算する根拠が明らかでない場合は、必要な事項に関する評価申告をすることにより、課税価格を決定する必要があります。以下によく聞かれる事例を参考までに記しておきます。

〈参考事例1〉

無償提供物品（定率法第4条第1項関係）

○インボイス等が現実支払価格でない場合や、加算要素が含まれていない場合

　海外のメーカーに製造委託をする場合によくみられるケースですが、発注者（輸入者）が製品の金型を無償提供することがあります。この無償提供した金型の費用は、第三号ロ「当該輸入貨物の生産のために使用された工具、鋳型又はこれに類するもの」に規定されており、課税価格の加算要素となっています。

　したがって、金型の代金と製造委託先へ提供するために掛かった運賃および保険料等に関して評価申告をする必要があります。

　ただし、有償で提供した場合は評価申請不要です。

〈参考事例2〉

輸入取引に関する特殊な事情がある場合（定率法第4条第2項関係）

○売主と買主との間が特殊関係（親子関係）

　海外の子会社（売主）が製造した製品を親会社（買主）が輸入する際に、両者間の関係が取引価格に影響を及ぼしている場合は、第四号「売主と買主との間に特殊関係がある場合」に該当し、評価申告をする必要があります。

〈参考事例 3〉

同種または類似の貨物に係る取引価格による方法の場合（定率法第 4 条の 2 関係）

〇代替品として輸入される無償貨物

　輸入した貨物が不具合等のため、その代替品を無償で輸入する場合の課税価格は、売買取引によらない輸入貨物となり、原則的な方法で課税価格を計算することができないため、評価申告をする必要があります。

〈参考事例 4〉

特殊な輸入貨物の場合（定率法第 4 条の 4 関係）

〇輸入した機械を修理等のために輸出し、修理後再輸入される機械

　再輸入する機械は、売買取引によらない修理等の委託契約により輸入される貨物であり、原則的な方法で課税価格が計算できないため、評価申告をする必要があります。

〈参考事例 5〉

変質または損傷に係る輸入貨物の場合（定率法第 4 条の 5 関係）

〇輸入申告までに変質した貨物

　輸入港に到着した生鮮食品が変色のためインボイス価格が国内流通価格より低下していることが公認サーベイレポート等により確認された場合、変色がなかったとした場合の課税価格から、変色による減価相当額を控除することができます。そのためには、評価申告をする必要があります。

(3) 事前教示制度

　わが国の経済や産業また日常生活に多大な影響を及ぼすモノが輸入取引や携帯品等を通して持ち込まれる可能性があります。そのため、輸出に比べれば、輸入に関連する法令等もかなり多岐にわたり、詳細に規定されています。

　時には通関のプロである通関士であっても、輸入貨物の特性や貿易形態等により、適正な申告を行うための判断に迷いが生じる場合があります。

　そこで、円滑な通関手続きを行うために、輸入通関申告をする前に、問題点や疑問点などを税関に対して事前に照会することができる制度があります。これを「事前教示制度」といいます。

事前教示制度では、輸入する貨物の税率に関する「品目分類関係」、関税の評価に関する「関税評価関係」、原産地の取扱に関する「原産地関係」、減免税の適用可否に関する「減免税関係」などについて、輸入しようとする者が直接、あるいは通関業者を介して、法令の適用や解釈等について、税関から事前に回答を得ることができます。したがって、この制度を利用することにより、輸入貨物に係る関税額の事前把握や迅速な通関手続が可能となるため、国内での販売価格やスケジュール計画等が容易になるなど多くのメリットがあります。

　なお、この制度は口頭やEメールでも受け付けてもらえますが、口頭やEメールによる照会は、参考情報にすぎず、輸入申告の際に有効なものとして尊重されないことがありますので、原則として文書を用いて行うことをお勧めします。文書で照会した場合は、税関より正式な文書である事前教示回答書としての回答があるだけでなく、日本全国のどこの税関で輸入申告をしても尊重されます。なお、有効期限は最長で3年間です。

　ただし、事前教示に関する照会書の様式（税関様式「関税法関係（C）」、図4-3参照）は、表4-2のように項目ごとに異なっていますから注意が必要です。

表4-2　事前教示に関する照会書の様式の種類（税関様式「関税法関係（C）」）

様　式
事前教示に関する照会書（C-1000）
事前教示に関する照会書（原産地照会用）（C-1000-2）
事前教示に関する照会書（関税評価照会用）（C-1000-6）
事前教示に関する照会書（減免税照会用）（C-1000-22）
インターネットによる事前教示に関する照会書（C-1000-13）
インターネットによる事前教示に関する照会書（原産地照会用）（C-1000-16）
インターネットによる事前教示に関する照会書（関税評価照会用）（C-1000-19）
インターネットによる事前教示に関する照会書（減免税照会用）（C-1000-25）
事前教示回答書（変更通知書）に関する意見の申出書・回答書（C-1001）
事前教示回答書（変更通知書）（関税評価回答用）に関する意見の申出書（C-1001-1）
事前教示回答書（変更通知書）（減免税回答用）に関する意見の申出書（C-1001-2）

（出所：税関ホームページ）

図4-3　事前教示に関する照会書（税関様式C第1000号）
（出所：税関ホームページ）

〈裏面〉

○事前教示照会に係る確認書

項目	確認欄
1．照会に係る貨物について	
① 具体的な貨物に係る照会であり、架空の貨物に係る照会ではありません。	はい ・ いいえ
② 照会者及びその利害関係者は、照会する貨物について不服申立て又は訴訟中である等、関税率表適用上の所属区分等に係る紛争中ではありません。	はい ・ いいえ
③ 輸入申告中の貨物に係る照会ではありません。	はい ・ いいえ
2．照会について	
④ この照会は、 イ．輸入しようとする貨物の輸入者又はその代理人 ロ．輸入しようとする貨物の輸出者又はその代理人 ハ．輸入しようとする貨物の製法、性状等を把握しているその他の利害関係者又はその代理人 によるものです。	イ、ロ、ハのうち該当するものを記入してください。
3．補足説明又は追加資料の提出について	
⑤ 照会書の提出に税関から補足説明又は追加資料の提出を求められた場合には説明又は資料の提出に応じます。	はい ・ いいえ

照会者 又は その代理人	氏名又は名称		印
	住所又は 所在地		

注　意　事　項

1．この照会書は、1部提出してください。「照会貨物の説明」欄又は「関税率表適用上の所属区分等に関する意見」欄が不足する場合には、事前教示に関する照会書（つづき）（適宜の様式（Ａ４判））に記載のうえ、添付してください。
2．この照会書は記載した事項が不十分である場合、事実と相違することが明らかとなった場合又は架空の商品に係る照会その他事前教示の趣旨に反する照会の場合には、回答を受けられないこととなりますので、注意してください。
3．事前教示照会に対する回答として税関より交付し又は送達される事前教示回答書（変更通知書兼用）は、関税分類の参考とするため、照会貨物の内容及び回答内容について、回答後原則として公開し輸入者等一般の閲覧に供します。ただし、新規のアイディア商品等で、回答後一定の期間（180日を超えない期間に限ります。）非公開とする必要がある場合には、事前教示照会書中の「非公開期間の要否」欄中「要」に○をつけ、「非公開理由」欄にその理由を記載したうえ、「非公開期間」欄に具体的な非公開期間（180日を超えない期間）を指定してください。その際、税関より、非公開期間設定の必要性について説明を求めることがあります。
　　また、非公開期間が経過した後は、行政機関の保有する情報の公開に関する法律に定める不開示情報に該当すると考えられる部分や守秘義務に抵触すると考えられる部分については、当該部分を伏せて公開することとなります。その際、税関より、非公開の必要性について説明を求めることがあります。

(規格Ａ４)

4.1.3 関税確定方式

輸入申告（納税）価格は、原則として輸入港到着時の CIF 価格を円貨に換算した価格です。

納付税額が決まることを「関税額の確定」といいますが、この関税額を確定させるための方式として「申告納税方式」と「賦課課税方式」があります。

(1) 申告納税方式（関税法第 6 条の 2 第 1 号）

申告納税方式とは、輸入者（納税義務者）自身の申告（インボイス金額等）により関税額を確定する方式で、1966年の関税法改正により、当該方式が原則となりました。

貨物を輸入する場合、本来「輸入申告」と「納税申告」は別個のものとして存在しますが、通常輸入しようとする貨物を保税地域に搬入した後に、輸入（納税）申告書に輸入申告と納税申告の両方に必要な事項を記載して、同時に通関行為が行われています。

また、申告納税方式は自ら申告した価額ですから、確定した税額については不服申立てを行うことはあり得ませんが、当該方式により申告した納税額が過少であった場合は「修正申告」、過大であった場合は「更正の請求」を行うことはできます。

(2) 賦課課税方式（関税法第 6 条の 2 第 2 号）

賦課課税方式とは、納付すべき関税額が専ら税関長の処分により確定するものです。わが国の輸入通関では、申告納税方式を原則としていますが、輸入者の自主的な納税申告による「関税額の確定」が困難な場合や適当でないとされるものについては、税関長が関税額を確定する賦課課税方式が導入されています。

なお、税関長が行う「賦課課税決定」の主なものとしては、以下のような場合があります。

① 課税価格が20万円以下の郵便物
② 入国者の携帯品、別送品（入国後 6 か月以内に輸入されるもので、商業用でないもの）
③ 不当廉売関税、相殺関税が適用されるもの
④ 保税地域で蔵置中の外国貨物が亡失などした場合、関税関係法令の規定

により一定の事実が生じた場合にただちに徴収される関税
⑤ 過少申告加算税、無申告加算税、重加算税
⑥ 関税法および定率法以外の関税関係法令の規定により、賦課課税方式を適用すべきもの

なお、WTOの関税評価協定第9条において、輸入申告価格は輸入国が公表する為替換算率[1]を使用して算出された輸入国通貨とされているため、わが国では邦貨（円）で申告することになっています。

(3) 修正申告（関税法第7条の14）

修正申告とは、納めるべき税額に不足があるときに納税申告を行った者が取れる法的措置のことで、以下のような場合が該当します。

① すでに行った納税申告（当該納税申告または修正申告）および更正または決定により、納付すべき税額に不足があったとき（第1項第1号）。
② すでに行った納税申告および更正または決定により納付すべき税額がなかったとされた場合で、実際は納付すべき税額があったとき（第1項第2号）。

なお、修正申告が行える期間は、以下のように定められています。

① 納税申告中の場合は、輸入の許可取得までに「補正」による修正申告を行う必要があります。
② 納税申告に係る税関長の「更正」が無かった場合は、輸入の許可の日から3年以内に行う必要があります（関税法第14条第1項　更正の期間制限）。
③ 納税申告が行われなかった場合は、税関長により決定が下された日から5年以内に行う必要があります（関税法第14条第1項　決定の期間制限）。

(4) 更正の請求（関税法第7条の15）

更正の請求とは、納めるべき税額が過大であったときに、税関長に対して減額修正を求めて納税申告を行った者が取れる法的措置で、次のような場合が該当します。

1　わが国の為替換算率は、実勢外国為替相場の週間の平均値、すなわち税関長が毎週公示するレート（税関長公示レート）のことで、輸入申告の際に使用されている換算率は、輸入申告の日の属する週の前々週の平均値になります。

① 関税に関する法律の規定に従われずに計算され、納税額が過大であるとき。
② 計算に誤りがあり、納税額が過大であるとき。

なお、更正の請求が行える期間は、以下のように定められています。
① 納税申告中の場合は、輸入許可取得までに行う必要があります。
② 輸入許可済の場合は、輸入許可の日から5年以内に行う必要があります。
③ 許可前引取り承認を受けた場合は、輸入許可前引取りの承認日の翌日から起算して5年以内と輸入許可日のいずれか遅い日までの期間に行う必要があります。

なお、賦課課税方式により決定した納税額が過大であり、権利または利益の損害を受けた場合は、「不服申し立て」によって返還を求めることになります。

4.1.4 事後調査と犯則調査

わが国の通関制度では、輸出入通関を行うにあたり、定められた法的措置が完全に履行されているか否かを税関が確認するために、1966年の関税法改正により申告納税方式が導入された後、同方式を補完する目的の一環として1968年度から「輸入事後調査制度」が導入されました。

この制度は、税関職員が原則として係る輸入貨物の輸入者を個別に訪問し、納税申告が法令に従って適正に行われたかを税関が確認する税務調査のことで、その法的根拠は関税法第105条第1項第6号（税関職員の質問検査権）に基づいています。また、2011（平成23）年3月31日に成立し、同年4月1日に施行された「関税定率法の一部を改正する法律」（平成23年法律第7号）の「更正請求等に係る期間制限の見直し」により、それまで3年だった対象期間が5年に延長されました。このことは、毎年6,000件前後の事後調査が行われている中で、対象となった輸入者の約7割が関税・輸入消費税の申告漏れの指摘を受けているという事実を反映したものと思えます。

申告納税方式は、輸入者（納税者）が正しい申告を行うという信頼を前提に導入されたものですが、現実には申告書の作成ミスや関係法令の解釈間違い、また、あってはならないことですが、意図的に不適正な申告が行われている場合があります。

そもそも同制度が導入されることとなった大きな要因は、貿易量の増加に伴い、より円滑で迅速な通関制度への要求が高まったことにあります。また、時代の背景が変わり、ますますグローバル化が進むにつれ、必要以上に物流が停滞することは大きな経済損失を発生させる懸念材料となります。

このような状況下で、事後調査も従来の輸入通関中心から最近は輸出通関の申告内容も厳しく調査されるようになっています。

すなわち、最近の事後調査では、輸出者または輸入者の事業者等を税関職員が個別に訪問して、関係する帳簿や書類等の確認調査を行っています。調査の目的は、輸出と輸入とでそれぞれ以下のとおり異なります。

(1) 輸出者に対する調査

輸出された貨物に係る手続が関税法等関係諸法令の規定に従って、正しく行われているか否かを確認し、不適当な申告を行ったものに対しては適切な申告を行うよう指導を行い、さらに、企業における適切な輸出管理体制・通関処理体制の構築を促すことで、適正かつ迅速な輸出通関の実現を目的としています。

(2) 輸入者に対する調査

輸入貨物の通関後における税関による税務調査のことで、輸入された貨物に係る納税申告が適正に行われているか否かを事後的に確認し、不適正な申告があった場合はこれを是正するとともに、輸入者に対する適切な申告指導を行うことにより、適正な課税を確保することを目的として実施しています。

(注) 輸入貨物には、関税のほか輸入に係る消費税等が課されます。このため、外国から貨物（入国旅客の携帯品などを除く）を輸入しようとする者（輸入者）は、貨物を輸入する際、税関に対し、輸入申告にあわせて関税等の納税申告を行い、必要な関税等を納付しなければなりません。

(3) 調査の方法

貨物の通関後、輸出入者の事業所等を個別に税関職員が訪問して、輸出入貨物についての契約書、インボイスその他の貿易関係書類や会計帳簿等を調査し、また、必要な場合には取引先等についても調査を行い、輸出入申告や納税申告の内容が適切かどうかを確認します。

なお、調査の結果、輸出入申告や納税申告内容に誤りのあることが確認され

た場合、輸出入者に適切な指導が行われ、輸出者は適正な輸出管理体制の構築が、また、輸入者は修正申告をして不足税額等の納付が求められます。その他、税関において課税価格や税額等を更正すること等により、不足税額等を納付する必要がある場合もあります。また、申告漏れ等があった場合は**重加算税**が適用される可能性があります。

　重加算税とは、国税における加算税の一つで、過少申告加算税が課される場合（申告書に記載された金額が過少）、または不納付加算税が課される場合（正当な理由なく法定納期限までに納付しない）、仮装隠蔽の事実があるときは、基礎となる税額に対し35％の税率が、無申告加算税が課される場合（正当な理由なく申告期限内に申告しない）で、仮装隠蔽の事実があるときは基礎となる税額の40％が追加課税されます。

　なお、2017年度の事後調査の対象者は4,266者（2016年度は4,325者、2015年度は4,302者）、申告漏れ等のあった輸入者は3,365者（2016年度は3,307者、2015年度は2,977者）で申告漏れの割合は78.9％（2016年度は76.5％、2015年度は69.2％）でした（表4-3参照）。

　主な申告漏れの内容は、次のとおりです。

重加算税が賦課された事例
〈参考事例1〉
自ら作成した低価インボイスによる輸入申告
　輸入者Aは、イギリスの輸出者から鞄を輸入していました。Aは、輸入申告よりも前に正規の価格を認識していましたが、正規の価格が記載されたインボイスをもとに自ら正規の価格よりも低い価格でインボイスを作成し、課税価格の計算の基礎となる事実を隠蔽または仮装して、低い価格が記載されたインボイスに基づき、申告していました。

　その結果、申告漏れ課税価格は4,167万円、追徴税額は1,040万円（うち重加算税258万円）でした。

〈参考事例2〉
輸出者に作成させた低価インボイスによる輸入申告
　輸入者Bは、中国の輸出者からアルミ製品を輸入していました。Bは、輸入申告よりも前に正規の価格を認識していましたが、輸出者と通謀し、輸出者

表4-3　事後調査

		2017事務年度	対前年比	2016事務年度
調査を行った輸入者 ①		4,266者	98.6%	4,325者
申告漏れ等のあった輸入者 ②		3,365者	101.8%	3,307者
申告漏れ等の割合 ②／①		78.9%	2.4ポイント増加	76.5%
申告漏れ等に係る課税価格		1,483億7,430万円	105.5%	1,405億9,320万円
追徴税額	関税	20億3,256万円	21.9%	92億9,633万円
	内国消費税	121億2,064万円	107.4%	112億8,044万円
	計	141億5,320万円	68.8%	205億7,677万円
	加算税	6億354万円	27.3%	22億1,328万円
	重加算税	7,139万円	4.1%	17億6,045万円

（注）輸入者数、課税価格および追徴税額には、2017事務年度以前に着手し、当該事務年度に調査が終了したものも含む。
（出所：財務省ホームページ）

に正規の価格よりも低い価格でインボイスを作成させ、課税価格の計算の基礎となる事実を隠蔽または仮装して、低い価格が記載されたインボイスに基づき、申告していました。

　その結果、申告漏れ課税価格は2,140万円、追徴税額は341万円（うち重加算税86万円）でした。

〈参考事例3〉
低価であることを知りながら是正せずにした輸入申告

　輸入者Cは、中国の輸出者から衣類を輸入していました。Cは、輸入申告よりも前に正規の価格を認識していましたが、輸出者から送付されたインボイスに記載された価格が正規の価格よりも低いことを知りながら、何ら是正することなく、税を免れる意図をもって、その課税価格の計算の基礎となる事実を隠蔽または仮装して、低い価格が記載されたインボイスに基づき、申告していました。

　その結果、申告漏れ課税価格は1,360万円、追徴税額は315万円（うち重加算税76万円）でした。

その他申告漏れのあった事例

〈参考事例4〉

輸入者が支払った価格調整金(インボイス金額以外の貨物代金)の申告漏れ

　輸入者Dは、ドイツの輸出者から自動車等を輸入していました。Dは、輸出者との取決めに基づき、過去輸入した貨物について遡及して価格を見直し、増額となった金額を価格調整金として支払っていました。本来、この価格調整金は課税価格に含められるべきものでしたが、Dは修正申告を行っていませんでした。

　その結果、申告漏れ課税価格は103億7,105万円、追徴税額は8億3,166万円でした。

〈参考事例5〉

輸入者が無償提供した材料等費用の申告漏れ

　輸入者Eは、台湾の輸出者から医療用品を輸入していました。Eは、輸出者に対して輸入貨物の生産に必要な材料および輸入貨物の製造に使用する設備を本邦所在のエンドユーザーから無償で提供させていました。本来、この材料等の無償提供に要した費用は課税価格に含めるべきものでしたが、Eは課税価格に含めずに申告していました。

　その結果、その他の申告漏れも含め、申告漏れの課税価格は23億2,596万円、追徴税額は1億8,869万円でした。

〈参考事例6〉

決済金額と異なる価格が記載されたインボイスを用いた申告漏れ

　輸入者Fは、中国の輸出者から鞄を輸入していました。Fの経理担当者はフランスの売手から送付された決済用インボイスに基づき貨物代金を支払っていましたが、Fの輸入担当者は輸出者が作成した決済金額と異なる価格が記載されたインボイスを用いて申告していました。本来、決済用インボイスの価格で申告するものでしたが、経理担当者と輸入担当者との連絡不足によりFは誤ったインボイスの価格で申告していました。

　その結果、その他の申告漏れも含め、申告漏れ課税価格は7億1,992万円、追徴税額は1億2,497万円でした。

〈参考事例7〉

EPA 特恵税率の適用誤り

　輸入者 G は、ベトナムの輸出者から乾燥野菜を輸入していました。G は、アセアン原産品として日アセアン EPA に基づく関税率（EPA 特恵税率）を適用して申告していました。しかしながら、この乾燥野菜は、生産に使用された野菜が中国から調達されており、アセアンの原産品としての資格を与えるための条件を満たしていないため、EPA 特恵税率を適用することはできず、WTO 協定税率を適用することになりました。

　その結果、課税価格14億5,874万円に対して 9 ％の関税が課されることとなり、追徴税額は 1 億5,032万円でした。

　また、輸出入者は、税関に提出した書類を除き、輸出入貨物に関する帳簿の備え付けおよび関係書類の保存が義務付けられています（関税法第94条および関税法施行令第83条）。その保存期間は表 4 - 4 のとおりです。

　さらに、最近は事後調査とは別に、不正な手段により故意に関税を免れた納税義務者（輸入者）に対して、正しい税を課すほか、反社会的行為（犯罪行為）に対して刑事責任を追及するため、犯罪捜査に準ずる方法でその事実の解明を行う調査である「**犯則調査**」があります。

　関税のほ脱事犯に係る犯則調査は、大口・悪質な脱税者の刑事責任を追及し、その一罰百戒の効果を通じて、適正かつ公正な課税を実現するための重要な使命を担っています。

　犯則調査は、関税法の規定に基づき、任意で犯則嫌疑者または参考人に対して、出頭を求め、質問したり、所持する物件などを検査したりするほか、必要があれば、裁判官があらかじめ発する許可状により、臨検、捜査、差し押えといった強制調査を行い、事実の解明を行います。なお、調査の結果、不正な手段により故意に関税を免れたもの等（犯則）の心証を得たときは、税関長による通告処分または検察官への告発が行われることになります。

（注）通告処分は、その情状が罰金刑に相当するようなものであるときに、税関長がその罰金に相当する金額の納付を求める行政処分で、犯則者がこれに応じないときは検察官に告発することになります。なお、2005年10月からは、申告納税方式が適用される貨物に係る犯則事件については、通告処分を行うことなく、ただちに検察官に告発することになりました。

表4-4　帳簿書類の保存について

輸出	輸入
対象者 業として輸出する輸出申告者 具体的には、次のような帳簿および書類を保存する必要がある。	対象者 業として輸入する輸入申告者 具体的には、次のような帳簿および書類を保存する必要がある。
(1) 帳簿	(1) 帳簿
記載事項 品名、数量、価格、仕向人の氏名(名称)、輸出許可年月日、許可番号を記載(必要事項が網羅されている既存帳簿、仕入書等に必要項目を追記したものでも可)	記載事項 品名、数量、価格、仕出人の氏名(名称)、輸入許可年月日、許可番号を記載(必要事項が網羅されている既存帳簿、仕入書等に必要項目を追記したものでも可)
保存期間 5年間(輸出許可の日の翌日から起算)	保存期間 7年間(輸入許可の日の翌日から起算)
(2) 書類	(2) 書類
書類の内容 仕入書および輸出許可貨物に係る取引に関して作成し、または受領した書類	書類の内容 輸入許可貨物の契約書、運賃明細書、保険料明細書、包装明細書、価格表、製造者または売渡人の作成した仕出人との間の取引についての書類、その他輸入の許可を受けた貨物の課税標準を明らかにする書類
保存期間 5年間(輸出許可の日の翌日から起算)	保存期間 5年間(輸入許可の日の翌日から起算)
(3) 電子取引の取引情報に係る電磁的記録の保存	(3) 電子取引の取引情報に係る電磁的記録の保存
電磁的記録の内容 電子取引(いわゆるEDI取引、インターネット等による取引、電子メール等により取引情報を授受する取引)を行った場合における当該電子取引の取引情報(取引に関して授受する注文書、契約書等に通常記載される事項)	電磁的記録の内容 電子取引(いわゆるEDI取引、インターネット等による取引、電子メール等により取引情報を授受する取引)を行った場合における当該電子取引の取引情報(取引に関して授受する注文書、契約書等に通常記載される事項)
保存期間 5年間(輸出許可の日の翌日から起算) なお、すでに帳簿を備え付けている輸出者は、その帳簿に上記の記載事項を追記することにより、帳簿として取り扱うことが可能。	保存期間 5年間(輸入許可の日の翌日から起算) なお、法人税法等の規定により帳簿書類を保存されている輸入申告者で、すでに上記の帳簿書類を保存されている方は新たに保存をする必要はない。

(注1) 書類または輸出入許可書に帳簿へ記載すべき事項がすべて記載されている場合には、当該書類または輸出入許可書を保存することにより、帳簿への記載を省略することができる。
　その際は、輸出入許可書に記載されている必要事項と保存すべき書類の関係が明らかになるように整理する。なお、当該書類または輸出入許可書は帳簿と同じ期間保存しなければならない。
(注2) 特例輸入者に係るすべての特例申告貨物および特定輸出者に係るすべての特定輸出貨物についても同様に帳簿および書類を保存する必要がある。

(出所:税関ホームページ「帳簿書類の保存」)

表4-5 輸入関係他法令一覧表（2018年4月末現在）

法令コード	法令名	主な品目	主管省庁課	税関確認書類
	1．外国為替及び外国貿易法			
FE	（1）外国為替令	現金等の支払手段等	財務省国際局調査課外国為替室	財務大臣が発行した許可証
IQ	（2）輸入貿易管理令	輸入割当（にしん、帆立貝、のり等）	経済産業省貿易経済協力局 貿易管理部貿易管理課	輸入承認証等
IL		承認（北朝鮮産品（全品目）、鯨、ダイヤモンド等）		
JK		事前確認（冷凍くろまぐろ等）		
TK		通関時確認（生鮮くろまぐろ等）		
WA		ワシントン条約該当物品（象牙等）		
HU	2．鳥獣の保護及び管理並びに狩猟の適正化に関する法律	鳥、獣及びそれらの加工品等	環境省自然環境局野生生物課	輸出許可証明書等
FS	3．銃砲刀剣類所持等取締法	銃砲・刀剣類	警察庁生活安全局保安課	銃砲（刀剣類）所持許可証等
ST	4．印紙等模造取締法	印紙に紛らわしい外観を有する物	国税庁課税部課税総括課消費税室	輸入許可書
CA	5．大麻取締法	大麻草及びその製品	厚生労働省医薬・生活衛生局監視指導・麻薬対策課	大麻輸入許可書
PD	6．毒物及び劇物取締法	毒物、劇物	厚生労働省医薬・生活衛生局審査管理課	毒物劇物輸入業登録票等
AD	7．覚せい剤取締法	覚せい剤、覚せい剤原料	厚生労働省医薬・生活衛生局監視指導・麻薬対策課	覚せい剤原料輸入許可書等
NA	8．麻薬及び向精神薬取締法	麻薬、向精神薬、麻薬等原料	厚生労働省医薬・生活衛生局監視指導・麻薬対策課	麻薬輸入許可書等
OP	9．あへん法	あへん、けしがら	厚生労働省医薬・生活衛生局監視指導・麻薬対策課	あへん輸入委託証明書等
PA	10．医薬品、医療機器等の品質、有効性及び安全性の確保等に関する法律	医薬品、医薬部外品、化粧品、医療機器等	厚生労働省医薬・生活衛生局監視指導・麻薬対策課	製造販売承認書等
		動物用医薬品、同医薬部外品、同医療機器等、指定薬物	農林水産省消費・安全局畜水産安全管理課	動物用医薬品製造販売許可証等

					輸入指定薬物用途誓約書
FL	11. 肥料取締法	肥料	農林水産省消費・安全局農産安全管理課	登録証等
FR	12. 水産資源保護法	こい、きんぎょその他のふな属魚類等	農林水産省消費・安全局畜水産安全管理課水産安全室	輸入許可証
SP	13. 砂糖及びでん粉の価格調整に関する法律	粗糖、精製糖、でん粉等	農林水産省政策統括官付地域作物課	義務売渡しに係る指定糖、指定でん粉の買入れ及び売戻し承諾書等
MA	14. 畜産経営の安定に関する法律	バター、脱脂粉乳、れん乳、ミルク、クリーム、バターミルクパウダー等	農林水産省生産局畜産部牛乳乳製品課	指定乳製品等輸入業務委託証明書等
FM	15. 主要食糧の需給及び価格の安定に関する法律	米穀、小麦、メスリン、大麦、裸麦、ライ小麦及びこれらの粉等	農林水産省政策統括官付貿易業務課	納付金の領収証書等
EX	16. 火薬類取締法	火薬、爆薬、火工品（導火線等）	経済産業省原子力安全・保安院保安課	火薬類輸入許可書
CR	17. 化学物質の審査及び製造等の規制に関する法律	化学物質等	経済産業省製造産業局化学物質管理課	輸入許可書等
PS	18. 郵便切手類模造等取締法	郵便切手に紛らわしい外観を有する物	総務省情報流通行政局郵政行政部郵便課	郵便切手類模造等許可書
AM	19. アルコール事業法	アルコール分90度以上のアルコール	経済産業省製造産業局化学課アルコール室	輸入事業許可書の写し等
PE	20. 石油の備蓄の確保等に関する法律	原油、揮発油、灯油、軽油及び重油	資源エネルギー庁資源・燃料部石油精製備蓄課	石油輸入業者登録通知書の写し
AC	21. 農薬取締法	農薬	農林水産省消費・安全局農産安全管理課	登録票、農薬輸入願
IA	22. 特定外来生物による生態系等に係る被害の防止に関する法律	ブラックバス、カミツキガメ等	環境省自然環境局野生生物課	飼養等許可証
					種類名証明書
PM	23. 感染症の予防及び感染症の患者に対する医療に関する法律	エボラウイルス、炭疽菌、ボツリヌス毒素等	厚生労働省健康局結核感染症課	特定一種病原体等輸入指定書等
		サル、タヌキ、ハクビシン、プレーリードッグ等陸生哺乳類、鳥類等	厚生労働省健康局結核感染症課 農林水産省消費・安全局動物衛生課	輸入検疫証明書 届出受理証
SH	24. 労働安全衛生法	有害物等（石綿等）	厚生労働省労働基準局安全衛生部 化学物質対策課	製造等禁止物質輸入許可証等

FD	25. 食品衛生法	すべての飲食物、添加物、食器、容器包装、おもちゃ	厚生労働省医薬・生活衛生局食品安全部企画情報課検疫所業務管理室	食品等輸入届出書等
PL	26. 植物防疫法	顕花植物、有害植物、有害動物等	農林水産省消費・安全局植物防疫課	植物検査合格証等
RA	27. 狂犬病予防法	犬、猫、あらいぐま、きつね、スカンク	農林水産省消費・安全局動物衛生課	狂犬病予防法に基づく動物の輸入検疫証明書等
AN	28. 家畜伝染病予防法	馬、鶏、あひる、みつばち、ソーセージ、ハム、ベーコン等	農林水産省消費・安全局動物衛生課	輸入検疫証明書等
GA	29. 高圧ガス保安法	圧縮ガス、液化ガス	経済産業省原子力安全・保安院保安課	輸入高圧ガス検査合格証

4.1.5　輸入審査
(1) 書類の照合

　輸入申告では、現品と提出された輸入（納税）申告書、輸入許可・承認証書、事前確認書（事前教示に関する照会書）およびインボイスなどと次のような詳細な審査がなされます。

　① 輸入許可・承認または事前確認等に関する事項

　　現品と輸入許可・承認証または事前確認書等の内容（関税率表のHS番号および品名）が一致していること、現品の数量等が当該輸入承認証の範囲内であること、または事前確認書に記載されているHSコードとインボイス内容が合致していること等。

　② 輸入承認の有効期間に関する事項

　　税関が輸入申告書を正当に受付けた日が当該輸入許可・承認証の有効期間内であること。

　③ 輸入割当に関する事項

　　現品が輸入割当を受ける貨物である場合、当該輸入割当を受けて承認されていること。

　④ 輸入公表に関する事項

　　輸入公表により必要とされている原産地証明書または輸出許可書等が添付されており、それが現品と一致していること。

図 4-4　大型 X 線装置による税関検査風景
(出所：筆者撮影)

⑤ 輸入許可・承認の条件に関する事項

　輸入割当または許可・承認をする際に、輸入に関する条件を付されることがあるが、その当該条件が履行されていること。

⑥ 他法令に関する事項

　輸入貨物が麻薬取締法、動・植物に関する伝染病予防法や検疫法、医薬品医療機器法、大麻取締法、火薬取締法、食品衛生法など輸入に関する許可、承認、条件等を規定している法規（表 4-5 参照）による要件を充足しているか否か、また、輸入禁制品の可否等について審査が行われます。

4.1.6　輸入検査

税関では申告された書類を審査し、当該貨物が申告書に記載されている貨物と同一であるか、適用税番が正しいか、怪しい貨物が入っていないか等を確認するために税関検査を行います。

税関検査には次のような方法があります。

(1) 検査の区分

　① 現場検査（出張検査）

　② 検査場検査（持込検査）

　③ 本船・艀中検査

　④ 委任検査

(2) 検査の方法

　① 見本検査

見本検査は、数量確認を必要としない貨物について、原則として貨物蔵置場所で開梱して、その一部を見本として採取（貨物の 1 梱包を見本として採取する場合を含む）し、その見本により関税率表分類、統計品目表分類、価格鑑定、他法令の確認その他の検査・鑑定をすることができる場合に行われます。

② 一部指定検査

　複数個ある貨物の中から税関がランダムに番号指定を行い、申告内容と合致しているかを確認する方法で検査が行われます。

③ 全量検査（大型 X 線装置による検査）

　税関が指定する検査場までコンテナを横持ちし、大型 X 線装置を使って、デバンニング（バン出し）することなくコンテナのまま、検査する方法です。もし、不審な点があれば、隣接した検査場で全量デバンニングし、税関職員による検査が行われます（図 4 - 4 参照）。

　この X 線装置は2000年度に横浜港で初めて導入され、2018年11月末現在全国13港16か所に配備されています。本装置が導入されるまでコンテナ貨物を全量検査する場合にはコンテナ 1 本あたり約 2 時間程度を要していましたが、この装置の導入により、約10分程度で検査することが可能となり、検査時間が大幅に短縮されました。さらに、検査費用も以前は40フィートコンテナ 1 本あたり10数万円かかっていましたが、いまは数千円で済むようになりました。

　なお、従来の X 線検査装置では検査困難であった重量物や長尺貨物等の検査を可能とするため、2005年度から車載式後方散乱線検査装置が導入されています。

4.1.7　関税率

(1) 関税率の種類

　主な関税率の種類としては、定率法で定められている**基本税率**、暫定措置法で定められている**暫定税率**と**特恵税率**、また、WTO 加盟国に対して一定以上の税率を課さないことを約束した **WTO 協定税率**、経済連携協定（EPA）による **EPA 税率**があります（図 4 - 5 参照）。

① 基本税率

HS条約の附属書として採択された品目表に基づいて、品目別に分類して税率を定めています。この税率は全品目について定められており、経済事情に変更がない限り長期間適用される、いわゆる基本となる税率です。

② 暫定税率

国民経済の発展を目的にして、暫定的特例措置として暫定措置法の別表で定められた特定品目について、期限を定めて暫定的に決められているのが暫定税率で、基本税率に優先して適用されます。

③ 協定税率

世界160数か国のWTO加盟国または地域からの輸入品に対して適用され

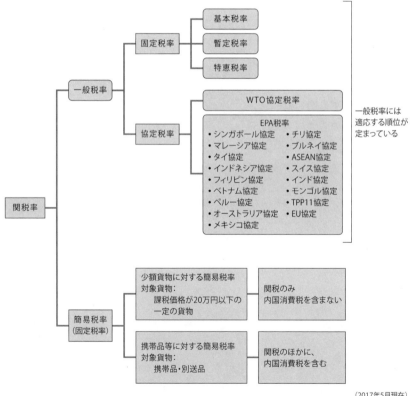

(2017年5月現在)

図4-5　日本の税率の種類

る税率で、一定率以下の関税しか課さないことを約束している最恵国待遇の税率のことで、MFN（Most Favoured Nation Treatment）税率ともいい、国定税率（暫定税率）より低い場合に適用されます。

　なお、WTO非加盟国であっても、自由貿易協定以外の二国間条約で最恵国待遇を約束している国に対しては、WTO加盟国と同様に協定税率が適用されます。

④　特恵税率

　国定税率のうち基本税率および暫定税率は共にすべての国からの輸入品に対して平等に適用されますが、特恵税率は以下の条件を具備した特定の国や地域からの輸入品に対して適用されます（詳細は第5章参照）。

　　1）経済が発展途上であること。具体的には、1人当たりGNI（国民総所得）が4,036ドル以下で、世界の総輸出額に占める輸出の割合が3年連続1％以下であること。
　　2）国連貿易開発会議（UNCTAD）の加盟国であること。
　　5）特恵関税の供与を受けることを希望していること。
　　4）わが国が特恵関税の適用が適当であると認めていること。

　2019年4月1日現在特恵関税の対象国は128か国5地域（うち特別特恵関税対象国（LDC）46か国）で、特恵関税については、次の2つの制度のいずれかが適用されています。

（ⅰ）一般特恵関税制度（Generalized System of Preferences：GSP）

　　輸出所得の増大等により経済発展の促進を図るため、わが国が「特恵受益国」と認めた開発途上国や地域を原産地とする品目（関税暫定措置法別表第4に掲げる例外品目を除く）に対し、一般の関税率より低いか、あるいは無税とする特恵税率の適用を受けることができる制度です。

　　当該制度の適用を受けるためには、原則として輸出国や地域の公的機関が発行した特恵用原産地証明書（GSP Form A）原本を税関に提出することが要件となっています。ただし、表4－6の特定品目に関しては、インボイス等から原産地が明らかであると認められた場合は、Form Aオリジナルの提出を省略することができます（関税暫定措置法基本通達8の2－4）。

表4-6　GSP Form A 原本を必要としない品目リスト

1505　特恵原産地証明書の提出を省略可能な物品（HS 4 桁）一覧
第04.10項、第06.04項、第07.06項、第07.09項◎、第08.01項、第08.02項◎、第08.03項、第08.04項◎、第08.07項◎、第09.01項、第09.02項◎、第09.04項、第09.07項、第09.08項、第09.09項、第09.10項◎、第12.11項、第13.02項、第14.04項、第15.05項、第15.16項、第15.17項※、第15.18項、第15.20項、第22.01項、第22.03項、第25.09項、第25.13項、第25.20項、第25.23項、第27.01項、第27.04項、第27.07項、第27.12項、第27.13項、第28.01項、第28.03項、第28.06項、第28.07項、第28.08項、第28.09項、第28.11項、第28.12項、第28.13項、第28.14項、第28.16項、第28.17項、第28.18項、第28.19項、第28.20項、第28.21項、第28.23項、第28.24項、第28.26項、第28.28項、第28.29項、第28.30項、第28.31項、第28.32項、第28.34項、第28.35項、第28.37項、第28.39項、第28.41項、第28.42項、第28.47項、第28.50項、第28.52項※、第28.53項、第29.01項、第29.03項、第29.04項、第29.07項、第29.08項、第29.09項、第29.10項、第29.11項、第29.12項、第29.13項、第29.14項、第29.15項、第29.16項、第29.19項、第29.20項、第29.21項、第29.23項、第29.24項、第29.25項、第29.27項、第29.28項、第29.29項、第29.30項、第29.35項、第29.38項、第29.42項、第32.01項、第32.01項、第32.04項、第32.07項、第32.09項、第32.11項、第32.12項、第32.15項、第33.03項、第33.04項、第33.05項、第33.36項、第33.07項、第34.03項、第34.04項、第34.05項、第34.06項、第35.01項、第35.04項、第35.06項、第35.07項、第36.01項、第36.02項、第36.03項、第36.05項、第37.03項、第37.07項、第38.02項、第38.05項、第38.21項、第38.23項、第39.05項、第39.07項、第39.08項、第39.09項、第39.10項、第39.12項、第39.13項、第39.15項、第39.22項、第39.23項、第39.24項、第29.25項、第39.26項、第40.03項、第40.05項、第40.06項、第40.07項、第40.08項、第40.09項、第40.10項、第40.16項、第43.01項、第43.04項、第48.02項、第48.03項、第48.04項、第48.05項、第48.06項、第48.07項、第48.08項、第48.09項、第48.10項、第48.11項、第48.16項、第48.17項、第48.18項、第48.19項、第48.20項、第48.21項、第48.22項、第48.23項、第63.09項、第65.01項、第65.02項、第65.05項※、第65.06項、第65.07項、第66.02項、第67.01項、第68.04項、第68.05項、第68.11項、第68.12項、第68.13項、第69.02項、第69.03項、第69.05項、第69.07項、第69.11項、第69.12項、第69.13項、第71.14項、第79.07項※、第80.01項、第80.07項※、第82.11項、第82.13項、第82.14項、第82.15項、第83.01項、第83.02項、第83.04項、第83.06項、第83.08項、第83.09項、第83.11項、第94.05項、第94.06項、第95.04項、第95.05項、第95.06項、第95.07項、第96.02項、第96.04項、第96.07項、第96.13項、第96.15項、第96.16項、（計214品目）

項番号に※のついたものは以下の物品のみを指定する。
　・第15.17項のうち、第1517.90号の1の（1）、第1517.90号の2の（1）に掲げる物品
　・第28.52項のうち、水銀の炭水化物又はオルガノインオルガニック化合物以外の物品
　・第65.05項のうち、フェルト製の帽子以外の物品
　・第79.07項のうち、第7907.00号の2に掲げる物品
　・第80.07項のうち、第8007.00号の4に掲げる物品

項番号に◎のついた項のうち、特別特恵受益国を原産地とする以下に掲げる輸入統計品目番号の物品については、特恵原産地証明書の提出を要するものとする。

0709.30-000	0709.51-000	0709.59-020	0709.59-090	0709.60-010
0709.60-090	0709.99-100	0709.92-000	0709.93-000	0709.99-200
0802.31-000	0802.32-000	0802.41-000	0802.42-000	0802.70-000
0802.90-900	0804.30-010	0807.11-000	0807.19-000	0902.10-000
0902.20-200	0902.30-090	0902.40-220	0910.11-100	0910.12-100
1211.40-000	1211.90-600			

次の場合は、上記品目であっても原産地証明書の提出が必要です。
1. 関税暫定措置法施行令第26条第2項及び第30条第1項の適用を受ける場合（自国関与品）
2. 関税暫定措置法施行令第26条第3項及び第30条第3項の適用を受ける場合（累積加工品）
3. 原産国から第三国を経由して輸入する場合（関税暫定措置法施行令第31条第3項に規定する書類の提出がある場合を除く。）

（出所：税関ホームページ）

表4-7　2019年度の主な関税改正

品目名	主な用途	輸入額(2017年度)	主な輸入国	2018年度までの税率	2019年度以降の税率
ナフトール	液晶ポリマーの原料	約10億円	中国	協定税率3.9%＊基本税率4.6%	基本税率　無税
ビニレンカーボネート／フルオロエチレンカーボネート／ジエチルカーボネート／エチルメチルカーボネート／プロピレンカーボネート	リチウムイオン電池の原料	約43億円	中国	協定税率3.9%＊基本税率4.6%	基本税率　無税
クリスタルバイオレットラクトン	感圧紙の原料	約95億円	中国	協定税率3.1%＊基本税率4.6%	基本税率　無税
ポリトリメチレンテレフタレート	繊維製品の原料	約371億円	中国産	協定税率3.1%＊基本税率4.6%	基本税率　無税
バイオポリエチレン	バイオマスプラスチックの原料	約440億円	ブラジル産	特恵関税2.6%または8.96円／kgのうち低い税率＊特恵関税適用除外後は協定税率6.5%が適用	暫定税率　無税

(出所：「平成30年度12月11日関税・外為審議会関税分科会資料」より筆者作成)

ただし、書類審査・検査により原産地に疑義が生じた場合は、Proforma Invoice、B／L、売買契約書、発注書等により確認することになります。また、これでも確認できない場合は、Form Aオリジナルの提出が求められることになります。

なお、**CIF価格が20万円以下の場合はForm Aの提出は不要**です。

（ⅱ）特別特恵関税制度（Least Developed Country：LDC）

特恵受益国の中でもさらに後発開発途上である国や地域を、わが国が「特別特恵受益国」として認め、その国から輸入する原産品目（暫定措置法別表第5に掲げる例外品目を除く）については、原則無税とする特別特恵税率の適用を受けることができる制度で、1980年から実施されています。

なお、中国、メキシコ、タイ、ブラジル、マレーシアは2019年度から特恵対象国から外されたことに伴い、表4-7のような関税率の見直しが

```
二国間 EPA（暫定令第25条第 2 項第 6 号）のまとめ
  ○EPA 税率 ＞ 一般特恵税率 … 一般特恵税率適用可能
    ＊申告者が希望すれば EPA 税率も適用可能。
  ○EPA 税率 ≦ 一般特恵税率 … 一般特恵税率適用除外（EPA 税率のみ）
    ＊申告者が希望したとしても一般特恵税率の適用はない
```

```
二国間 EPA（暫定令第25条第 2 項第 7 号）のまとめ
【インドネシア、フィリピン、ベトナム産品の場合（注）】…一般特恵受益国
  ○ASEAN 包括特恵税率 ＞ 一般特恵税率 … 一般特恵税率適用可能
    申告者が希望すれば ASEAN 包括特恵税率は適用可能。
  ○ASEAN 包括特恵税率 ≦ 一般特恵税率 … 一般特恵税率適用除外
    申告者が希望したとしても一般特恵税率の適用はない
【カンボジア、ミャンマー、ラオス産品の場合】…特別特恵受益国
  上記 3 か国については、ASEAN 包括特恵税率と特別特恵税率（税関ホームページ上の「実行関税率表」の「特別特恵 LDC」の行の税率）は併存しており、申告者が希望し、条件を満たせば、どちらの税率も適用可能である。
```

図 4-6　EPA 関税率と特恵関税率の関係

図られています。

⑤ EPA（経済連携協定）税率

　貿易や投資の自由化・円滑化を目的として、2019年 4 月 1 日現在わが国は、シンガポール・メキシコ・マレーシア・チリ・タイ・インドネシア・ブルネイ・フィリピン・スイス・ベトナム・インド・ペルー・オーストラリア・モンゴル、ASEAN 諸国連合、TPP11および EU の計17の国・地域との間で EPA を締結しています。

　なお、カナダ、コロンビア、トルコおよび韓国と EPA の締結に向け現在交渉中です。さらに、2018年12月には TPP11（包括的・先進的 TPP 協定）が発効、その他、中・韓および GCC（湾岸協力理事官）との間で FTA、ならびに東アジア地域とは包括的経済連携を交渉中です。

　EPA を締結した協定国や地域との間で、輸出入品の関税を段階的に撤廃することを目的としており、議定書が発効されています。

　EPA 税率は通常協定税率より低い税率を定めていることから、EPA 締結国間では他国よりも低い税率を享受することができます。しかし、段階的な関税撤廃の過程では、基本税率、暫定税率、協定税率よりも高い場合がありますので、その場合は税率の低いものを適用することになります（図 4-6 参照）。

(2) その他の特殊関税

関税には、上記の他に次のような関税があります。

① 差額関税

輸入品の価格が一定水準を下回っても、その水準以下で国内市場に出回ることを防ぐために、輸入品の課税価格と政策的に設定した一定額との差額を税額とするものです（豚肉他）。

例）豚肉の事例

低価格帯（～インボイス価格が64.53円/kg）　従量税　482円/kg

中価格帯（同64.53～524円/kg）　基準輸入価格546.53円/kgから輸入価格を引いた額が関税額となる（差額関税）

高価格帯（同524円/kg～）　4.3％の従価税

② スライド関税

たまねぎ（8.5％）、銅の塊（3％または15円/kgの低いほう）、鉛の塊（2.7円/kg）等国際市況の変動の激しい貨物について、輸入価格が低下すれば適当な関税を課す一方、価格が上昇すれば無税にすることにより、国内生産者と国内需要者の利害調整を図るものです。

③ 季節関税

バナナ（20～25％）、オレンジ（16～32％）等、輸入する時期によって関税率が異なるものです。

国産品の出回り期が季節的に偏っている場合、その期間にこれと競合する輸入品に高い関税を課すことによって国産品の保護を図り、その他の季節には低い関税を課すことによって消費者の要望に応えるものです。

④ 便益税率（特殊ケース：バハマ・バチカン・ナウル他）

協定税率の適用を受けない特定国が事実上、日本に対して関税上の差別待遇をしていないため、日本もその国に対して、協定率の範囲内で、その国に有利に適用する税率です。

上記の他に、緊急関税・報復関税・相殺関税・不当廉売関税・対抗関税等があります。

(3) 関税率の適用順位

関税率の適用順序は、原産地証明書の提出等を条件に、**特別特恵税率（LDC**

⇒ EPA協定⇒ WTO協定⇒暫定⇒基本の税率の低い順から適用されます（図4-7参照）。

(4) 関税率の形態

次に、関税率の形態からみると、次のようなタイプがあります。

① 標準的形態

　1）従価税（Ad Valorem Duty）

　　CIF価格を課税額にして税率（%）を乗じたもので、日本では最も

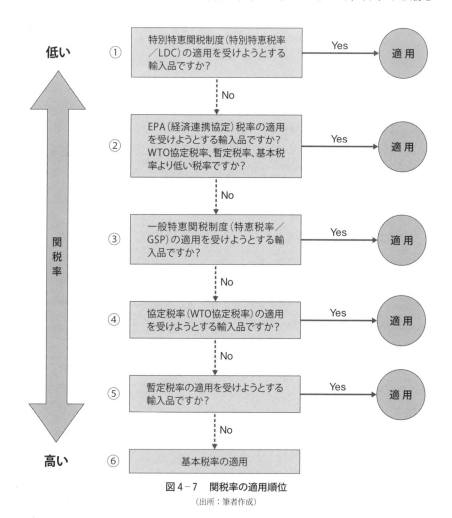

図4-7　関税率の適用順位

(出所：筆者作成)

一般的な税率です。

2）従量税

輸入品の数量（重量・容積・個数など）1単位につき何円という形で課税する方法です（精製糖21.5円/kg等（基本税率））。

3）従価従量税

従価税と従量税を組み合わせたものです。

例）バター（HSコード0405.10　脂肪分が全重量の85％以下のもの）
基本税率で従価税35％に従量税1159円/kgをプラスすると定められています。

4）混合税（従価従量選択税および 従価従量併用税（複合税））

混合税は従価税と従量税を組み合わせたものをいい、これには従価税または従量税のいずれかを選択する選択税と、従価税および従量税を併用する併用税（複合税）とがあります。選択税は、同一の物品において従価税と従量税の両方を定め、そのうちいずれか税額の高い方（一部の品目については低い方）を課すことを定めています。

例）とうもろこし（HSコード10.05）

播種用のもの以外（HSコード1005.10）で、かつ爆裂種のもの（通常の気圧の下で加熱により爆裂するものに限る。HSコード1005.90.0201）以外のもの（HSコード1005.90.0202）については、基本税率で、従価税50％または従量税12円/kgのうちいずれか高い方と定められています。

一方複合税は、従価税と従量税を同時に徴収するもので、従量税は輸入品の価格が高くなるにつれて税率が低くなるため、これを補うために従価税をプラスして徴収することを定めています。

例）ミルクおよびクリーム（濃縮、乾燥、砂糖その他の甘味料を加えたものを除く。HSコード04.01）

脂肪分が全重量の1％を超え6％以下のもの（HSコード0401.20）については、基本税率で、従価税25％に従量税134円/kgをプラスすると定められています。

また、従価税もしくは複合税のいずれかが適用される場合があり

ます。

> 例）綿織物（綿の重量が全重量の85％以上で、重量が1平方メートルにつき200グラム以下のものに限る。HSコード52.08）
> 漂白してない平織りのもので、重量が1平方メートルにつき100グラム以下のもの（HSコード5208.11）については、基本税率で、従価税 5.6％ もしくは従価税 4.4％ に従量税1.52円/㎡をプラスしたもののうちいずれか高い方と定められています。

4.1.8　関税割当制度

関税割当制度（Tariff Quota System）は、一定の数量以内の輸入品に限り、無税または低税率（一次税率）の関税を適用して、需要者に安価な輸入品の提供を確保する一方、この一定数量を超える輸入分については、比較的高税率（二次税率）の関税を適用することによって、国内生産者の保護を図る制度です（図4-8参照）。

この制度は、1961年度の貿易自由化に際し、国内産業に対する影響を緩和し、自由化を円滑に定着させるための過渡的措置として採用されたもので、一

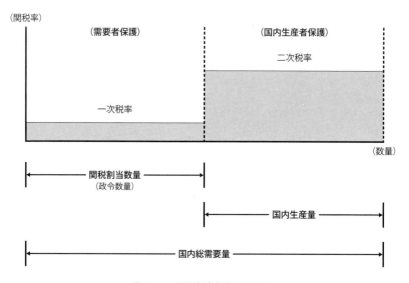

図4-8　関税割当制度の仕組み

定数量以内の輸入しか認めない輸入数量制限と比べると一定数量を超えるものであっても二次税率で輸入できるという点で大きく異なっています。

WTOは原則として数量制限を禁止していますが、関税割当制度については、特定の国に対して差別的に適用しないことを条件にしてこの制度は認められています。

主な対象品目は、経済産業省関連では革製品等の2品目4枠、農林水産省関連ではとうもろこしや乳製品など17品目24枠です。

輸入申告時に対象貨物の所管大臣からの関税割当証明書を提出する必要があります。

4.1.9 関税額の計算方法および納期限等
(1) 関税の計算方法

輸入関税は CIF 金額に、消費税は CIF 金額＋輸入関税額および個別他税額を加算した額に課税されます。

　　輸入関税＝ CIF 金額×関税率
　　消費税　＝（CIF 金額＋輸入関税額＋個別他税額）×8％
　　　※2019年10月からは10％の予定

ちなみに、個別他税額には酒、タバコ、石油税等があります。

また、消費税は国が6.3％、地方が17／63です。

なお、消費税の計算方法は図4-9のとおりです。

(2) 関税および消費税等の支払い方法と納期限

関税は、原則として貨物を輸入する（国内へ引き取る）日までに納付する必要があり、関税の支払い方法には次のような方法があります。

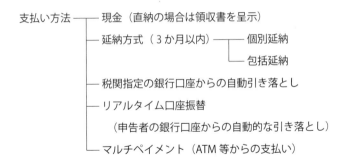

ところで、関税は納期限を3か月延長して、貨物を先に引取ることができます。ただし、納期限の延長手続を行う場合には、あらかじめ税関長宛に3か月分の輸入関税額相当分の担保を提供しておく必要があります。なお、この担保は現金や国債等による納付方法と銀行または保険会社が発行する保証書（Letter of Gurantee：L / G）を活用する方法があります。

この納期限の延長方式には、①**個別延納方式**、②**包括延納方式**があります。

① 個別延納方式

　個別延納方式とは、個々の輸入（納税）申告ごとに納期限を延長する旨の

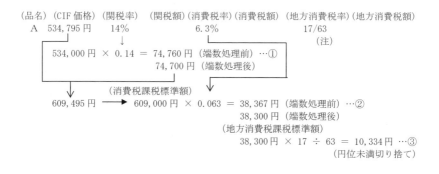

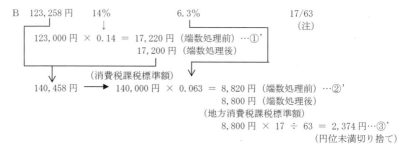

```
① ＋ ①'（関税額）        91,980円 → 91,900円
② ＋ ②'（消費税額）      47,187円 → 47,100円
③ ＋ ③'（地方消費税額）  12,708円 → 12,700円
```

（注）地方消費税率は、消費税額の 17/63（消費税率換算 1.7％）となっております。

図4-9　消費税の計算方法
（出所：税関ホームページ）

申請書を提出し、許可された時には輸入許可日の翌日から起算して3か月以内の納期限の延長が認められます。したがって、たとえば8月10日に輸入許可となった貨物の納期限日は11月10日になります。

② 包括延納方式

包括延納方式とは、ある特定の月の輸入（納税）申告された貨物全体に係る納入期限をまとめて3か月以内に限り延長を認めるものです。たとえば、輸入者が特定月の前月末日までに特定月分の輸入申告をまとめて納入期限を延長したい旨の申請書を提出し許可されれば、特定月末日の翌日から起算して3か月以内で、提供された担保の範囲内で納期限の延長が認められます。したがって、8月10日に輸入許可となった貨物の納期限日は11月30日になります。

なお、消費税および諸税（酒・たばこ・揮発油他）に関しても、徴税事務を合理的に行う見地から、関税と同様の延納制度があります（表4－8参照）。

表4-8 納期限の延長期限

納税申告の区分＼内国消費税の区分	消費税	酒税	たばこ税	揮発油税（地方道路税を含む）	石油ガス税	石油税
「輸入（納税）申告書」により納税の申告をしたもの	3か月以内　包括延納方式による場合には、特定翌日月末日から3か月以内	1か月以内　販売代金の回収に相当期間を要する等の事由がある場合には2か月以内	1か月以内　左記と同様な事由がある場合は、2か月以内	3か月以内	1か月以内	3か月以内
「期限内特例申告書」により納税の申告をしたもの	2か月以内	1か月以内　販売代金の回収に相当期間を要する等の場合に限る。	1か月以内　左記と同様な事由がある場合に限る。	2か月以内		2か月以内
備考	消費税法第51条	酒税法第30条の6	たばこ税法第22条	揮発油税法第13条　地方道路税法第7条	石油ガス税法第20条	石油税法第18条

4.1.10 NACCSによる輸入申告手続

一般的な輸入申告手続は、通関事業者がインターネット、またはNACCS専用回線を利用してNACCSのホストコンピューターに接続することから始まります（図4-10参照）。

申告から許可取得までの手続は、以下の手順になります。

(1)「輸入申告事項呼び出し（IDB）」画面で、B/L番号を入力し、登録されている貨物情報から「輸入申告事項登録（IDA）」に必要な情報を呼び出します。

(2)（IDB）で呼び出した情報を（IDA）で登録します。

具体的には、（IDA）の画面に、申告等の種別（C：輸入申告、N：特例委託輸入申告、S：蔵入承認申請等）、輸入者情報（輸入者法人番号または輸出入者コード、住所、電話番号等）ならびに仕出人情報（仕出人名、住所等）およびその他積載船名、貨物品名、HSコード、個数、重量、インボイス価格および取引条件（CIF、FOB、CFR等）、運賃、保険金額（A：個別保険、E：保険料不明の場合）等の輸入申告に必要な情報を入力して登録します。

(3)（IDB）を行うと、登録した通関業者の申告番号付きの応答画面に、

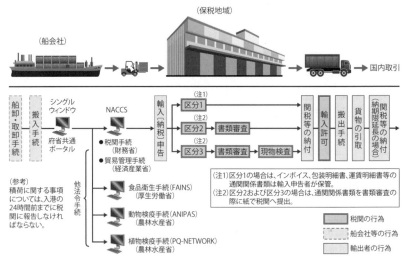

図4-10　NACCSによる輸入通関の流れ

(出所：税関ホームページ)

NACCS が自動計算した関税額等が出力されます。

(4) 通関士が申告内容を審査するために、「通関士審査内容呼び出し（CCB）」画面で呼び出した内容を確認し、「通関士審査結果登録（CCA）」を行います。

なお、通関事業者によっては NACCS での（CCB）や（CCA）を行うのではなく、自社のシステムに登録されている情報を基に内容確認や登録を行っている場合もあります。

(5) （CCA）あるいは社内システムでの確認や登録の後、業務コードと申告番号を入力して「輸入申告（IDC）」を行います。

(6) 輸入申告を受け付けた後、税関は以下のような審査区分の選定を行うとともに、それぞれに合わせた処理を行います。

① 「区分コード1」の簡易審査扱い

以下のような場合は、許可され通関事業者のプリンターに「輸入許可通知書」（付録の資料⑤参照）が出力されます。

1) 徴収されるべき関税等が無い場合
2) 納税すべき関税等が銀行口座振替方式による場合
　口座開設銀行に通知された後、自動的に引き落としが行われます。
3) 納税すべき関税等が直納方式による場合
　通関事業者宛てに納付書が出力され、通関事業者が輸入者に代わり納税を完了した場合。
4) 納税すべき関税等につき納期限延長制度が適用される場合
　・個別延納方式の場合は、個々の申告ごとに納税に関する担保および納期限延長（個別）申請書を提供したとき。
　・包括延納方式の場合は、当該特定月の前月末日までに納税に関する担保および納期限延長（包括）申請書を提供したとき。
　・特例通関による延納の場合は、特例申告書の提出期限内に納税に関する担保および納期限延長（特例申告）申請書を提供したとき。

なお、簡易審査扱いの場合でも許可日から3日以内に「輸入申告控」にインボイス等の必要書類を添付して税関に提出することになっていましたが、2012年7月から原則として他法令の証明や原産地証明書以外の関係書

類の提出は不要となりました。

　また、通関関係書類の電子化およびペーパーレス化促進の一環として、原本の提出を必要としていた原産地証明書等に関しても、2017年10月8日以降は、NACCSの「申告添付登録業務（MSX業務）」を介し、PDF形式等の添付可能なファイルによる提出が可能となりました。

② 「区分コード2」（書類審査扱い）および「区分コード3」（検査扱い）

　「区分コード2」または「区分コード3」に選定された場合、通関事業者は、（MSX業務）で必要書類を税関に提出します。なお、MSX業務とは、インボイス、運送状、保険料明細書等の通関関係書類をPDF等により電磁的な方法で提出することができるNACCSでの申告業務のことです。

(7) 税関は、MSX業務で提出された必要書類を確認した後、「区分コード2」を「区分コード3」に変更した場合、輸入審査区分変更を行います。

(8) 「区分コード3」の場合は、検査の種類に応じて、以下の通知が通関事業者宛に出力されます。

① 現場検査、本船検査、艀中検査：検査通知書
② 検査場検査：検査指定票（運搬用および蔵主用）

また、税関検査は、以下のような方法で行われています。

① 出張検査（現場検査、本船検査、艀中検査）
② 大型X線装置による検査
③ 一部貨物指定検査
④ 全量検査
⑤ 見本検査

　なお、税関検査が行われるのは、当該貨物が申告内容と合致しているか、また他法令等の条件を満たしているか等を確認するためです。

(9) 書類審査および貨物検査の結果、問題がなければ審査終了となり、通関事業者に輸入許可書が出力されます。

　なお、申告内容に基づく処分について不服がある時は、その処分があったことを知った日の翌日から起算して3か月以内に税関長に対して、再調査の請求、または財務大臣に対して審査請求をすることができます。

4.1.11 輸入通関手続の方法

(1) 到着即時輸入許可制度

到着即時輸入許可制度とは、貨物の引取りを急いでいる場合で、かつNACCSを通して輸入申告を行い、到着即時輸入申告扱いのための予備申告を行った貨物のうち、検査不要とされた貨物または書類審査扱いで審査が終了し、①関税等を納付する必要がないとき、②関税等の納付方式が専用口座振替方式、③納期限延長制度が利用されている貨物については、貨物の到着が確認（実際は「搬入届」の提出）され次第、自動的に正規の本申告（輸入申告）が行われ、輸入許可となる制度です（関税法第67条の2第1項第1号、関税法施行令第59条の6第1号、図4-11参照）。

ちなみに、通常の輸入申告でも利用可能な予備審査（予備申告）制度を利用した場合でも書類審査は本船入港前にすでに終了していますが、本申告・許可は貨物が保税地域に搬入された後になります。これに対して、到着即時輸入許可制度では、貨物の到着が確認され次第、輸入許可となる点が異なっています。

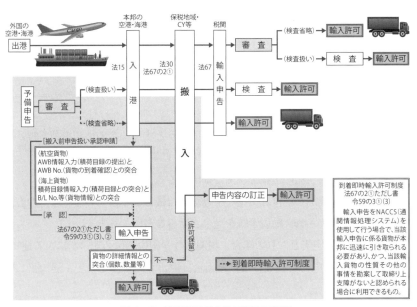

図4-11　到着即時輸入許可制度の概要

この予備申告は、生鮮物や広告掲載商品等の納期が迫っている貨物に関し、貨物が日本に到着する前で、食品届等が未処理の状態であっても、申告書類を事前に税関に提出して審査を受けることができます。予備申告を行うために必要な書類は、予備申告書（輸入（納税）申告書を使用）、インボイス、パッキングリスト、B／Lコピーなどで、輸入申告予定日における外国為替相場が公示され、B／L等が発行された日以降（輸入申告予定日の最大11日前）であれば利用可能です。なお、食品届等の他法令手続は同時並行処理が可能です。

(2) 許可前引取り承認制度（Before Permit：BP）

　輸入しようとする貨物は、原則として輸入許可を受けなければ国内に引き取ることはできません。しかし、貨物の特質や特性により、国内への引取りを急ぐ場合や、あるいは国際展示会等への出品物などのように時間的制約があるような場合には、輸入の許可前に貨物を引き取ることができる制度があります。

　この制度を「許可前引取り承認制度」（関税法第73条）といい、以下のような適用基準に則し、利用することができます。

① 輸入申告の審査に相当の時間を要すると思えるような場合
② 輸入貨物の特質や特性により、引取りを急ぐ理由が認められる場合
③ 特恵関税や経済連携協定等に基づく税率の適用に必要な原産地証明書の提出が遅れる場合（ただし、「原産地証明書の提出猶予」の承認を受けた場合のみ）
④ 税関長が、やむを得ない理由があると認め、許可前引取りを承認した場合

　なお、当該制度を利用して貨物を引き取ろうとする場合の承認申請手続は、「輸入許可前貨物引取承認申請書」（税関様式C第5400号）2通（原本および承認用）に関税相当額の担保を税関に提出することが要件となっています。

　また、関税の確定と納付は貨物を引き取った後となりますので、以下の方法により税額が決定され、納税手続を完了させることになります。

① 税額が輸入申告どおりの場合、税関より「関税納付通知書」による通知
② 税額が輸入申告と異なっていた場合、更正した税額を「更正通知書」による通知

(3) AEO制度に基づく輸入通関手続

AEO制度とは、WCO（世界税関機構）が採択したSAFE（Security and Facilitation in a Global Environment：基準の枠組み）で定められた指針に沿って貨物のセキュリティ管理と法令遵守の体制が整備された事業者に対して、通関手続の緩和および簡素化を提供する制度のことです。

このAEO制度は、2006年に輸出者（特定輸出者制度）を対象にして導入され、その後2007年に輸入者（特例輸入者制度）および保税蔵置場等の被許可者（特定保税承認者制度）、2008年に通関事業者（認定通関者制度）および運送事業者（特定保税運送者制度）、2009年に製造事業者（認定製造者制度）と、現在6つの制度が導入されています。

なお、輸入通関については、以下の2つの制度を利用して、通関手続の特典を享受することができます。

① 特例輸入申告制度

「**特例輸入申告制度**」とは、貨物のセキュリティ管理と法令遵守（コンプライアンス）の体制が整備された者として税関長から認定された輸入者（AEO輸入者）が、NACCSを通して輸入申告を行う場合には、貨物の引取りと納税を分離して通関を行うことができる一方で、以下のようなメリットがあります。

1) 貨物がわが国に到着する前に通関手続が完了（許可取得）すること
2) 輸入申告時の申告項目が削減されること
3) 輸入申告時に納税のための審査・検査が基本的に省略され、さらに税関における審査・検査において、優れたコンプライアンスが反映されることから、通関に要する時間が計算できるため、在庫管理が一層容易になること
4) 保全のため必要と認められる場合を除き、担保の提供を行うことなく納税申告を後日に行うことができること

ただし、**以下に該当する場合には、保全担保の提供が求められます。**

（ⅰ）過去1年間において、過少申告加算税または無申告加算税を課された場合

（ⅱ）過去1年間において、期限後特例申告を行った場合

（ⅲ）直近の決算時（四半期決算を含む）における流動比率が100％を

　　　　　下回り、かつ自己資本比率が30％を下回っている場合
（ⅲ）に該当する場合でも以下に該当する場合は不要です。
　　（a）特定の格付機関から「A」格相当以上の格付けを取得している者
　　（b）四半期決算を行っている者であって、直近の四半期決算時における流動比率が100％を下回っているが、それが二期連続した者でない場合
　　（c）国内に所在する完全親会社が上記（ⅲ）に該当しない場合、または上記（ⅰ）～（ⅱ）のいずれかに該当する場合
5）納税申告を後日まとめて行うことができること
6）輸入通関手続の所要時間が短縮されること
この時の保全担保額の計算の仕方は、以下のとおりです。

保全担保額＝（特例申告貨物の価格×110％）×関税率

　担保額は、前年において輸入した貨物について特例申告により納付した、または納付すべきことが確定した関税等の合計額が最も多い月の合計額、または今後1年間において輸入しようとする貨物について特例申告により納付する見込みの関税等の合計額が最も多いと見込まれる月の合計額のうちいずれか多いほうの額です。
　提供期間は原則として1年間です。提供期間とは、この期間に輸入許可を受けた特例申告貨物に係る関税等を担保するための期間です。
　なお、特例輸入者の輸入実績等を税関が調査した結果、担保金額の変更の必要があると認めた場合、命じた担保金額の変更を行う場合があります。
　また、提供期間の満了時において、担保提供の継続の要否を判断し、提供期間の変更を行う場合があります。
　担保提供命令通知書に記載された提供期間の初日までに保全担保を提供しない場合は、特例申告貨物に係る輸入申告は許可されません。また、特例輸入者の承認が取り消されることがあります（関税法第7条の8、関税法施行令第4条の11、関税法基本通達7の8－1）。
　なお、本制度では、**関税納付は輸入許可を受けた日の属する月の翌月末まで**

にまとめて行えばよく（関税法第7条の2第1項、第2項）、このための関税に関する担保は原則として不要（関税法第7条の8）です。

ところで、貨物が陸揚げ港に到着する前に輸入申告（引取申告）を行い、制度上では輸入の許可も取得できることになっていますが、実質的に輸入が許可された状態（当該貨物を引き取れる状態）になるのは、貨物がCYに搬入されたことが確認された時点（ターミナル・オペレーターが税関に搬入届を提出した時点）となります。それは、承認申請があった貨物と、国内に引き取られる貨物の同一性を確認するためです。さらに、**特例輸入申告では法令遵守が反映されていることから申告時のインボイスの提出や審査・税関検査が省略されている**（関税法第68条第1項かっこ書）**だけでなく、特例申告書にインボイスや原産地証明書を添付する必要はありません。**

② 特例委託輸入申告制度

「**特例委託輸入申告制度**」とは、法令遵守が優れていると税関長が認定した通関事業者（AEO通関事業者）が、一般輸入者から輸入通関手続の委託を受けた際に、特例輸入者（AEO輸入者）と同様、貨物の引取り後に納税申告を行うことができる制度のことです。

輸入しようとする貨物について、輸入申告の要件が整っている貨物を輸入しようとする場合、特例委託輸入者（一般の輸入者）が認定通関事業者に委託し、認定通関事業者がNACCSを使用して輸入申告を行えば、輸入申告と納税申告を分けて、貨物がわが国に到着する前に輸入申告を行うことができ、問題がなければ貨物到着確認後（保税地域に搬入されれば）、輸入の許可を受けることができることから、輸入貨物の一層の迅速かつ円滑な引取りが可能となります。ただし、**輸入申告価格が20万円を超えるものについての特例委託輸入申告では、輸入許可は保税地域搬入後、また申告時に貨物の保全のための担保の提供を通関事業者に求めています**（関税法基本通達第7の8-2-(1)）。

なお、特例委託輸入申告では原則としてインボイスの提出は必要ありません（関税法第68条第1項かっこ書）。

ちなみに、従来の輸入申告、特例輸入申告および特例委託輸入申告の手続の違いは、図4-12、表4-9のとおりです。または輸入申告別フローチャー

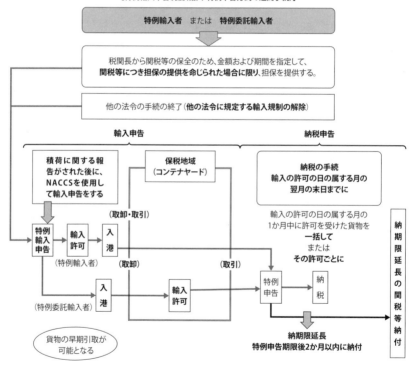

図4-12 特例輸入申告制度
（出所：（上）筆者作成、（下）日本関税協会 通関士養成講座「平成30年 関税法」P.108）

表4-9 一般の輸入通関とAEO輸入通関手続の違い

従来からの輸入通関手続き	AEO輸入通関手続き
① 輸入する貨物を保税地域に搬入した後 ↓ ② 当該保税地域のある場所を所轄する税関長宛に当該輸入貨物の輸入申告 当該貨物に課される関税の納税申告 (審査区分1なら、インボイスの提出は不要) ↓ ③ 当該貨物に関する輸入検査(必要なら) ↓ ④ 関税納付 (3か月以内の納期限の延長を受けることができる) ↓ 輸入許可を受けて、国内への貨物の引取り	1. 輸入申告 ① 輸入する貨物を積載した船舶等が入港する前(貨物の本邦到着前) ↓ ② 輸入地を所轄する税関長宛に、NACCSを使用して当該貨物の輸入申告 (審査区分1なら、インボイスの提出は不要) ↓ ③ 当該貨物の検査 特例輸入者⇒基本的に検査省略 特例委託輸入者⇒必要なら検査 ↓ ④ 輸入の許可を受けて、貨物到着確認後国内引取り ↓ 2. 納税申告(特例申告) ① 一括して、または許可ごとに、 輸入の許可を受けた日の属する月の翌月の月末までに、関税についての特例申告書を作成 ↓ ② 輸入地の税関長に納税申告を行い、関税を納付(2か月以内の納期限の延長を受けることができる)

(出所:日本関税協会『通関士試験の指針』)

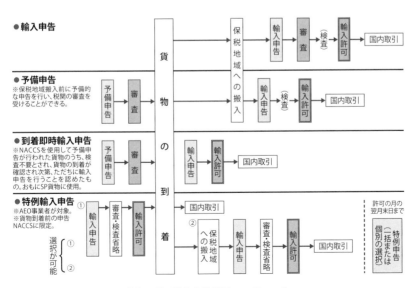

図4-13 輸入申告別フローチャート

トは図4-13のとおりです。

(4) AEO事業者の条件（関税法第7条の5）

下記条件に該当している事業者は、AEO事業者の承認を受けることはできません。

① 関税法その他の国税に関する法律の規定に違反して刑に処せられ、または関税法もしくは国税犯則取締法の規定により通告処分を受け、その刑の執行を終わり、もしくは刑の執行を受けることがなくなった日またはその通告の旨を履行した日から3年を経過していない者。

② ①に規定する法律以外の法令の規定に違反して禁錮以上の刑に処せられ、その刑の執行を終わり、または執行を受けることがなくなった日から2年を経過していない者。

③ 暴力団員による不当な行為の防止等に関する法律（平成3年法律第77号）の規定（同法第32条の3第7項（都道府県暴力追放運動推進センター）および第32条の11第1項（報告および立入り）の規定を除く。以下同じ）に違反し、または刑法（明治40年法律第45号））第204条（傷害）、第206条（現場助勢）、第208条（暴行）、第208条の2第1項（凶器準備集合及び結集）、第222条（脅迫）もしくは第247条（背任）の罪もしくは暴力行為等処罰に関する法律（大正15年法律第60号）の罪を犯し、罰金の刑に処せられ、その刑の執行を終わり、または執行を受けることがなくなった日から2年を経過していない者。

④ 暴力団員による不当な行為の防止等に関する法律第2条第6号（定義）に規定する暴力団（以下この号において「暴力団員」という。）または暴力団員でなくなった日から5年を経過していない者（以下「暴力団員等」という）。

⑤ その業務について①から④までに該当する者を役員とする法人であるとき、またはその者を代理人、使用人その他の従業者として使用する者。

⑥ 暴力団員等によりその事業活動を支配されている者。

⑦ 承認の申請の日前3年間において関税または輸入貨物に係る消費税もしくは地方消費税について、第12条の4第1項もしくは第2項（重加算税）または国税通則法第68条第1項もしくは第2項（重加算税）の規定によ

る重加算税を課されたことがある者。
⑧ 承認の申請の日前3年間において関税または輸入貨物に係る内国消費税（輸入品に対する内国消費税の徴収等に関する法律（昭和30年法律第37号）第2条第1号（定義）に規定する内国消費税をいう。以下同じ）もしくは地方消費税を滞納したことがある者。
⑨ 関税法第7条の12第1項第1号ハ、ニもしくはへまたは第二号（承認の取消し）の規定により第7条の2第1項の承認を取り消された日から3年を経過していない者。
⑩ 承認を受けようとする者が、特例申告を電子情報処理組織（電子情報処理組織による輸出入等関連業務の処理等に関する法律（昭和52年法律第54号）第2条第1号（定義）に規定する電子情報処理組織をいう。以下同じ）を使用して行うことその他特例申告貨物の輸入に関する業務を適正かつ確実に遂行することができる能力を有していないとき。
⑪ 承認を受けようとする者が、特例申告貨物の輸入に関する業務について、その者（その者が法人である場合においては、その役員を含む）またはその代理人、支配人その他の従業者がこの法律その他の法令の規定を遵守するための事項として財務省令で定める事項を規定した規則を定めていないとき。

4.1.12 知的財産権侵害物品に係る輸入通関

輸入通関時に、税関では関税法69条11（輸入してはならない貨物）に基づいて、知的財産権侵害物品の水際での取締りを行っています。取締りの対象となる知的財産権には、商標権（ブランド、サービスマーク等）、著作権および著作隣接権（著作物）、意匠権（工業用デザイン等）、特許権（発明）、実用新案権（考案）、回路配置利用権（集積回路の配置、マスクワーク）の権利があり、次のような輸入差し止め方法があります（図4-14参照）。
① 輸入差止申し立て（商標権、著作権、著作隣接権）
　税関長に対し、自己の権利を侵害する物品の輸入を差し止めるように求める法律上の制度で、権利者に差止貨物を点検する機会があります。
② 輸入差止情報提供（特許権、意匠権、実用新案権、回路配置利用権）

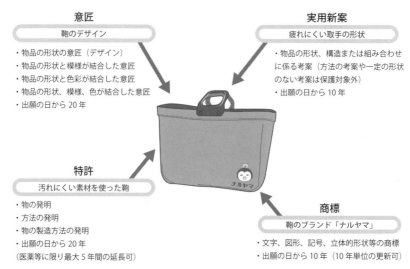

図 4-14　知的財産権の関係
(出所：筆者作成)

　税関長に対し、自己の権利を侵害する物品についての情報（偽物と本物の識別情報）を提供する運用上の制度で、権利者に差止貨物を点検する機会はありません。

　知的財産権に係る貨物に関しては、先行サンプル等による事前教示制度はありません。なぜなら、サンプルと輸入貨物が異なる場合や指摘された箇所を作り変えて輸入される恐れがあるためです。また、「輸入差止申立・輸入差止情報提供」の有無の確認方法については、関税週報に権利の種別、権利の内容、侵害物品の品名、有効期間、申立者（連絡先）等が公表され、掲載されています。

　なお、特許権、意匠権については、"TRIPS 協定[2]" があり、輸入差止制度を導入する場合には、一定期間経過後、輸入者が権利者を保護するために十分な担保を提供することを条件に差止貨物を開放する制度（開放金制度）を併せ

2　1995 年に発効した TRIPS（Agreement on Trade-Related Aspects of Intellectual Property Rights）協定は、知的財産権全般（著作権および関連する権利、商標、地理的表示、意匠、特許、集積回路配置、非開示情報）の保護をする協定で、WTO の紛争解決手続きを用いることができます。

て導入することとされています（権利者が合理的な期間内に訴えを提起しない時は、提供された担保は解除されます）。

日本では、現在特許権、意匠権、実用新案権、侵害物品について、輸入差止制度の対象として、開放金制度が導入されています。

4.1.13　保税転売

輸入申告は、本来売主が発行したインボイス上のConsignee名で行われるのが一般的ですが、貨物が保税転売され、インボイス上のConsigneeとは異なる者が輸入申告を行うことも可能です。この場合には、輸出者から送付されてきた当該の申告書類に加え、輸入者（インボイス上のConsignee）と輸入申告者との関係を示す売買契約書、譲渡証明書等（転売場所を明確に記すこと）を添付すれば、第三者名義でも輸入申告は可能となります。ただし、食品届等の他法令絡みの申請名義人は輸入申告者となります。なお、薬事法絡みの保税転売は認められていません。

また、貨物が日本に到着する前の航海途上で、船荷証券等を引き渡すことで権利譲渡する「洋上転売」という方法もあります。

4.1.14　動・植物および食品等の通関手続

(1) 動物およびその産品の輸入

家畜伝染病予防法の規定により、特に指定された牛、豚、めん羊、山羊、馬、家禽等の動物およびその産品（ハム、ソーセージ、ベーコン他を含む肉、臓器等の指定検疫物）、穀物のわら、飼料用の乾草等の輸入は、同予防法施行規則で指定された港・空港に限定され、かつ同港の動物検疫所に「検査申請書」を提出し、輸入した状態で家畜防疫官の検査を受け、検疫についての指示を受ける必要があります（家畜伝染病予防法第37条および第40条、同法施行規則第45条）。

この検査申請書提出の際には、家畜の伝染性疾病の病原体を広げる恐れがない旨を証明した**輸出国政府機関発行の「検査証明書（Health Certificate）」を添付**する必要があります。

検査の結果問題がなければ「輸入検疫証明書」が交付されますから、これを

添付して輸入申告を行います。

　検査の結果、不合格となった場合には、貨物の廃棄、くん蒸などの措置が命じられ、そのとおりの措置を講じた結果、家畜の伝染性疾病の病原体を拡散する恐れがないと認められれば、「輸入検疫証明書」が交付され、前述の方法により輸入通関手続をとります。

　ちなみに、「輸入動物検査手続電算処理システム（ANIPAS）」はNACCSによる申請が可能となっています。

　なお、2017年11月１日から、従来の動物検疫の対象であった生乳に加えて、乳、脱脂乳、クリーム、バター、チーズ、練乳、粉乳、乳を主原料とするモノ（飼料・ペットフードを含む）が新たに検疫対象になりました。

(2) 植物およびその容器、包装の輸入

　植物防疫法により指定された植物およびその容器、包装の輸入については、その輸入できる場所が、農林水産省令で定められた港および空港に限られ、農林水産省の植物防疫所（出張所も含む）のあるところと定められており、輸出国政府機関発行の「検査証明証（無害証明書）」が添付されていないと輸入申告はできません（植物防疫法第６条）。

　これら検査が必要な貨物を輸入した時は、入港後遅滞なく、輸出国政府発行の検査証明書を添付して「植物輸入検査申請書」を所轄の植物防疫所に提出し、当該品については現状のままの状態で植物防疫官の検査を受ける必要があります（植物防疫法第８条）。

　この検査は、農林水産省令で定める港および空港で行われ（図４-15参照）、検査の結果、病害虫が発見されなければ、植物検査合格証明書が発行されます（植物防疫法第９条４項）。

　もし、不合格のときは、その植物および容器、包装のくん蒸もしくは廃棄が命ぜられ（植物防疫法第19条）、定められた方法でくん蒸を行った結果、合格すると「植物検査証明書」が交付されます。

　「検査合格証明書」または「輸入認可証明書」を受けたら、これを添付して輸入申告を行います。ただし、次の貨物は、農林水産大臣の許可を受けた場合を除き、輸入が禁止されています（植物防疫法第７条）。

　① 省令で定める地域から発送され、または当該地域を経由した植物で省令

図 4-15　検疫風景
(出所：筆者撮影)

　に定めたもの
② 検疫有害植物
③ 土または土の付着する植物
④ 前各号に掲げるものの容器・包装

　なお、1997 年 4 月より「輸入植物検査手続電算処理システム（PQ-NETWORK）」が稼動し、NACCS を媒介とした検査申請が可能となっています。

(3) 食品の輸入

　販売用または営業上使用する食品、添加物、器具および容器、包装等を輸入する場合は、食品衛生法に基づき、本船の入港後ただちに所轄の食品衛生監視事務所を通じて、厚生労働大臣宛にその食品名、数量、陸揚港、保管場所などを記載した「食品等輸入届出書」（食品届）を提出し、食品衛生監視事務所は、この届出により輸入食品の検査を行います。検査対象は次のとおりです（食品衛生法第 6 条）。

① 腐敗もしくは変敗したもの、または未熟であるもの
② 有毒な、もしくは有害な物資が含まれ、または付着しているもの
③ 病原微生物により汚染され、またはその疑いがあり、人の健康を害う怖れがあるもの
④ 不潔、異物の混入または添加により、人の健康を害う怖れがあるもの

　食品衛生監視員は、届出に基づき必要と認めた貨物を検査し、問題があれば廃棄または必要な処置を命じ、処置後合格であれば輸入は認められます（食品

衛生法第27条)。輸入申告に際し、申告書に食品衛生監視員から交付された検査不要／検査合格の押印のある届書を添付して税関に申告する必要があります。

　ちなみに、1997年2月から厚生労働省各検疫所に導入された「輸入食品監視支援システム（FAINS）」と税関のNACCSが接続され、NACCS端末から食品等の輸入届出手続が可能となっています。

　もの（とくに食品）によっては、届出受理に際しては事前に海外から到着した未通関・未開封貨物（通関済貨物は不可）により厚生労働省指定の検査機関で自主分析検査（有効期間は6か月～1年）を行い、分析証明書を入手しておくと、到着した現物貨物による分析検査結果を待つ必要なく、時間が短縮できることがあります。本届出申請は、本船入港前にも申請可能です（ただし、受理は本船搬入届提出後）。

　なお、「動物検疫・植物検疫関連業務システム」と「輸入食品監視支援システム（FAINS）」は、2013年10月からNACCSに統合されています。

4.1.15　収容・領置・差し押え

　わが国に到着した外国貨物で通関手続が行われず、引き取られないまま法が定める期間を過ぎても、なお、蔵置されたままの場合は、保税地域の利用についての障害を除き、または関税の徴収を確保するため、関税法第80条の規定により、税関は強制的に当該貨物を占有することができます。これを「**貨物の収容**」といいます（関税法第80条)。

　なお、蔵置期間は、すでに記したとおり保税地域の種類により違いがあります。

　① 指定保税地域

　　搬入してから1か月（関税法第80条第1項1号）

　② 保税蔵置場

　　最初に搬入した日から3か月（関税法第43条の3第1項)、その後、蔵入を認められた日から2年（関税法第43条の2第1項）

　③ 保税工場

　　最初に搬入した日から3か月（関税法第43条の3第1項)、その後、移入

承認されてから２年（関税法第57条）

④ 総合保税地域

最初に総保入した日から３か月（関税法第43条の３第１項）、その後、総保入承認されてから２年（関税法第62条の９）

税関により**収容された貨物**は、関税法の定めに従ってはいないものの罪を犯しているわけではないため、図４-16の**貨物収容解除承認申請**（税関様式Ｃ第6010号）の**提出および収容課徴金を納めることで貨物を解除（返還）**してもらうことができます。しかし、**収容された日から４か月を過ぎてもなお収容状態の場合、税関長は公告した後に当該貨物を公売に付すことができる**と、関税法第84条第１項で規定しています。

また、税関が、犯則事件を調査するために必要があると認める場合は、犯則被疑者が所持、あるいは置き去った貨物を留め置くことができるとされています。これを「**領置**」といいます（関税法第119条第１項）。

さらに、税関は、犯則事件を調査するために必要があるとき、その所轄官署の所在地を管轄する地方裁判所、または簡易裁判所があらかじめ発した許可状により、当該貨物を**差し押え**ることができます（関税法第121条第１項）。

税関様式Ｃ第6010号

収容貨物解除承認申請書

令和　年　月　日

税関長殿

申請者

住所

氏名（名称及び代表権者の氏名）　㊞

（署名）

収容された年月日＿＿＿＿　収容の際あった場所＿＿＿＿

※収容番号＿＿＿＿　※現在ある場所＿＿＿＿

貨物の明細					収容課金の計算						
記号番号	品名	立法メートル	個数	数量	立法メートル	重量	※収容期間	※収容課金率	※収容課金額	※運搬費	※その他諸費
※解除番号＿＿＿＿								※計			
※解除年月日＿＿＿＿								※合計			

（注）1. 申請者欄には、原則として収容の際の貨物所有者の住所及び氏名を記載の上、押印又は署名のいずれかを選択することができます（法人においては、法人の住所及び名称並びにその代表権者の氏名を記載の上、法人又は代表権者の押印若しくは代表権者の署名のいずれかを選択）。
2. この申請書は２通提出して下さい。
3. この申請書には収容された貨物の引取りが確実であることを証する書類（輸入許可書、積戻し許可書、運送承認書等）及びその収容の際質権又は留置権を有している者がある場合は、収容解除について質権者又は留置権者の承諾書を添付しなければなりません。
4. ※印は税関において記載します。
5. この申請書を税関に提出し税関において収容課金額の計算を了したときは申請者はその収容課金に相当する収入印紙を裏面上部にはり付けて下さい。

（規格Ａ４）

図４-16　貨物収容解除承認申請（税関様式Ｃ第6010号）

（出所：税関ホームページ）

4.1.16 再輸入手続

海外での見本市出展等のために日本から輸出された製品、クレーム等のために日本に積み戻されてきた商品の再輸入に際しては、日本から輸出したことが証明（輸出許可書および輸出時のインボイス等）できれば、輸入時の関税は免除されます。ただし、この場合には、必ず税関検査となります（関税法第10条の10）。

また、再輸入されることを前提に輸出される製品等は、輸出申告時のインボイスにシリアル番号や写真を添付し、税関の確認を輸出時に受けておくことが必要です。再輸入時に、これらの書類と現物照合によって、日本から輸出されたことが確認できれば、輸入関税は免除されます。

4.1.17 違約品の輸出

関税を納付して輸入した貨物の品質等が契約内容と相違（違約）するために、または国内法令により販売等が禁止されるに至ったために、その貨物を輸出、または輸出に代えて廃棄する場合には、定率法第20条1項または2項に基づいて納付した関税が還付されます。

ただし、関税還付を受けるための条件は、下記のとおりです。

① 契約の内容と相違するために、または輸入後に国内の法令（これによる処分を含む）により、その販売もしくは使用が禁止されるに至ったため、輸出（違約品の場合は、返送のための輸出に限る）し、または輸出に代え、廃棄することがやむを得ないと認められること。
② 輸入の時の性質および形状に変更を加えないで、輸入許可日から6か月以内（とくに税関長の承認を受けた時は1年以内において税関長が指定する期間）に保税地域（他所蔵置の許可を受けた場所を含む）に搬入されること。
③ 輸出し、または税関長の承認を受けて廃棄すること。

4.2 輸入申告時のトラブル事例

輸入申告時のトラブルとしては、下記のような事例があります。

① 船積書類（インボイス・パッキングリスト・B/L・海外の請求書他）の未

着

通関では、インボイスやパッキングリスト等は必要ですが、現在はPDFやFAXコピーも認められています。

② インボイス上の取引条件（トレードターム：Trade Term）や使用通貨の不明確さ

輸入関税の課税基準はCIFですが、インボイスがときどき不明瞭な場合があります。また、通貨単位に関しても、単にドルだけでは、US$またはS$等はっきりしません。明確に記す必要があります。

③ 書類の不明確さ

送付されてきた書類の一部の不備・汚れ・薄い・一部欠落等している場合があります。

④ オリジナル書類の未着

動・植物検疫証明書、GSP Form A等は通関時に原本が必要ですが、原本が未着で通関が遅れる場合があります。

⑤ 無償貨物の場合、金額が未記載

"No Commercial Value"の貨物（無償貨物）は決済を要しないため、通関は不要と考え、インボイスに金額が記載されていない場合があります。無償貨物であっても、輸入通関は必要なため申告価格は必要になります。

⑥ 計算間違い

インボイス上の計算が間違っている場合があります。

⑦ 適用税番が不明

課税額を決定するためにはHSコードを決定する必要がありますが、貨物明細が不明なため、このコード決定ができない場合があります。

⑧ B／Lと船積書類の不一致（個数・重量他）

インボイスとパッキングリストや船荷証券（B／L）等との個数、マーキング等の不一致など、さまざまなケースがあります。

また、輸出者が書類に記載されていないサンプル見本やサービス品などを、勝手にコンテナに積み込んでいる場合もあります。

⑨ 曖昧な原産国表示

複数の国からの原材料等を調達して加工・組立等を行った場合、原産国が

はっきりしない場合があります。

⑩ 意匠権と商標権

　知的財産権との関係から、輸入が認められていない貨物は輸入することはできません。

⑪ 正規並行品としての証明（正規品として買付けた旨の証明書）

　海外で買い付けた正規品（ブランド品等）であっても、正規ルートで買い付けた旨の証明書がないと偽物とみなされ、輸入できません。

第 5 章　特恵関税と原産地規則

5.1　特恵関税とは何か

　第4章4.1.7関税率の④特恵税率でも記しましたが、わが国における特恵関税制度は、国際連合貿易開発会議（UNCTAD）での合意に基づき、先進国が開発途上国の輸出所得の増加と工業化の促進への寄与を目的として制定され、1971年8月から実施されているもので、2011年4月1日の改正で、2021年3月31日まで10年適用が延長されています。
　特恵関税の適用が認められるためには、次の要件を満たす必要があります。
① 特恵受益国または特恵受益地域の原産品であること
② 特恵対象物品であること
③ 特恵関税の適用が停止されていないこと
④ 原則として、適正な原産地証明書の提出があること
⑤ 原則として、日本向けに直接運送されたものであること
また、特恵関税の供与を認めるための要件は、
① 経済が開発の途上にあること
② 関税について、特別の便益を受けることを希望していること
③ 特別の便益を与えることが適当と認められること
④ 原則として、適正な原産地証明書の提出があること
⑤ 原則として、日本向けに直接運送されたものであること
また、特恵関税の供与を認めるための要件は、
① 経済が開発の途上にあること
② 関税について、特別の便益を受けることを希望していること
③ 特別の便益を与えることが適当と認められること
です。2019年4月1日現在の特恵関税の対象国または特恵受益地域は128か国5地域（特別特恵受益国（LDC）46か国）が対象となっています。（表5－1参照）

表 5-1 特別関税対象国一覧表（2019年4月1日）

番号	国名または地域	番号	国名または地域
1	アゼルバイジャン	36	グレナダ
2	アフガニスタン*	37	ケニア
3	アルジェリア	38	コートジボワール
4	アルゼンチン	39	コスタリカ
5	アルバニア	40	コソボ
6	アルメニア	41	コモロ*
7	アンゴラ*	42	コロンビア
8	イエメン*	43	コンゴ共和国
9	イラク	44	コンゴ民主共和国*
10	イラン	45	サモア
11	インド	46	サントメ・プリンシペ*
12	インドネシア	47	ザンビア*
13	ウガンダ*	48	シエラレオネ*
14	ウクライナ	49	ジブチ*
15	ウズベキスタン	50	ジャマイカ
16	エクアドル	51	ジョージア
17	エジプト	52	シリア
18	エスワティニ	53	ジンバブエ
19	エチオピア*	54	スーダン*
20	エリトリア*	55	スリナム
21	エルサルバドル	56	スリランカ
22	ガーナ	57	赤道ギニア
23	カーボヴェルデ	58	セネガル*
24	ガイアナ	59	セルビア
25	カザフスタン	60	セントビンセント
26	ガボン	61	セントヘレナおよびその附属諸島地域
27	カメルーン	62	セントルシア
28	ガンビア*	63	ソマリア*
29	カンボジア*	64	ソロモン*
30	ギニア*	65	タジキスタン
31	ギニアビサウ*	66	タンザニア*
32	キューバ	67	チャド*
33	キリバス*	68	中央アフリカ*
34	キルギス	69	チュニジア
35	グアテマラ	70	ツバル*

5.1 特恵関税とは何か

71	トーゴ*	103	ベリーズ
72	トケラウ諸島地域	104	ペルー
73	ドミニカ	105	ボスニア・ヘルツェゴビナ
74	ドミニカ共和国	106	ボツワナ
75	トルクメニスタン	107	ボリビア
76	トルコ	108	ホンジュラス
77	トンガ	109	マーシャル
78	ナイジェリア	110	マケドニア旧ユーゴスラビア共和国
79	ナミビア	111	マダガスカル*
80	ニウエ	112	マラウイ*
81	ニカラグア	113	マリ*
82	ニジェール*	114	ミクロネシア
83	ネパール*	115	南アフリカ共和国
84	ハイチ*	116	ミャンマー
85	パキスタン	117	モーリシャス
86	パナマ	118	モーリタニア*
87	バヌアツ*	119	モザンビーク*
88	パプアニューギニア	120	モルディブ
89	パラオ	121	モルドバ
90	パラグアイ	122	モロッコ
91	バングラデシュ*	123	モンゴル
92	東ティモール*	124	モンテネグロ
93	フィジー	125	モントセラト地域
94	フィリピン	126	ヨルダン
95	ブータン*	127	ヨルダン川西岸およびガザ地域
96	ブルキナファソ*	128	ラオス*
97	ブルンジ*	129	リビア
98	米領サモア地域	130	リベリア*
99	ベトナム	131	ルワンダ*
100	ベナン*	132	レソト*
101	ベネズエラ	133	レバノン
102	ベラルーシ		

特恵受益国および地域133か国（128か国・5地域）
＊は特別特恵受益国（LDC）46か国

表 5-2　2019年度に卒業基準＊により卒業した国

	GNI/C 対象年 （世銀統計公表年）	2014（2016）	2015（2017）	2016（2018）
	高中所得基準	＄4,126以上〜 12,735以下	＄4,036以上〜 12,475以下	＄3,956以上〜 12,235以下
	輸出額割合基準 （当該国輸出額／全 世界輸出額）％	1％以上	1％以上	1％以上
対象国	中国	＄7,400	＄7,900	＄8,250
		12.30%	13.80%	13.20%
	メキシコ	＄9,870	＄9,710	＄9,040
		2.10%	2.30%	2.30%
	タイ	＄5,780	＄5,720	＄5,640
		1.20%	1.30%	1.40%
	マレーシア	＄11,120	＄10,570	＄9,860
		1.20%	1.20%	1.20%
	ブラジル	＄11,790	＄9,990	＄8,840
		1.20%	1.20%	1.20%

＊3年連続して、世銀統計の「高中所得国」以上に該当し、かつ、世界の総輸出額に占める当該国の輸出額の割合が1％以上である国。
※1人当たり国民総所得と輸出額シェアの数字は、それぞれ以下の統計による。
・1人当たり国民総所得：世界銀行 "Gross national income per capita (Atlas method)"
・輸出額のシェア：WTO "World Trade Statistical Review (Chapter IX)"
　（2014年分は、WTO "International Trade Statistics (Table I.7)" による）

なお、2019年4月1日から、中国、メキシコ、タイ、マレーシア、ブラジルの5か国は先進国並みの経済発展を遂げた国として、「全面特恵適用除外措置（いわゆる「全面卒業」）」および「部分特恵適用除外措置（いわゆる「部分卒業」）」の制度により除外されています（表5-2参照）。

また、特別関税受益国のうち、国連総会の決議により、後発開発発展途上国とされている国で、特別関税の便益を供与することが妥当と認められている国（特別特恵関税受益国：LDC）が46か国あります。これが、特別特恵関税対象国です。

5.2　特恵関税の対象品目

農水産品と鉱工業産品の2つに区分して、次の方式で管理しています。

5.2 特恵関税の対象品目

表5-3 特恵供与方式の概要

特恵対象国	特恵受益国（地域）		特別特恵受益国
品目区分	農水産品	鉱工業産品	農水産品・鉱工業産品
特恵対象物品	一般特恵関税対象品目（暫定法別表第2）	一般特恵関税対象品目（除、暫定法別表第4および別表第5）	暫定法別表第5に掲げた品目および一般特恵関税対象品目の無税品目を除く、すべての品目
特恵税率	一般特恵税率 一般税率の5%〜100%引下げ	一般特恵税率 原則：無税 例外（別表第3）：一般税率の20%、40%、60%、80%	無税
特恵停止要件	エスケープ・クローズ方式		

（注）暫定法別表3…一般税率に対する係数表
　　　暫定法別表4…特恵関税例外品目表
　　　暫定法別表5…特別特恵関税例外品目表

(1) 農水産品（HSコード：第1類から24類まで）（暫定措置法第8条の2第1項第1号）

対象品目約2,300品目（うち有税品約1,900品目）中の暫定措置法別表第2に掲げる約400品目を選定し、その品目に対して特恵関税が供与されています。（ポジティブ・リスト方式）

また、特別特恵受益国の産品については、特別特恵関税例外品目（暫定措置法別表第5）に定められた品目以外の約160品目について無税となっています。

なお、当該特恵税率は、わが国の農水産業に及ぼす影響等を考慮して品目ごとに暫定措置法別表第2の税率を設定していますが、そのことにより実質的に被害が発生したり、あるいはその恐れがある場合は、わが国の農水産業を保護するために特恵関税の停止を定めたエスケープ・クローズを発動することができるとされています。

(2) 鉱工業産品（HSコード：25から76類までおよび78から97類まで）

対象品目約7,000品目（うち有税品約4,200品目）中、国内産業の事情から適用することが困難とされる暫定措置法別表第4（革製品、履物類他）および別表第5（石油製品、合板他）に掲げる品目（ネガティブ・リスト方式）を除く約3,150品目に対して特恵関税が供与されています。

また、特別特恵受益国の産品については、特別特恵関税例外品目（暫定措置

法別表第5）に定められた品目以外の約50品目について無税となっています。

なお、わが国産業の実情等からみて暫定措置法別表第3に特定される品目については、実行税率に同表に定める係数（0.2、0.4、0.6、0.8）を乗じた税率となっているとともに、特恵税率を適用としたことにより実質的にわが国の産業に被害が発生したり、あるいはその恐れがある場合は、わが国の農水産業を保護するために特恵関税の停止を定めたエスケープ・クローズを発動することができるとされています（表 5-3 参照）。

5.3　経済連携協定との関係

わが国と経済連携協定（EPA）を締結しているシンガポール、メキシコ、マレーシア、チリ、タイ、インドネシア、フィリピン、ベトナム、インド、ペルー、オーストラリア、モンゴル、ASEAN 諸国、TPP11、EU を原産地とする物品については、経済連携協定税率（EPA 税率）を適用することになっていますので、同協定を適正に実施するするために、特恵対象物品のうち、EPA 税率が特恵税率と同じか、または特恵税率より低いものについては特恵関税に代わって、EPA 税率が適用されます（暫定令第25条第 2 項第 4 号、第 5 号、財務省告示（2007年第134号第 1 号（二））。なぜなら、EPA 税率に係るセーフガード措置、原産地の認定および原産地証明書の発給等に関し、特恵関税の場合と異なった取扱いを行う必要があるからです。

ただし、日 ASEAN 包括的経済連携協定（AJCEP）の締約国のうち、特別特恵受益国であるカンボジア、ラオス、ミャンマーについては、EPA 税率と特恵税率が併存し、いずれかを適用できることになっています（暫定令第25条第 2 項第 5 号）。

5.4　原産地規則

5.4.1　原産地規則とは

輸入しようとするモノの関税額は、当該物品にどの関税率を適用するかによって変わってきます。どの種類の関税率が適用できるのか、あるいはできないのかは輸入しようとするモノの原産地がどこであるかによって、その適用税率の可否が決まる場合があります。とくに EPA 税率などのように、二国間協

定により定めた特恵税率を適用する場合には、協定締結国の原産品であることが必須となっています。

　農産物、動植物、鉱物資源等の天然産品のように、協定締約国内で完全に生産されたモノであれば原産地を決定することは容易ですが、工業製品などのように複数の国から輸入した原材料の加工、組立、製造等を行い、複数の国が関与して生産されたモノもあります。このような場合に、いずれの国を原産地とするのかを決定するためのルールとして、「原産地規則（Rule of Origin）」が設けられています。

　原産地規則は、特恵関税を適用するための「特恵原産地規則」と、WTO 協定税率を適用するための「非特恵原産地規則」があります。また、「特恵原産地規則」は、EPA 税率を適用するための規則と、一般特恵税率（GSP）を適用するための規則（認定基準）に大別されます。

　なお、GSP Form A の 8.Origin Criterion に、原材料がすべて輸出国の物を使用している場合は "P"（Processing の略）で、原材料に一部輸入品（加工品）を使っている場合は "W"（Working の略）で表記されており、特恵関税が無条件で使用できるかどうかはタリフコードによります（"W" の場合は、すべて適用できるわけではありません）。

5.4.2　特恵関税の原産地規則（原産地認定基準）
（1）一般特恵関税（GSP）の原産地規則（原産地認定基準）
　一般特恵関税は、わが国が発展途上国に対し、一般より低い税率を適用する制度のため、その原産地規則は次の（2）で後述する EPA 税率のように、協定締結国との間で定めたものではなく、わが国の国内法で以下の 2 つの基準で規定されています。

　① 完全生産品

　　基本的な考え方は（2）で後述する EPA の完全生産品と同じですが、具体的には、暫定措置法施行規則第 8 条で以下のように定めています。

　　一　一の国又は地域（法第八条の二第一項又は第三項に規定する国又は地域をいう。以下同じ）において採掘された鉱物性生産品

　　二　一の国又は地域において収穫された植物性生産品

三 一の国又は地域において生まれ、かつ、成育した動物（生きているものに限る）
四 一の国又は地域において動物（生きているものに限る）から得られた物品
五 一の国又は地域において狩猟又は漁ろうにより得られた物品
六 一の国又は地域の船舶により公海並びに本邦の排他的経済水域の海域及び外国の排他的経済水域の海域で採捕された水産物
七 一の国又は地域の船舶において前号に掲げる物品のみを原料又は材料として生産された物品
八 一の国又は地域において収集された使用済みの物品で原料又は材料の回収用のみに適するもの
九 一の国又は地域において行なわれた製造の際に生じたくず
十 一の国又は地域において前各号に掲げる物品のみを原料又は材料として生産された物品

なお、「一の国又は地域の船舶」とは、船舶が特恵受益国に登録され、当該受益国の国旗を掲げて航行し、船長および高級船員がすべて当該受益国の国民で構成されている等の要件を充たす必要があります（暫定法基本通達8の2-3）。

② 実質的変更基準を満たす産品

当該特恵受益国以外の国の非原産材料に加工、またはそれを基に製造を行い、実質的な変更を加えて生産した物品も完全生産品と同様に原産品とされます。実質的な変更を加えるとは、暫定措置法施行規則第9条において、特恵税率の適用を受けようとする輸入品の該当するHSコードの項（4桁）が、その生産に使用された非原産材料のHSコードの項（4桁）と異なる加工、または製造によることとされています。

ただし、同規則同条関係別表に掲げられた物品（関税定率法別表の番号の欄で指定された物品）については、同表で規定された「原産品としての資格を与えるための条件」を満たしている場合に限ります。

また、上記の基準を満たしている場合であっても、暫定措置法施行規則第9条第1項後文ただし書きにおいて、輸送や保管等のための単なる作業（選

別・包装・仕分・ラベル貼り等）に該当する場合は、実質的変更基準を満たす産品とは認められないと定められています。

(2) EPA（経済連携協定）の原産地認定規則（原産地認定基準）

当該協定に基づく原産地認定基準は、協定締結国との間で決定されるため、わが国と EPA を締結しているすべての国が同じ認定基準というわけではありません。ただし、以下の3つが共通する基本的な認定基準とされています。

① 完全生産品

協定締結国1か国で完結（生産・育成・採取）された産品で、農水産品（動植物・魚介類等）および鉱物資源など。

② 原産材料のみからなる産品

協定締結国の原産材料のみを使用し、協定締結国で完全に生産された産品ではあるが、原産材料を生産するための材料の一部が第三国のもの（非原産材料）である場合。

③ 実質的変更基準を満たす産品

協定締結国が第三国の材料（非原産材料）を使用して生産した産品であっても、その産品が元の材料から大きく変化している場合は協定締結国の原産品として認める、という考え方によるもの。

また、第三国の材料（非原産材料）が大きく変化することを「実質的変更」といい、当該変更の判断基準を「実質的変更基準」といいます。

なお、当該変更基準は、品目ごとに異なるため「品目別規制」として EPA の付属書が作成されており、わが国においては、以下の3つの基準によるか、あるいは組合せによる方法が採用されています。

1)「**関税分類変更基準**」(Change in Tariff Classification Rule：**CTC ルール**) に則する方法

第三国から輸入した材料の HS コードと、その材料から生産された産品の HS コードが、一定以上変更した場合に実質的変更が行われたとして、協定締結国の原産品とする方法。

2)「**付加価値基準**」(Value Added Rule：**VA ルール**) に則する方法

第三国から輸入した材料（非原産材料）が、協定締結国での加工によって、一定以上の価値が付加された場合に実質的変更が行われたとして、協

定締約国の原産品とする方法。

また、一定以上の付加価値の計算方法として、以下の3つの計算式があり、使いやすいものを選択することができます。

(ⅰ) 控除方式

協定締結国の原産品価格から、第三国の非原産材料の価格を差し引く方式です。具体的には、原則として、原産品のFOB価格から非原産材料のCIF価格を差し引いた値を原産品FOB価格で割り、協定締約国間で定められた割合以上であれば協定締約国の原産品とする考え方で、通常原産品の価格割合（**付加価値基準**）はほとんどの協定で40%が基準とされており、これ以上であれば協定締結国の原産品と考えられています。

$$原産品割合 = \frac{原産品FOB価格 - 非原産品CIF価格}{原産品FOB価格} \times 100$$

なお、スイスとの経済連携協定では、原産品のFOB価格ではなく、EXW価格としています。

また、原産品割合の呼称については、締約国や地域によって以下のような違いがあります。

・メキシコ・ASEAN経済連携協定（Regional Value Content：RVC）
・ベトナム経済連携協定（Local Value Content：LVC）
・スイス経済連携協定（Value of Non-originating Materials：VNM）

(ⅱ) 積上げ方式

使用した原産材料や生産コストを積み上げていく方法で、各協定締約国との間で定めている原産割合を超えるまで加算していく方式。たとえば、原産割合に達していない場合は、原産材料の使用比率を上げたり、生産コストを増やしていくやり方。

(ⅲ) 非原材料費から割り出す方式

原産品FOB価格に含まれる非原産材料（加工や輸送費および利益等を含む）の割合を確認することで、各協定締約国との間で定められた原

産国における付加価値を確認する方式。

3）加工工程基準（Special Process Rule：SP ルール）に則する方法

非原産材料に実質的な加工をした後でも HS コードが変わりにくく、CTC ルールの要件では適用しづらい場合、主要な製造作業や技術的な加工が施されたかどうかによって判別する方法。

たとえば、繊維製品や化学製品は、かなりの加工を行ったとしても、HS コードが一定以上変わらないことがあります。

なお、このルールは、CTC ルールや VA ルールを適用することが難しい特定の品目に限定されたものとなっています。

5.4.3 非特恵原産地規則（WTO 協定税率の原産地基準）

当該規則は、WTO 加盟国が WTO 原産地規則協定に基づき、それぞれで策定しています。なお、わが国においては、関税法施行令第 4 条の 2 第 4 項で以下のように定めています。

一　一の国又は地域において完全に生産された物品として財務省令で定める物品

二　一の国又は地域において、前号に掲げる物品以外の物品をその原料又は材料の全部又は一部としてこれに実質的な変更を加えるものとして財務省令で定める加工または製造により生産された物品

また、その原産品の基準は、以下の 2 つが定められています。

① 完全に生産された物品

基本的に特恵関税（GSP および EPA）の原産地規則と同様ですが、関税法施行規則第 1 条の 6 に「完全に生産された物品の指定」として、以下のように定められています。

一　一の国又は地域（その大陸棚を含む）において採掘された鉱物性生産品

二　一の国又は地域において収穫された植物性生産品

三　一の国又は地域において生まれ、かつ、成育した動物（生きているものに限る）

四　一の国又は地域において動物（生きているものに限る。）から得られ

た物品
五　一の国又は地域において狩猟又は漁ろうにより得られた物品
六　一の国又は地域の船舶により公海並びに本邦の排他的経済水域の海域及び外国の排他的経済水域の海域で採捕された水産物
七　一の国又は地域の船舶において前号に掲げる物品のみを原料又は材料として生産された物品
八　一の国又は地域の船舶その他の構造物により公海で採掘された鉱物性生産品（第一号に該当するものを除く）
九　一の国又は地域において収集された使用済みの物品で原料又は材料の回収のみに適するもの
十　一の国又は地域において行われた製造の際に生じたくず
十一　一の国又は地域において前各号に掲げる物品のみを原料又は材料として生産された物品

② 実質的な変更を加える加工または製造

　この基準も特恵関税（GSP および EPA）の原産地規則と同様で、輸入品が該当する HS コードの項（4桁）が、その生産に使用された非原産材料の HS コードの項（4桁）と異なる加工、または製造によることとされています。

5.4.4　自国関与品の特例扱い

　日本から輸出された物品を1か国または地域の完全生産品とみなして、5.4.1の原産地規則および5.4.2の原産地認定基準を適用するもので、その輸入する物品を**自国関与品**といいますが、日本の産業に影響を及ぼす恐れがあるものとして「暫定令別表第2に掲げる物品」については、例外として、自国関与品の特例扱いは適用されません（繊維製品・毛皮製品等）。この場合の原産国は、日本から輸出された物品を非原産国産品として、5.4.2の実質加工品に関する認定基準に基づき原産地が認定されることになります。

　自国関与品の原産地は、次により認定されます（暫定令第26条第2項）。
① 一か国または地域において、本邦から輸出された物品のみを原料または材料として生産された物品は、当該国または地域の完全生産品とみなす。

② 一か国または地域において、本邦から輸出された物品と当該国または地域の完全生産品のみを原料または材料として生産された物品は、当該国または地域の完全生産品とみなす。
③ 一か国または地域において、日本から輸出された物品と非原産国産品を原料または材料として生産された物品について、5.4.2の実質加工品に関する認定基準を適用する場合においては、日本から輸出された物品を当該国または地域の完全生産品とみす。

5.4.5　累積原産品の特例扱い

累積原産品の特例扱いは、東南アジア諸国連合（ASEAN）に対する経済支援の一環として導入されたものですが、現在は、インドネシア、フィリピン、ベトナムの3か国（以下「東南アジア諸国」）に限定して、東南アジア諸国を一つの国とみなして原産地を認定することにしています（グループオリジン）。

具体的には、東南アジア諸国のうち2か国以上を通じて生産（当該物品を日本に輸出する国を含む場合に限る）された物品（累積原産品）については、原産地が認定されないことになっています。

なお、この累積原産品の原産地は当該物品の生産を行い、かつ、日本へ輸出する国とされています（暫定令第26条第3項）。

5.5　特恵関税を巡るトラブル事例

特恵関税を巡るトラブルとしては、次のような事例があります。
① 経由地での保管の問題
　特恵関税を適用するためには、第三国で保管（一時保管を含め）されることなく、貨物は輸出地より直接わが国まで輸送（直送）されてくる必要があります（ただし、通過貨物は別）。これは第三国で保管することによって貨物に加工がなされている可能性があるためです。
　2019年4月1日から中国が特恵関税の対象国から外されたため、いまは問題ありませんが、以前はたとえば、中国深圳で生産された貨物が香港経由（香港までは陸上輸送）で日本まで輸送された場合、Form Aは中国深圳で

発行されますが、通常 B / L は香港で発行されます（したがって、B / L 上の Loading Port と Receiving Place は香港となっています）。

この場合、輸入申告に際し、香港では通過国となっている旨の香港政庁が発行した Re-Export またはスルー B / L（通し船荷証券）の証明書の提出を求められます。

また、最近日本では保管コストが高い等の理由から第三国（韓国等）での一時保管等が検討されるケースがありますが、この場合たとえ貨物に何の手が加えられていなくても、日本での特恵関税の適用は当然できません。

② 三国間取引での問題

三国間取引では Form A のシッパー（Shipper）は輸出者で、輸入通関で使用するインボイス上の売主は仲介者となっており、このままでは Form A と当該貨物とが同一であることが解らないため、取引の連続性を証明しない限り特恵関税の適用はできません。

そこで、輸入申告に際し、輸出者／仲介者間のインボイスの提出を求められます（インボイス上の金額は消してあっても良い。ただし、Form A には必ず発行時に申請したインボイス No. が記載されているので一致していなければなりません）。

③ 自国関与率の問題

輸入の原材料を使用している場合の Form A の発給（"W" の場合）に際し、重要なポイントは輸出国での自国関与率と加工の程度（原則として HS コードが変わること）の問題です。したがって発給を受けるためには、必ず当該貨物の価格構成（原材料費、水光熱費、労働賃、金利、利益等）の分析を行い、一定率以上（国によって異なりますが通常40％以上）が輸出国に投下されていなければなりません。

5.6 日 EU・EPA および TPP11の特恵関税制度

5.6.1 日 EU・EPA および TPP11の原産地証明の概要

2019年2月1日に日 EU・EPA（日本・欧州連合経済連携協定／Agreement between the European Union and Japan：EPA）が、また前年の2018年12月30日には、TPP11（環太平洋パートナーシップ協定／Trans- Pacific

Partnership Agreement：TPP）が発効しました。

　ちなみに、2019年7月1日現在TPPの批准国はメキシコ、日本、シンガポール、ニュージーランド、カナダ、オーストラリア、ベトナムの7か国です。

　これらの両協定においても、すでにわが国が締結している他のEPAの特恵関税制度と同様に、関税上の特恵待遇の要求が可能となる制度が設けられており、特恵税率の適用を求めた通関手続を行うことができます。

　ただし、同制度を利用してわが国に輸入しようとする場合は、両協定が定める原産地を証明する規則（原産地規則）および手続（原産地手続）の規定に則って作成された原産地証明書、および原産品である根拠を証明するための明細書等を税関に提出することが必須条件となります。

　ちなみに、これらの両協定では、原産地規則および原産地手続に関し、他の特恵関税制度と異なる注目すべき規定が設けられていますので、留意する必要があります。その主だった点としては、原産地規則における完全累積制度、また原産地手続における完全自己証明制度の導入などを掲げることができます。さらに、日EU・EPAとTPP11の両協定を比べた場合においても、次のような相違点が見受けられますので、合わせて留意する必要があります。

(1) 原産地の証明者（原産地証明書の作成および発給者）

　わが国がすでに締結しているEPAにおいて、関税上の特恵待遇を要求するために必要な原産地の証明は、第三者により作成および発給された原産地証明書のみが認められる場合（対シンガポール、マレーシア、タイ、インドネシア、ブルネイ、フィリピン、ベトナム、インド、モンゴル、チリおよびASEAN）、第三者および認定輸出者による自己証明が認められる場合（対メキシコ、ペルーおよびスイス）、第三者および輸出者または輸入者による自己証明が認められる場合（対オーストラリア）、そして完全自己証明のみが認められる場合（対日EU・EPAおよびTPP11）の4つの制度があります。

　完全自己証明制度のみが採用されている日EU・EPAおよびTPP11では、原産性の証明を貿易当事者が完全に自己責任で行う形態をとるため、原産地証明書の真偽と内容については、それぞれの協定書や締約国の国内法等を遵守する姿勢がより問われることになります。

　ちなみに、両協定は、通関業者が輸入者の代理で原産地証明書を作成するこ

と、および輸出者の依頼に基づき輸出貨物の原産性の証明に関する書類等を作成することを認めています。

なお、わが国で通関業者がこれらの行為を請け負う場合、前者は通関業法第2条の通関業務に該当しますが、後者の場合は同事業法の範疇には含まれません。

① 日EU・EPAの場合

1）輸出者または生産者が証明する場合

輸出者または生産者のいずれかが、原産品であることを示す申告文を作成し、インボイスおよびその他の商取引上の関係書類に記載することを定めています。（協定書第3.16条2（a））

2）輸入者が証明する場合

輸入者の知識に基づき、原産品であることについて作成した証明書類等によると定めています。（協定書第3.16条2（b））

② TPP11の場合

輸出者、生産者または輸入者のいずれかが作成した原産地を証明する原産地証明書と定めています。（協定書第3.20条1）

(2) 原産地証明書の書式

① 日EU・EPAの場合

1）原産性を証明する申告文の記載事項および書式が規定されています。（付属書3-D）

2）輸入者の知識に基づく申告書については規定がなく、任意の書式となっています。

② TPP11の場合

記載事項に関しては規定されていますが、特定の書式は定められていません。（附属書3-B）

(3) 原産地証明書に使用する言語

① 日EU・EPAの場合

協定締約国が定める24か国の公式言語で申告文を作成することが可能で、輸入国税関は自国の言語に翻訳したものを要求できないことになっています。（協定書第3.17条2および付属書3-D）

② TPP11の場合

英語での作成が原則とされています。（協定書第20条6）

(4) 原産地証明書等の保管義務

両協定書では、証明書等の保管義務について以下のように定めています。

① 日EU・EPAの場合

1）輸入者

輸入者については、以下のものを輸入の日から少なくとも3年間保管することと定めています。

（i）輸出者または生産者が作成した原産地を証明する申告文に基づいて輸入通関を行った場合の当該申告文および関係書類。（協定書第3.19条1（a））

（ii）輸入者の知識に基づいて輸入通関を行った場合の原産品としての資格を得るための要件を満たすことを示すすべての記録。（協定書第3.19条1（b））

2）輸出者または生産者

申告文の写しおよび原産品としての資格を得るための要件を満たすことを示すすべての記録を、作成した後、少なくとも4年間保管することと定めています。（協定書第3.19条2）

② TPP11の場合

1）輸入者

原産地証明書および当該輸入に関する文書ならびに原産性を示すために必要なすべての記録を、輸入の日から少なくとも5年間保管することと定めています。（協定書第3.26条1）

2）輸出者または生産者

原産地証明書の写しおよび記載した産品の原産性を示すために必要なすべての記録を、原産地証明書の作成の日から少なくとも5年間保管することと定めています。（協定書第3.26条2）

(5) 原産地の検認（確認および検証）

① 日EU・EPAの場合

輸入国税関が、輸出国税関に対して輸出者または生産者の検認を要請し、

輸出国税関が輸入国税関に回答する間接検認制度が導入されています。（協定書第3.22条2）

② TPP11の場合

輸入国税関が、輸出者または生産者に直接検認を行うことを可能とした直接検認制度が採用されています。（協定書第3.27条1および2）

(6) 輸入後の特恵関税適用待遇の要求および超過して徴収された関税の還付

① 日EU・EPAの場合

該当する規定がなく、原則として特恵待遇の事後要求は認められていません。

ただし、EU側では、輸入者が輸入申告時に何らかの理由により特恵待遇の要求を行わず通関した場合においても、当該輸入申告に関する原産地の証明基準を満たすことが確認できる場合は、特恵待遇を要求する事後申請を認めるとしています。

② TPP11の場合

関税上の特恵待遇の事後要求や超過して徴収された関税の還付手続が可能と定められています。（協定書第3.29条1）

また、これらの両協定においても、他EPA（FTA）と同様に、原産品としての基本的な認定基準を以下のように規定しています。

① 完全生産品

協定締約国で完全に得られ、または生産される産品であり、主に農水産物（動植物および魚介類等）や鉱物資源などの産品。

② 原産材料のみから生産される産品

生産に直接使用された一次材料が締約国内の原産材料である場合、また一次原産材料の生産に協定締結国以外の二次材料（非原産材料）が含まれている場合でも、当該一次材料が品目別原産地基準を満たしているとした場合の産品。

③ 品目別原産地規則（Product-Specific Rules of Origin：PSR）を満たす産品

産品の構成において非原産材料が使用されている場合であっても、製造過程で非原産材料の関税率表番号（HSコード）が実質的に変更されている場

合の産品。

　ちなみに、実質的に変更とした場合の原産性判定方法としては、以下の3つの基準があります。

　　1）関税分類（HSコード）変更基準
　　2）付加価値基準
　　3）加工工程基準

　なお、わが国で関税上の特恵待遇を要求した輸入通関を行う場合には、原産品としての基準を満たしていることを証明する関係書類として、原産品申告書および原産品申告明細書が必要となりますが、その作成根拠となる契約書、価格表、総部品表および製造工程表なども、税関より提出を要請される場合があります。とくに日EU・EPAおよびTPP11は、原産地の証明方法として完全自己証明制度を導入していますので、これらの関係書類は申告ごとに整理された状態で慎重に取り扱われることが求められます。

　さて、ここまで日EU・EPAおよびTPP11の原産地証明の概要について記してきましたが、両協定は、前述した一部の相違点を除けば共通点も多くあります。そこで、次項5.6.2では、日EU・EPAの原産地証明において、原産地規則および原産地手続等について詳しく記すこといたします。

5.6.2　日EU・EPAの原産地証明

　本協定における特恵関税制度を利用するためには、前述したように協定締約国の原産品であることを証明することが必須要件であり、その確認が得られた場合にのみ特恵税率が適用された輸入通関が可能となります。また、本協定は他のEPAと同様に、特恵関税制度の適用に関する基本的構成として、原産地規則および原産地手続に関する規定を設けています。しかし、他とは異なった制度を導入している部分もありますので、留意する必要があります。

　なお、本協定は、EUに関する条約およびEU運営条約が定める地域に適用されます。また、EU関税法が適用される地域や日EU・EPA附属書3-Eおよび3-Fに規定される地域も適用されるため、EU非構成国のモナコ、アンドラおよびサンマリノにおいても本協定の特恵税率が適用されます。ただし、EU構成国の自治領であるフェロー諸島などには適用されません。

(1) 原産地規則（協定書第 3 章第 A 節）

本協定の原産地規則は、以下の 3 つの原産性の判断基準を定めています。また、この基準は、協定締約国以外で生産された産品が、不当に特恵税率の恩恵を受けることを防ぐ目的も兼ねています。

① 完全生産品

 1）農水産品、鉱業品等の一次産品で、一次産品の収穫、採掘、収集等を「生産」とみなすもの

 2）完全生産品のくず、廃棄物、およびそれらから回収された物品で、くずや廃棄物の発生・回収等を「生産」とみなすもの

 3）上記完全生産品のみから生産された物品で、完全生産品同士から生産されても完全生産品であるとみなすもの

② 原産材料からのみ生産される産品

 1）生産に直接使用された一次材料が、すべてわが国または EU の原産材料であるもの

 2）直接使用される一次材料の生産に使用される二次材料の中に、わが国または EU 以外の非原産材料が含まれていても、当該一次材料が品目別原産地規則（PSR）を満たしているもの

③ 品目別原産地規則（PSR）を満たす産品（附属書 3 -A）

産品の構成において非原産材料が使用されている場合であっても、製造過程で付加価値を高めたことや加工工程により、非原産材料の関税率表番号（HS コード）が実質的に変更されていると確認できる場合は、その産品の原産性を認めるというものです。

また、PSR を満たす産品か否かの判定方法として、以下の 3 つの基準が設けられています。

ただし、自動車およびその部品については、別途特別な規定（付録 3 -B- 1）が設けられています。また、いずれか 1 つの基準を満たすことにより原産性が認められる場合と、複数の要件を同時に満たすことを求められる場合があり、そのいずれに該当するかは産品の HS コードによって選別されています。

 1）関税分類（HS コード分類）変更基準（附属書 3 -A　注釈 2 および

3）

　第三国の非原産材料のHSコードと最終産品のHSコードとの間に一定の実質的変更がある場合は、締約国内での製造過程での原産性が認められる十分な加工が施されたとする基準です。

　また、HSコードの変更基準には以下の3種類があり、附属書3-BのPSRに明示されています。

　（ⅰ）CC（Change of Chapter）

　　類（上2桁）の変更が要求されている場合。

　（ⅱ）CHC（Change of Tariff Heading）

　　項（上4桁）までの変更を要求されている場合。ただし、附属書3-Bには、例外として特定の項に属する非原産材料からの変更を除くとの注意書きがあるので、留意する必要があります。

　例）第73類　鉄鋼製品

　　73.07　鉄鋼製の管用継手（カップリング、エルボー、スリーブ等）は、「CHC（第72.07項の鍛造したブランクからの変更を除く）」とあります。

　　ただし、同項の非原産である鍛造したブランクは、その価格が産品のEXWの50％またはFOBの45％を超えないことを条件として、使用することができるとあるので、合わせて留意が必要です。

　（ⅲ）CTSH（Change of Tariff Subheading）

　　号（上6桁）までの変更を要求されている場合。

2）付加価値基準（附属書3-A　注釈4）

　協定締約国内において一定の付加価値を高めることで、原産性を認めるとする基準です。

　また、その付加価値基準の計算方法は、他のEPAでも採用されている域内原産割合（Regional Value Content：RVC）を算出する控除方式と、非原産材料の使用割合（Maximum value of Non-Originating Materials：MaxNOM）の算出に基づく方式が併用されています。

　（ⅰ）RVC（域内原産割合）に基づく控除方式による計算方法

$$\text{RVC}(\%) = \frac{\text{産品の価額[FOB]} - \text{非原産材料の価額[VNM]}}{\text{産品の価額[FOB]}} \times 100$$

[FOB:Free on Board　※本船渡し]
[VNM:Value of Non-originating Materials　※ EUでは[NOM:Value of Originating Materials]と表記されています]

（ⅱ）MaxNOM（非原産材料の使用割合）に基づく計算方法

$$\text{MaxNON}(\%) = \frac{\text{非原産材料の価額[VNM]}}{\text{産品の価額[EXW]}} \times 100$$

[EXW:Ex Works　※工場渡し]

　RVCでは産品の価額をFOB、またMaxNOMではEXWを採用しているため、輸出国での輸送費や保険料を勘案して、どの品目に対しても一律5％の閾値の差が設けられています。つまり、産品の価額をFOBとして計算する場合は、輸出国において、工場から船積港までの距離が違うことから陸送費などのコストにバラツキが発生するため、貿易当事者がいずれか有利な方法を選択できるようにすることを目的にしています。
　たとえば、「7320.10鉄鋼製のばね」の場合は、RVC 55％またはMaxNOM 50％以上が要件となります。
3）加工工程基準（附属書3-A　注釈5）
　協定締約国内において、原産性を認める特定の加工が行われたとする基準で、PSRで加工工程が定義されています。
　たとえば化学品の場合は、以下のような加工工程基準が設けられています。
　（ⅰ）生物工学的工程
　（ⅱ）粒径の変更
　（ⅲ）化学反応

（ⅳ）蒸留

（ⅴ）異性体分離

（ⅵ）混合及び調整

（ⅶ）標準物質の生産

（ⅷ）精製

例）第36類　火薬類、火工品、マッチ、発火性合金および調整燃料

　「3605.00マッチ」の場合は、「化学反応」、標準物質の生産もしくは「異性体分離」が行われることが要件となります。

4）自動車および自動車部品の特別原産地規定（付録3-B-1）

　自動車（HSコード87.03）および自動車部品については、PSRに規定されている要件よりも原産性を満たしやすくするため、付加価値基準の暫定的緩和措置として以下のような特別な規定が設けられています。

（ⅰ）ステージング（付録3-B-1 第2節）

　関税が段階的に撤廃されるため、協定発効後の一定期間は、付加価値基準が暫定的に緩和される特別規定としてのステージングが実施されています。

(A) 完成車のステージング

※ HSコード87.03

・1年目から3年目の末日まで： RVC 50% または MaxNOM 55%
（2019年2月1日から2021年3月31日まで）

・4年目から6年目の末日まで： RVC 55% または MaxNOM 50%
（2021年4月1日から2024年3月31日まで）

・7年目の初日から　　　　： RVC 60% または MaxNOM 45%
（2024年4月1日から）

(B) 自動車部品のステージング

※ HSコード84.07および84.08

・1年目から3年目の末日まで： RVC 45% または MaxNOM 60%

・4年目の初日から　　　　： RVC 55% または MaxNOM 50%

※ HSコード87.06および87.07

・1年目から5年目の末日まで： RVC 50% または MaxNOM 55%

・6年目の初日から　　　　　　　：　RVC 60％ または MaxNOM 45％
　（2023年4月1日から）

※ HSコード87.08

・1年目から3年目の末日まで：　RVC 45％ または MaxNOM 60％
・4年目の初日から　　　　　　：　RVC 55％ または MaxNOM 50％

（ii）一部の自動車部品（HSコード8707.10自動車の車体）に関する特別な生産工程よる原産性の付与（付録3−B−1 第3節）HSコード8703.21から8703.90に分類される自動車用の製造に使用された非原産材料であっても、付録3−B−1第3節の表が定める以下の特定材料は、生産工程が協定締約国で行われた場合において原産材料とみなされます。

(A) HSコード7007.11　強化ガラス

※非原産材料の焼き戻し。

　ただし、HSコード70.07（安全ガラス）の非原産材料を使用しないことが条件とされています。

(B) HSコード7007.21　合わせガラス

※非原産材料の焼き戻しまたは積層。

　ただし、HSコード70.07（安全ガラス）の非原産材料を使用しないことが条件とされています。

(C) HSコード8707.10　HSコード8703.21から8703.90までの自動車用の鉄鋼製ホワイトボディ

※ HSコード72.07、72.18および72.24の非原産である鉄鋼製の半製品の産品からの生産。ただし、関連する生産工程の基準を適用するため、ホワイトボディの一部を構成する以下に特定する部品は、鉄鋼製のものでなければならないとされています。（付録3−B−1第3節）

・Aピラー、BピラーおよびCピラーまたはこれらに相当する部品
・サイドメンバーまたはこれに相当する部品
・クロスメンバーまたはこれに相当する部品
・フロアサイドレールまたはこれに相当する部品

- サイドパネルまたはこれに相当する部品
- ルーフサイドレールまたはこれに相当する部品
- ダッシュボードサポートまたはこれに相当する部品
- ルーフサポートまたはこれに相当する部品
- リアウォールまたはこれに相当する部品
- ファイアウォールまたはこれに相当する部品
- バンパービームまたはこれに相当する部品
- フロアパンまたはこれに相当する部品

　なお、部品または部品の組合せは、その名称にかかわらず上記に掲げる部品と同一の機能を果たす場合、鉄鋼製のものでなければならないとされています。

（D）HSコード8707.10　バンパー（その部分品を除く）

※生産において使用されるすべての非原産であるポリマー製品およびフラットロール製品が鍛造され、またはプレス加工されることとされています。

（E）HSコード8707.29　車体用プレス部分（その部分品を除く）

※すべての非原産材料が鍛造され、またはプレス加工されることとされています。

（F）HSコード8707.29　扉組立て（その部分品を除く）

※ドアスキンまたはインソールパネルを製造するために使用されるすべての非原産材料が鍛造され、またはプレス加工されることとされています。

　また、生産において使用されるすべての非原産であるドアの部品が組み立てられること。ただし、HSコード87.08の非原産材料は、使用してはならないと規定されています。

（G）HSコード8708.50　駆動軸（差動装置を有する物に限る）

※ドライブシャフトおよびディファレンシャルギアが非原産である金属フラットロールから生産されること。

　ただし、HSコード87.08の非原産材料は使用することはできません。

（H）HSコード8708.50　非駆動軸（その部分品を除く）

※非駆動軸が非原産である金属フラットロールから生産されることとされています。

ただし、HSコード87.08の非原産材料の使用はできません。

(ⅲ) 累積 (Accumulation：ACU) (協定書第3.5条)

本協定は、一か国ではPSRを満たせずに非原産品となる場合においても、日EU・EPAの協定締約国での付加価値や加工工程を累積することにより、他の協定締約国の原産品や生産工程を他方の締約国の原産品や生産工程とみなし、PSRを満たしたとする完全累積制度を導入しています。

たとえば、わが国が、イタリアから同国の原産品である布地を輸入して、紳士用スーツ (HSコード62.03) を縫製してEU域内に輸出する場合は、PSRを満たしているとして、日EUの特恵税率が適用されることになります。

それは、イタリアで製織工程が行われ、わが国で製品 (縫製) 工程が行われたことにより、HSコード62.03のPSRである「製織と製品にすること (布の裁断を含む) との組み合わせ、または捺染 (独立の作業) を経て製品にすること (布の裁断を含む)」を満たしたことによります。

また、自動車 (HSコード87.03) の生産に際し、非原産材料である自動車部品 (HSコード84.07、85.44および87.08) が使用された場合においても、それらを累積に含めることができる可能性があります。

ただし、日EU間で累積の適用開始を決定した場合においても、以下の3要件を満たす必要があります。

(A) 日EUが共通して自由貿易協定 (EPA) を締結している第三国であること。
(B) 日およびEUと当該第三国間において、本規定を完全に実施するための適切な行政上の取り決めがなされ、日およびEUが相互にその旨を通知していること。
(C) 日およびEU間で本規定の実施に関するすべての条件について合意していること。

(ⅳ) 許容限度 (協定書第3.6条)

ごく僅かな非原産材料であればその使用が許容されるといういわゆるデミニマスルール（De Minimis：DMI）があり、その「許容限度」で以下のように規定されています。

(A)「産品の生産において使用される非原産材料が付属書3-Bに定める要件を満たさない場合において、次のときは、当該産品は協定締約国の原産品とみなす。」（協定書第3.6条1）

　また、「次のとき」とは、以下の場合を規定しています。

ア）関税分類の第1類から第49類まで、または第64類から第97類までの各類に分類される産品については、すべての非原産材料の価額が当該産品の工場渡し（EXW）の価額または本船渡し（FOB）価額の10％を超えないとき、とされています。（協定書第3.6条1（a））

イ）関税分類の第50類から第63類までの各類に分類される産品については、付属書3-A注釈6から8までに定める許容限度額が適用されるとき、とされています。（協定書第3.6条1（b））

なお、第50類から第63類までの繊維および繊維製品については、「附属書3-A注釈7の1」において、基本的な紡織用繊維が限定されています。

さらに、「附属書3-A　注釈7」および「同注釈8」において以下の2通りのデミニマスルールが規定されています。

(A) 産品の生産において使用される非原産である基本的な紡織用繊維附属書3-Bにおいてこの注釈に言及する場合には、同附属書表二欄に定める要件を許容限度として適用されません。

　　ただし、次のア）およびイ）の要件を満たすことを条件とする、とされています。（重量によるデミニマスルール：附属書3-A注釈7の2）

　　したがって、以下の要件を満たす場合には、わずかな非原産材料の使用として許容されます。

ア）「産品が2つ以上の「附属書3-A　注釈7の1」が規定する基本的な紡織用繊維を含むこと」（附属書3-A　注釈7の2（a））

イ）非原産である基本的な紡織用繊維の重量の合計が生産において使用されるすべての基本的な紡織用繊維の総重量の10％を超えないこ

と。

たとえば、HSコード51.07羊毛の毛糸、55.09合成繊維の短繊維の糸および基本的な紡織用繊維以外の材料を含む51.12の羊毛製の毛織物については、付属書3-Bに定める要件を満たさない非原産である羊毛製の毛糸もしくは合成繊維の短繊維の糸またはこれらの組合せは、これらの総重量がすべての基本的な紡織用繊維の重量の10％を超えないことを条件として、使用することができます。
（附属書3-A　注釈7の2（b））

ウ）附属書3-A　注釈7の2（b）の規定にかかわらず、「ポリエーテルの柔軟なセグメントによりセグメント化されたポリウレタンにより製造した糸（ジンプヤーンであるかないかを問わない）」を含む産品については、許容限度の最大割合は20％とする。ただし、その非原産である基本的な紡織用繊維については10％を超えてはならないとされています。（附属書3-A　注釈7の3）

エ）附属書3-A　注釈7の2（b）の規定にかかわらず、「アルミニュウムの箔の芯またはプラスティックフィルムの芯（アルミニュウムの粉を塗布したものであるかを問わない。）から成るストリップであって、幅が5ミリメートル以下のもののうち、透明な又は着色した接着剤を用いて二層のプラスティックフィルムの間に挟まれたもの」を含む産品については許容限度の最大限の割合は30％とする。ただし、その他の非原産である基本的な紡織用繊維については10％を超えてはならないとされています。（附属書3-A　注釈7の4）

オ）HSコード51.06から51.10まで、および52.04から52.07までの各項の産品については、非原産である人造繊維を天然繊維の紡績の工程において使用することができる。

ただし、当該人造繊維の総重量が産品の重量の40％を超えないことを条件とするとされています。（附属書3-A　注釈7の5）

（B）特定の紡織用繊維を用いた産品に適用される他の許容限度（価額によるデミニマスルール：附属書3-A　注釈8）

ア）付属書 3 -B 二欄に定める要件を満たさない非原産である紡織用繊維（裏地および芯を除く）については、紡織用繊維を用いた産品の製造に当たり、同付属書においてこの注釈に言及する場合には、使用することができます。

　　ただし、当該非原産である紡織用繊維が当該産品の項以外の項に分類されること、および当該非原産である紡織用繊維の価額が当該産品の EXW または FOB の 8 ％を超えないことを条件とするとされています。（附属書 3 -A　注釈 8 の 1 ）

イ）HS コード第50類から63類までの各類に分類されない非原産材料（紡織用繊維を含むかどうかを問わない）については、第61類から第63類までの各類に分類される紡織用繊維を用いた産品の生産において、制限を受けることなく使用することができるとされています。

　　たとえば、付属書 3 -B に定める要件が特定の繊維の物品（ズボン等）について糸を使用しなければならないことを規定する場合には、当該要件は、金属性の物品が第50類から第63類までの各類に分類されないことから、非原産である金属製の物品（ボタン等）の使用を妨げるものではありません。当該要件は同様の理由により、スライドファスナーが通常紡織用繊維を含んでいるとしても、非原産であるスライドファスナーの使用を妨げるものではありません。（附属書 3 -A　注釈 8 の 2 ）

ウ）付属書 3 -B に定める要件が非原産材料の最大限の割合（価額に基づくもの）から成る場合には、非原産材料の価額の算出に当たっては、HS コード第50類から63類までの各類に分類されない非原産材料の価額を考慮する必要があります。（附属書 3 -A　注釈 8 の 3 ）

(B) 上記（A）の規定は、産品の生産において使用される非原産材料の価額が付属書 3 -B に定める要件で特定されている非原産材料の最大価額を超える場合には適用されません。（協定書第3.6条 2 ）

(C) 上記（A）の規定は、第3.3条に規定する協定締約国において完全に得られる産品については適用されません。付属書 3 -B の規定が

産品の生産において使用される材料が完全に得られる産品であることを要求する場合には、上記（A）および（B）の規定が適用されます。（協定書第3.6条3）

(2) 原産地手続（協定書第3章第B節）

本協定で特恵関税制度を利用するためには、前述のとおり、通関時に本協定が定める原産地規則および原産地手続を遵守して、原産性の証明を行う必要があります。そして、その手段として、輸出者または生産者が原産地に関する申告文（Statement on Origin）を作成するか、あるいは、輸入者が自身の知識（Importer's Knowledge）に基づいて原産地を証明する情報を記した申告書を提出するか、そのいずれかによる自己証明制度が規定されています。

この制度は、他の発効済みEPA（FTA）と異なり、第三者の発行した原産地証明書（Certificate of Origin）は採用されていないので、留意する必要があります。

① 輸出者もしくは生産者が作成した原産地に関する申告文に基づく申告（協定書第3.17条）

当該原産地に関する申告文は、輸出者または産品の生産者のいずれかが作成したものをインボイス、あるいはその他商取引上の関係書類に表記して輸入国税関に提出します。また、作成に用いる言語は、24か国の公式言語（日本語、ブルガリア語、クロアチア語、チェコ語、デンマーク語、オランダ語、英語、エストニア語、フィンランド語、フランス語、ドイツ語、ギリシャ語、ハンガリー語、イタリア語、ラトビア語、リトアニア語、マルタ語、ポーランド語、ポルトガル語、ルーマニア語、スロバキア語、スロベニア語、スペイン語、スウェーデン語）を使用することができ、輸入国の言語に翻訳する必要はありません。

ただし、輸入国でのより簡便な通関手続を行うためには、英語による申告文が推奨されます。また、原産地に関する申告文には、注釈として使用期限等を規定していますので留意が必要です。

なお、課税価格の総額が20万円以下の場合は、原産地に関する申告書の提出を省略することが認められています。（関税暫定措置法施行令第27条第2号）、参考添付1：日EU・EPA用　日本語による原産地に関する申告文

（附属書3-D）、参考添付2：日EU・EPA用　英語による原産地に関する申告文（ANNEX 3-D）
② 輸入者の知識に基づく申告（協定書第3.18条）
　輸入者の知識に基づく申告を行う場合は、輸出者または生産者が作成した申告文を用いず、輸入者が輸出者または生産者から原産性を証明するために必要な情報を入手し、特恵税率の適用を受けるために必要な原産品であることを示す申告書を税関に提出する必要があります。しかし、輸入者が自ら作成する原産品に関する申告書の書式は協定で規定されておらず、任意様式となっています。
　したがって、輸入者に対する便宜的な措置を講じるため、税関が「原産品申告書」（参考添付3：日EU・EPA用　原産品申告書「税関様式C第5292号-4」）を制定していますので、輸入者は任意で利用することができます。
　また、わが国においては、原産品申告書以外に、適用する原産性の基準を満たす根拠について説明した明細書等の提出も合わせて求められます。
　なお、この明細書等についても、税関が「原産品申告明細書」（参考添付4：オーストラリア協定書、TPP11、日EU・EPA共通「税関様式C第5293号」）として制定していますので、輸入者は同じく任意で利用することができます。
③ 特恵関税制度を利用して輸入される産品の記録に関する保管義務（協定書第3.19条）
　特恵関税制度を利用した通関手続を行った場合、輸入者および原産地に関する申告文を作成した輸出者または生産者に対し、当該申告産品が原産品として認められる要件を満たすすべての証明記録および関係書類につき、保管義務を課しています。
　1）締約国の輸入者に課せられる保管義務（協定書第3.19条1）
　　本協定書では、締約国に輸入される産品について、関税上の特恵待遇の要求を行った輸入者は、当該産品が輸入された日の後少なくとも3年間、以下のものを保管しなければならないと規定しています。
　　なお、わが国が輸入国となる場合は、国内法令（関税法第94条および同施行令第83条）が優先されるため、輸入者に対し、以下の（ⅰ）およ

び（ⅱ）のいずれの場合も保管期間を5年間と定めていますので、留意する必要があります。

 （ⅰ）輸出者または生産者によって作成された当該原産地に関する申告文に基づいて輸入通関を行った場合の関係書類。（協定書第3.19条1（a））

 （ⅱ）輸入者の知識に基づいて輸入通関を行った場合の関係書類。（協定書第3.19条1（b））

2）締約国の輸出者に課せられる保管義務（協定書第3.19条2）

 原産地に関する申告文を作成した輸出者または生産者は、当該原産地に関する申告を作成した後少なくとも4年間、当該原産地に関する申告文の写し、および原産品としての資格を得るための要件を満したことを示す他のすべての記録および関係書類。

3）この条の規定に従って保管する記録は、電子的な様式で保管することができる。（協定書第3.19条3）

4）保管義務の例外規定（協定書第3.19条4および第3.20）

 EUについては私的に送付された小包の価額が500ユーロを超えない産品や、貿易により輸入されるものでない旅行者が携帯する1200ユーロを超えない産品で、その真実性について疑義がない場合に限り保管義務は適用されません。（協定書第3.20条2（a））

 また、わが国では、10万円を超えない産品またはわが国が設定する額を超えない産品の場合とされています。（協定書第3.20条2（b））

④ 原産品であるかどうかについての確認（検証制度：協定書第3.21条）

 輸入国税関が、特恵税率を適用した輸入申告に関して原産性に疑義を抱いた場合、以下の方法により検証を行うことができると規定されています。

 1）輸入者に対する検証（協定書第3.21条1）

  輸入国税関が、輸入者に対し原産性の証明に必要な情報の追加提供を要請することにより、輸入者はその要請に基づき輸出者からより詳細な情報や資料を入手した上で、税関に追加資料の提出や説明を行うとした検証制度。

 2）輸出者または生産者に対する検証（間接検証：協定書第3.21条5）

輸入者が、輸出者または生産者が作成した原産地に関する申告文に基づいた特恵税率の適用を求めた申告をした場合、輸入国税関は輸出国税関を通じて輸出者または生産者に対して必要な情報の提供を要請することができるとされています。また、輸出国税関に、輸出者または生産者への訪問による検証を要請できるとした間接的な検証制度。

(3) 変更の禁止（積送基準：協定書第3.10条）

産品の日・EU間における輸送が、第三国を経由しない直接輸送であれば、原産性に関する疑義が生じることは一切ありません。また、積替え等によって第三国を経由する場合においても、経由地で実質的な加工が一切行われず、かつ経由地を管轄する税関の管理下で積替え作業等が完了した場合は、原産性が維持されていると認められています。

ちなみに、原産性を失わない経由地での作業として、以下のような場合が許容されています。

① 輸入国の法令に従った作業（協定書第3.10条1）

原産品を良好な状態で保存するために必要とされる作業および輸入国の法令で定められたマーク、ラベル、シールまたは書類の添付や貼付などの作業等。

② 経由地を管轄する税関の管理下に置かれた状態での蔵置または展示（協定書第3.10条2）

経由地で産品に何等の変更も加えられず、かつ、すり替えの防止対策がなされた状態での一時蔵置または展示等。

③ 経由地を管轄する税関の管理下に置かれた状態で、輸出者の責任の下で行われる貨物の仕分作業（協定書第3.10条3）

たとえば、経由地での仕分け作業後に、別々の仕向地（国）に輸送する場合など。

④ 輸入協定締約国の税関による要求行為（協定書第3.10条4）

輸入国税関が、協定書第3.10の1から3が遵守されているか否かの疑義を抱いた場合、輸入者は船荷証券や実質的な加工を施していないことを証明する証拠の提出を求められることになります。

なお、日EU・EPAでは、経由地の税関が発給した証明書等の提出は要求

されておらず、輸入者自身が手配した非加工証明書等の提出が認められています。

(4) 締約国税関による事前教示（協定書第4.7条）

輸入者等が、輸入前に該当産品の関税分類やPSRを満たしているか否かについて文書により照会を行い、協定が定める特恵関税制度に適用しているか、あるいは、その解釈につき、税関より原則として30日以内に文書により回答を受けることができる制度が設けられています。

ちなみに、この制度を利用することにより、以下のようなメリットを享受することができます。

① 特恵税率の適用に関する可否を事前に確認することができます。
② 事前教示により輸入物品が特恵税率の適用を確定させている場合は、貨物が到着した後、迅速な輸入通関および貨物の引取りが行えます。
③ 法改正等により取扱いに変更がある場合を除き、税関からの回答は最長3年間尊重されるため、恒常的に同じ貨物を輸入する場合などにおいては、安定的な輸入計画が確保されます。

5.6.3　TPP11の原産地証明

TPP11も日EU・EPAと同様に特恵関税制度が設けられており、協定締約国（日本、チリ、ペルー、カナダ、メキシコ、オーストラリア、ニュージーランド、ブルネイ、ベトナム、シンガポール、マレーシア）間における貿易は、同制度を利用した通関手続を行うことができます。

また、前述したように、両協定には細部でいくつかの相違点を見出すことができますが、関税上の特恵待遇の適用を要求する場合は、協定締約国の原産品である旨の証明が必須要件であるということに変わりはなく、特恵関税制度の基本的なことに大きな違いはありません。

ただし、日EU・EPAには採用されておらず、TPP11で新たに導入された規定があり、それらについては留意する必要がありますので、以下にその主だった事例を記すことといたします。

(1) 原産性の判定方法

TPP11では、品目別原産地規則（PSR）を満たす判定方法の1つである付

加価値基準において、以下の4つの計算方式が採用されています。しかし、これらの計算方式は、日EU・EPAや他のEPAで採用されている2つを除き、他の2つはTPP11が新たに採用した計算方式です。

① 控除方式（非原産材料の価格に基づくもの）

日EU・EPAと同様に、非原産材料の価額に基づき域内原産割合（RVC）を算出する方式です。

ただし、非原産材料の中には、原産材であることの確認がとれない材料も含まれます。

$$RVC (\%) = \frac{産品の価額 [FOB] - 非原産材料の価額 [VNM]}{産品の価額 [FOB]}$$

[FOB：Free on Board ※本船渡し]
[VNM：Value of Non-originating Materials]

② 積上げ方式

日EU・EPAでは採用されておりませんが、他のEPAでは採用実績のある原産材料の価額[VON]を積上げてRVCを算出する方式です。

$$RVC (\%) = \frac{原産材の価額 [VOM]}{産品の価額 [FOB]}$$

[VOM：Value of Originating Materials]

③ 重点価額方式

TPP11で新たに採用されたもので、一部の鉱工業品に適用されています。

産品の生産で使用されるPSRにおいて、特定された非原産材料の価額[FVNM]に基づきRVCを算出する方式です。

なお、特定された非原産材料とは、PSRにより関税分類変更が求められている材料のみに限られています。

$$\text{RVC}(\%) = \frac{\text{産品の価額[FOB]} - \text{特定の非原産材料の価額[FVNM]}}{\text{産品の価額[FOB]}}$$

[FVNM:Focused Value of Non-Originating Materials]

④ 純費用方式

　TPP11で新たに採用されたもので、自動車関連の品目のみに適用されています。総費用から販売促進費、マーケティングおよびアフターサービス費、使用料、輸送費、梱包費、不当な利益を差し引いた純費用[NC]と、非原産材の価額[VNM]に基づきRVCを算出する方式です。

$$\text{RVC}(\%) = \frac{\text{純費用[NC]} - \text{非原産材料の価額[VNM]}}{\text{純費用[NC]}}$$

[NC:Net Cost]

(2) 原産地証明書の必要記載事項および書式

　原産地証明書の有効期限は原則として作成後1年と定められていますが、協定締約国の国内法において、これ以上の期間を規定している場合は、便宜的に1年を超えても有効とすると定められています。（協定書第3.20条5）
　また、各締約国は、原産地証明書が英語で作成されることを認め、英語以外の言語で作成されている場合、輸入国税関は輸入者に対し輸入国の言語による翻訳文の提出を要求することができると定められています。（協定書第3.20条6）

① 原産地の証明者

　輸出者、生産者または輸入者のいずれかが、原産地証明書を作成し、証明することが定められています。（協定書第3.20条1）
　ただし、例外規定として、ブルネイ、マレーシア、ベトナム、メキシコおよびペルーの5か国については、輸入者の自己証明による輸入申告は、それぞれの国においてTPP11が効力を生じる日から5年以内に実施することとなっています。したがって、この間に特恵税率の適用を求めた輸入通関を行う場合は、輸出者または生産者が作成および発給した原産地証明書による

もののみが有効となります。

さらに、ベトナムは、附属書3-Aの5「輸出締約国は、自国の領域から輸出される産品の原産地証明書について、次のいずれかのものであること要求することができる。（a）権限のある当局が発給するものであること。（b）認定された輸出者が作成するものであること。」の規定に則し、（a）を要求する旨を他の締約国に通報したことにより、自国で権限を持つ当局が、最長10年間は原産地申告書あるいはそれに相当する書面を発給することとなります。それゆえ、輸出者および生産者は、その間自身で原産地申告書を作成および発給することができません。

② 必要記載事項（附属書3-B）

1）証明者

　輸出者、生産者または輸入者のいずれかを明記する必要があります。

2）証明者の情報

　氏名、国名・住所、電話番号、メールアドレス等を明記する必要があります。

3）輸出者が証明者でない場合（生産者が証明者の場合）の輸出者情報

　氏名、住所、電話番号、メールアドレス等を明記する必要があります。

4）生産者が輸出者でも証明者でもない場合の生産者の情報

　氏名、国名・住所、電話番号、メールアドレス等を明記する必要があります。なお、生産者が複数の場合は、"Various"と記載するか、生産者の一覧表を添付することが可能です。

　また、生産者を非開示としたい場合は、"Available upon request by the importing authorities"（輸入締約国の当局の要請があった場合には開示する）と記載することを認められています。

5）輸入者が確定している場合の輸入者の情報

　氏名、国名・住所、電話番号、メールアドレス等を明記する必要があります。

　ただし、輸入者の国および住所は、TPP11の締約国でなければならないとされています。

6）産品の品名およびHSコード

品名は対象産品を容易に認識できる表記とし、HSコードは関税分類上の6桁まで記載することが求められています。

7）原産性の判断基準

以下のいずれかで、適用した原産性の判断基準を記載するこが定められています。

- ・完全生産品（協定書第3.2条（a））
- ・原産材料のみから生産される産品（協定書第3.2条（b））
- ・品目別原産地規則（PSR）を満たす産品（協定書第3.2条（c））

8）当該原産地証明書の対象期間

原則として12か月が限度となっています。

9）署名と日付

証明書が作成された日付および証明者の署名が必要となります。

10）宣誓文

原産地証明書には、以下の宣誓文を付記しなければならないと定められています。（附属書3-Bの9）

（ⅰ）和文による宣誓文（協定書原文）

「私は、この文書に記載する産品が原産品であり、及びこの文書に含まれる情報が真正かつ正確であることを証明する。私は、そのような陳述を立証することに責任を負い、並びにこの証明書を裏付けるために必要な文書を保管し、及び要請に応じて提示し、又は確認のための訪問中に利用可能なものとすることに同意する。」

（ⅱ）英文による宣誓文

「I certify that the goods described in this document qualify as originating and the information contained in this document is true and accurate. I assume responsibility for proving such representations and agree to maintain and present upon request or to make available during a verification visit, documentation necessary to support this certification.」

③ 書式

協定書は書式を規定しておらず、作成者の任意によるものとされています。

なお、税関がTPP11の原産地申告書を制定していますので、輸入者は任意で利用することができます。(参考添付5：TPP11用現産品申告書「税関様式C第5292号-3」)

(3) 関税上の特恵待遇の事後要求および関税の還付申請

日EU・EAPでは規定されていない**TPP11の大きな特徴**として、特恵関税の適用資格を有していたにも関わらず何らかの理由によりその資格を行使しなかった場合に、特恵待遇の事後要求を可能とし、超過して徴収された関税の還付手続きの申請ができると定めています。(協定書第3.29条1)

また、特恵待遇の事後要求や超過関税の還付を認める条件として、輸入後1年以内または締約国の国内法令で定める期間内に、以下のことを義務づけることができると定めています。(協定書第3.29条2)

① 関税上の特恵待遇の要求を行うこと。
② 当該輸入の時に当該産品が原産品であった旨の申告を行うこと。
③ 原産地証明の写しを提供すること。
④ 当該輸入締約国が要求する当該産品の輸入に関するその他の書類を提出すること。

参考添付1：日EU・EPA用　日本語による原産地に関する申告文（付属書3-D）

```
（期間　_____　から　_____　まで（注1））
この文章の対象となる産品の輸出者（輸出者参照番号　_____　（注2））は、別段の明示をする場合を
除くほか、当該産品の原産地　_____　（注3)が特恵に係る原産地であることを申告する。
(用いられた原産性の基準(注4))
_____
(場所及び日付（注5))
_____
輸出者の氏名又は名称（活字体によるもの））
_____
```

(注1)　原産地に関する申告が協定書第3.17条第5項(b)に規定する同一の原産品の2回以上の輸送のために作成される場合には、当該申告が適用される期間を記載する。当該期間は、12か月を超えてはならない。当該原産品の全ての輸入は、記載された期間内に行わなければならない。そのような期間の適用がない場合には、この欄は、空欄とすることができる。

(注2)　輸出者が特定される参照番号を記載する。欧州連合の輸出者については、当該参照番号は、欧州連合の法令に従って割り当てられる番号とする。日本国の輸出者については、当該参照番号は、日本国の法人番号とする。輸出者が番号を割り当てられていない場合には、この欄は、空欄とすることができる。

(注3)　産品の原産地（欧州連合又は日本国）を記載する。

(注4)　場合に応じて、次の1又は2以上の記号を記載する。
　〇協定書第3.2条第1項(a)に規定する産品については、「A」
　※1. (1)完全生産品の場合
　〇協定書第3.2条第1項(b)に規定する産品については、「B」
　※1. (2)原産材料からのみ生産される産品
　〇協定書第3.2条第1項(c)に規定する産品については、「C」
　※1. (3)品目別原産地規則(PSR)を満たす産品
　「C」の場合は、当該産品に実際に適用される品目規則の種類に係る次の数字を追加的に付する。
　・関税分類の変更の基準については、「1」
　・非原産材料の最大限の割合（価額に基づくもの）又は最小限の域内原産割合（価額に基づくもの）の基準については、「2」
　・特定の生産工場の基準については、「3」
　※1. (3)③　加工工程基準
　・付録3 B-1第3節の規定の適用がある場合については、「4」
　※1. (3)④-2)　一部の自動車部品(HSコード8707.10自動車のボディ)に関する特別な生産工程による原産性の付与の規定を適用する場合。
　〇協定書第3.5条に規定する累積を適用する場合には、「D」
　※1. (3)④-3)　累積
　〇協定書第3.6条に規定する許容限度を適用する場合には、「E」
　※1. (3)④-4)　許容限度

(注5)　場所及び日付は、これらの情報が文書自体に含まれる場合には、省略することができる。

参考添付2：日EU・EPA用　英語による原産地に関する申告文（ANNEX 3-D）

(Period : from＿＿＿＿ to ＿＿＿＿ (1))

The exporter of the products covered by this document (Exporter Reference No ………(2)) declares that, except where otherwise clearly indicated, these products are of ………… preferential origin (3).

(Origin criteria used (4))
_____

(Place and date (5))
_____

(Printed name of the exporter)
_____

参考添付3:日EU・EPA用　原産品申告書(税関様式C第5292号-4)

税関様式C第5292号-4

原産品申告書
(経済上の連携に関する日本国と欧州連合との間の協定)

　本様式は、協定第3・18条に規定する「輸入者の知識」に基づく自己申告を行う場合に、任意様式として使用することができる。

1. 輸出者の氏名又は名称及び住所 (国名を含む)				
No.	2. 産品の概要 品名、仕入書の番号 (一回限りの輸入申告に使用する場合で、判明している場合) 等、輸入申告に係る内容と原産品申告書に係る内容との同一性が確認できる事項を記入する。		3. 関税分類番号 (6桁、HS 2017)	4. 適用する原産性の基準 (A、B、C (Cの場合 1、2、3)) 適用するその他の原産性の基準 (D、E)

5. 包括的な期間 (同一の産品が2回以上輸送される場合の期間)
6. その他の特記事項

7. 以上のとおり、2. に記載する産品は、経済上の連携に関する日本国と欧州連合との間の協定に基づく欧州連合の原産品であることを申告します。

作成年月日
作成者の氏名又は名称　　　　　　　　　　　印又は署名
作成者の住所又は居所
代理人の氏名又は名称　　　　　　　　　　　印又は署名
代理人の住所又は居所

※A: 完全生産品、B: 原産材料のみから生産される産品、C: 実質的変更基準を満たす産品、1:関税分類変更基準、2:付加価値基準、3:加工工程基準、累積若しくは許容限度の規定を適用した場合　D: 累積、E: 許容限度

(規格A4)

(出所:税関ホームページ)

参考添付 3 (裏面)

記　載　要　領

「産品の概要」欄において、四欄以上を要する場合には、原産品申告書（つづき（その　））（C 第 5292 号-2）に準じて作成するものとする。この場合、申告書の作成者欄に押なつされた印（又は署名）で割印をする。

「関税分類番号」欄は統一システム（2017 年版）の関税分類番号を六桁で記載する。

「包括的な期間(同一の産品が2回以上輸送される場合の期間)」欄中「包括的な期間」は、12 か月を超えてはならない。

「本原産品申告書の作成者」欄において、輸入者の代理人が申告する場合には、当該代理人の押印又は署名をし、輸入者の押印又は署名を要しない。

参考添付4：オーストラリア協定書、TPP11、日EU・EPA共通（税関様式C第5293号）

税関様式C第5293号

原産品申告明細書

（□オーストラリア協定、□TPP11協定、□EU協定）

1. 仕入書の番号及び日付	
2. 原産品申告書における産品の番号	3. 産品の関税分類番号
4. 適用する原産性の基準 　□WO（又はA）　□PE（又はB）　□PSR（又はC（□CTC（又は1）・□VA（又は2）・□SP（又は3）・□DMI（又はE）・□ACU（又はD））	
5. 上記4.で適用した原産性の基準を満たすことの説明	
6. 上記5.の説明に係る証拠書類の保有者 　□生産者、□輸出者、□輸入者	
7. その他の特記事項	
8. 作成者　氏名又は名称及び住所又は居所　　　印又は署名 　　　（代理人の氏名又は名所及び住所又は居所）　印又は署名 　　　作成　　年　　月　　日	

※WO（又はA）：完全生産品、PE（又はB）：原産材料のみから完全に生産される産品、PSR（又はC）：実質的変更基準を満たす産品、CTC（又は1）：関税分類変更基準、VA（又は2）：付加価値基準、SP（又は3）：加工工程基準、DMI（又はE）：僅少の非原産材料（又は許容限度）、ACU（又はD）：累積

（規格A4）

（出所：税関ホームページ）

参考添付 4 （裏面）

記 載 要 領

　原産品申告明細書は、適用する協定のボックスにチェックを付し、原産品申告書の産品毎に作成する。

　「原産品申告書における産品の番号」欄には、原産品申告書（C－5292、C－5292-3 又は C－5292-4）中「産品の概要」における産品の欄の番号（[1]、[2] など）を記載。

　「適用する原産性の基準」欄において、適用する基準にチェックを付す。なお、原産品申告明細書中の括弧内の記号は EU 協定に係るものである。

　「原産性の基準を満たすことの説明」欄には、適用する原産性の基準を満たしていることを示すために必要となる、以下のような事実を記載。
　　（注1）以下の記述は例示であり、どのように原産性の基準を満たしているのかについての説明が記載されたものであれば、以下の例示に限定されるものではないので留意。

・**完全生産品**：当該産品が、適用する協定において完全に得られた産品であることを確認できる事実（オーストラリア協定の場合、第3・3条(a)から(l)までのいずれに該当するのか等）

・**原産材料のみから完全に生産される産品**：すべての一次材料（産品の原材料となる材料をいい、当該原材料の材料を除く。）が適用する協定上の原産品であることを確認できる事実

・**関税分類変更基準**：すべての非原産材料の関税率表番号。
　　（注2）適用する協定により HS のバージョンが異なること、及び、適用する品目別規則に応じた関税率表番号の桁数とすることに留意。また、例えば、4桁変更の品目別規則を適用しようとする産品に係る非原産材料について、他の類（2桁）からの変更があることが確認できる場合には、当該非原産材料の関税率表番号の記載は2桁までで足りるので留意。

・**付加価値基準**：各協定に規定されている計算式を用いて、特定の付加価値を付けていることが確認できる事実
　　（注3）計算に使用する原産材料及び非原産材料の価額とは輸出締約国における価額とし、非原産（一次）材料の価額は輸出締約国に輸入された際の CIF 価額である。これらの価額が不明な場合には当該材料を産品の生産者が仕入れた価額とする。また、例えば、全ての非原産材料の CIF 価額の確認ができない場合に、確認できる原産材料の仕入価額等を用いて付加価値基準を満たすことが合理的に証明できるときは、当該非原産材料の CIF 価額を記載させる必要はないので留意。

・**加工工程基準**：当該基準に係る特定の製造又は加工の作業が行われていることが確認できる製造工程

・**その他の原産性の基準**：輸入しようとする産品が適用する協定に規定する原産性の基準を満たしていることを示すために必要となる事実
　　（注4）「原産性の基準を満たすことの説明」欄への記入にあたり、記載しきれない場合は、別添のとおりとして、別の紙にその説明となる事実を記載し、提出することも可。
　　（注5）上記の事実について、既存の資料がある場合には、当該資料も 5.欄以外の事項を付記したものを提出することも可。

　「作成者」欄において、代理人が作成する場合には、代理人の押印又は署名をし、作成者の押印又は署名を要しない。

参考添付5：TPP11用　原産品申告書（税関様式C第5292号-3）

税関様式C第5292号-3

原　産　品　申　告　書
(環太平洋パートナーシップに関する包括的及び先進的な協定)

1. 輸出者の氏名又は名称、住所（国名を含む）、電話番号及び電子メールアドレス

2. 生産者の氏名又は名称、住所（国名を含む）、電話番号及び電子メールアドレス

3. 輸入者の氏名又は名称、住所（日本国内に限る）、電話番号及び電子メールアドレス

No.	4. 産品の概要 品名、仕入書の番号（一回限りの輸入申告に使用する場合で、判明している場合）	5. 関税分類番号（6桁、HS 2012）	6. 適用する原産性の基準（WO、PE、PSR） 適用するその他の原産性の基準（DMI、ACU）

7. 包括的な期間（同一の産品が2回以上輸送される場合の期間）

8. その他の特記事項

9. 私は、この文書に記載する産品が原産品であり、及びこの文書に含まれる情報が真正かつ正確であることを証明する。私は、そのような陳述を立証することに責任を負い、並びにこの証明書を裏付けるために必要な文書を保管し、及び要請に応じて提示し、又は確認のための訪問中に利用可能なものとすることに同意する。

作成年月日
作成者の氏名又は名称　　　　　　　　　　印又は署名
代理人の氏名又は名称　　　　　　　　　　印又は署名
代理人の住所又は居所

本原産品申告書の作成者が（□輸入者、□輸出者、□生産者）

※WO：完全生産品、PE：原産材料のみから生産される産品、PSR：実質的変更基準を満たす産品、DMI：僅少の非原産材料、ACU：累積

（規格A4）

（出所：税関ホームページ）

参考添付 5（裏面）

記 載 要 領

「輸出者の氏名又は名称、住所（国名を含む）、電話番号及び電子メールアドレス」欄中、輸出者の住所は、環太平洋包括的及び先進的協定締約国内であって、産品が輸出された国に所在するものとする。生産者が原産品申告書を作成する場合であって、輸出者を特定する事項が不明な場合は空欄とする。

「生産者の氏名又は名称、住所（国名を含む）、電話番号及び電子メールアドレス」は、生産者が証明者又は輸出者と異なる場合に記載するものとし、同欄中、生産者が複数いる場合は、「複数」と記載するか生産者の一覧を提出する。生産者の情報の秘密が保持されることを希望する者は、「輸入締約国の要請があった場合には提供可能」と記載することができる。生産者の住所は、環太平洋包括的及び先進的協定の締約国内であって、産品が生産された国に所在するものとする。

「輸入者の氏名又は名称、住所（日本国内に限る。）、電話番号及び電子メールアドレス」は、判明している場合には記載するものとする。

「産品の概要」欄中「品名」及び「関税分類番号」は、必須項目。「関税分類番号」は統一システム（2012 年版）の関税分類番号を六桁で記載。

「産品の概要」欄について、四欄以上を要する場合には、原産品申告書（つづき（その　））（C 第 5292 号-2）に準じて作成するものとする。この場合、申告書の作成者欄に押なつされた印（又は署名）で割印をする。

「包括的な期間（同一の産品が 2 回以上輸送される場合の期間）」欄中「包括的な期間」は、12 か月を超えてはならない。

「本原産品申告書の作成者」欄において、輸入者の代理人が申告する場合には、当該代理人の押印又は署名をし、輸入者の押印又は署名を要しない。

第 6 章 その他の輸出入通関

6.1 関税暫定措置法第8条（暫8(ざんパチ)）

　関税定率法および関税法の暫定的特例を定めた関税暫定措置法第8条（以下「法8条」）について、「加工または組立のため輸出された貨物を原材料とした製品の減税」と規定しています。法8条は、いわゆる加工再輸入減税制度のことで、当該制度は1969（昭和44）年に機械類5品目を対象に創設されて以来、幾多の改正を経て、いまなお存続しています。

　ちなみに、変更の経緯は下記のとおりです。

1969（昭和44）年	・機械類5品目を対象にして創設された。
1988（昭和63）年	・機械類全般（実行関税率表第84類～92類）が対象品目となった。
1989（平成元）年	・織物製衣料（実行関税率表第62類）が対象品目に追加された。
1996（平成8）年	・輸出原材料の対象品目が拡大された。 ・減税額計算の方法が簡素化された。
1997（平成9）年	・加工制限の対象となっていた「刺繍加工」が撤廃された。
1999（平成11）年	・輸出原材料の対象品目が追加拡大された。 ・加工制限の対象となっていた「レース加工」が撤廃された。
2000（平成12）年	・革製品（実行関税率表第42.02項のうち外面が革製のもの）が対象品目に追加された。
2002（平成14）年	・ニット製衣料（実行関税率表第61類）が対象品目に追加された。 ・機械類（実行関税率表第85・87・90・91類）が対象品目から削除された。

	・海外ストック取引[1]による当該制度の適用を可能とするための原材料輸出が緩和された。
2003（平成15）年	・革製履物の甲（実行関税率表第64.06項10号の1）が対象品目に追加された。
2004（平成16）年	・衣料品の包装用紙製小袋（輸出統計品目表第48.19類40号）、紙製ハンガー（輸出統計品目表第48.23類90号の2）、紙製転写プリント（輸出統計品目表第49.08類90号）および安全ピン（輸出統計品目表第73.19類20号および74.19類99号）が輸出原材料の対象品目として追加された。
2005（平成17）年	・革製自動車用腰掛の部分品（実行関税率表第94.01類90号の1）が対象品目に追加された。
2006（平成18）年	・特例輸入申告が適用可能となった。
2008（平成20）年	・革製品用の輸出原材料の対象品目が拡大された。
2011（平成23）年	・11月14日以降に輸出される革等の委託加工に係る輸出承認が不要となった。
2013（平成25）年	・特例輸入者（AEO輸入者）および認定通関業者（AEO通関業者）の輸入申告時の提出書類が簡素化された。
2017（平成29）年	・カーシートレザー（実行関税率表第94.01類90号の1）が対象品目から除外された。
	・輸出原材料の規格等が加工・組立輸出貨物確認申告書に記載されており、製品の輸入通関時に当該輸出原材料との同一性が確認できる場合は、輸出時のサンプル提出が省略できるように簡素化された。
	・MSX業務[2]により提出する場合の関係書類の手続きを明記した。

1　海外ストック取引とは、委託加工契約が成立していない段階で、成約することを前提に加工予定地へ原材料をあらかじめ輸出しておき、成約後に当該原材料を使用した委託加工を行う取引形態。
2　MSX業務とは、インボイス（Invoice）、運送状、保険料明細書等の通関関係書類をPDF等による電磁的な方法で提出することができるNACCSでの申告業務のこと。

現在法8条を最も利用しているのは、アパレル業界だと思われます。それは、わが国と比較して賃金の安い中国、ベトナム、カンボジア、ミャンマーなどに生地や縫製糸などの関連部材を支給（輸出）し、縫製加工等を行った後、出来上がった製品をわが国に輸入するという形態が常態化した現象でもあります。

　労働集約型のアパレル産業がもたらすこのような現象は、国際水平分業の観点から委託加工先である発展途上国で多くの雇用を創出し、経済発展を助長する国際貢献という側面があります。しかし、その一方で、人件費の高騰や労働力不足等もあり、糸や生地に関しては世界的な生産技術を持つわが国の繊維業界の存続が危ぶまれるという事態に見舞われることになりました。

　法8条は、このようなジレンマへの関税面からの対処法として、わが国から輸出される原材料（政令第20条第1、第3項および第5項に定められた物品（表6-1参照）を関税暫定措置法施行令で定め、当該原材料が外国で加工または組立に供された後、原則として1年以内に特定の製品（法8条第1項第1、2および3号に定められた製品、表6-2参照）として輸入される場合に、その製品に係る原材料部分の関税を軽減することが趣旨となっています。ちなみに、原材料部分の関税の軽減とは、製品の関税の額に、当該輸出された貨物が輸出許可の際の性質および形状により輸入されるものとした場合の課税価格に相当するものとして政令で定めるところにより算出する価格の当該製品の課税価格に対する割合を乗じて算出した額の範囲内において、その関税を軽減することができることをいいます。（法8条第1項および施行令21条）

　また、法8条下での輸出入通関を適正に行うため、施行令および同施行規則が制定されており、その内容はきわめて複雑で煩雑な作業を伴うものとなっています。その複雑さや煩雑さから、法8条は通関業界において暫8（ザンパチ）と呼ばれ、通関事業者泣かせの法律として広く知られていることから、中には法8条を適用する通関を引き受けていない事業者もいるぐらいです。

　法8条の適用を受けることを前提として政令で定められている原材料を輸出する場合は、輸出申告時に輸出船積地を管轄する税関に加工・組立輸出貨物確認申告書[3]（以下「確認書」、図6-1参照）2通（原本および交付用）を提出し、内容の確認を受けることになっています。さらに、税関の確認を受け輸

出許可時に交付される確認書は、当該原材料が加工・組立後に輸入しようとする製品に使用されることを証す書類として、輸入通関時に提出すべき書類の一つと定められています（図6-2参照）。この書類の取扱い時に注意しなければいけないことは、確認申告書に記載されている当該原材料が全量一括で戻ってきて輸入通関されればよいのですが、一部が航空便や海上輸送で輸入される場合、また分割して来るような場合はそれぞれの輸入地を管轄する税関での輸入申告が必要で、その申告の都度確認書の原本を税関に提出することが定められています。つまり、輸入通関に合わせた確認書の持ち回りが原則とされています。

ただし、2017年10月以降の輸出入申告官署の自由化により、特例輸入者および認定通関事業者が行う輸入申告に限っては、貨物の蔵置場所を管理するいずれの税関官署に対しても輸入申告を行うことができるようになりました（関税法第67条の19）。したがって、両者が行う輸入申告の場合は、確認書等の書類の持ち回りは不要となっています。（関税暫定措置法施行令第23条、第33条の5 等）

また、当該確認書で申告した原材料が法8条の適用を受ける製品の輸出原材料である場合は、輸出申告書の欄ごとに設けられた「減免戻税条項符号」の箇所に法8条第1項を示すコード（20801）を入力することにより行うことになっています。もし記載漏れ等があった場合は、その適用を受けることができなくなりますので、輸出申告時には十分な注意を払う必要があります。

このように、法8条では、輸出通関と輸入通関は密接な関係にあり、両方を一連の流れとして包含管理することがより適正かつ迅速な通関手続を行う方法かと思われます。

アパレル業界では、法8条の適用を受けるためには次のような複雑な輸出入通関関係書類の作成と専門知識が必要なこと、さらに輸入の時期や場所が異なることがあらかじめ想定できるため、多くのアパレル企業は関係書類の作成や管理等を通関事業者に委託しています。

3 　加工・組立輸出貨物確認申告書（税関様式P第7700号）とは、政令第22条1項に定められた「当該貨物の性質及び形状その他再輸入の際の確認のために必要な事項」が記載された申告書のこと（図6-1参照）。

輸出入通関関係書類

【輸出申告時に必要な書類】
（1）委託加工契約が締結済の場合
　① 輸出申告書（税関様式C第5010号）
　② 加工・組立輸出貨物確認申告書（税関様式P第7700号、図6-1参照）
　③ 委託加工契約書または組立契約書等
　④ 必要に応じて見本等
（2）委託加工契約または組立契約の全部または1部が締結していない場合（政令第22条第2項ただし書扱い）
　① 輸出申告書（税関様式C第5010号）
　② 加工・組立輸出貨物確認申告書（税関様式P第7700号、図6-1参照）
　③ 総括実績表（税関様式P第7700号—2号）
　④ 個別実績表（税関様式P第7700号—3号）
　⑤ 必要に応じた生地見本等

【輸入申告時に必要な書類】
（1）輸出申告時に委託加工契約が締結済の場合
　① 輸入申告書（税関様式C第5020号）
　② 輸出許可書（付録の資料③参照）
　③ 加工・修繕・組立製品減税明細書（税関様式T第1060号）
　④ 付属書（税関様式P第7710号）
　⑤ 加工・組立輸出貨物確認申告書交付用（税関様式P第7700号）
　⑥ 契約書等
　⑦ 加工仕様書・加工指図書
　⑧ マスターパターンのマーキング仕様書
　⑨ 必要に応じた生地見本等
（2）輸出時に委託加工契約または組立契約の全部または1部が締結していない場合（政令第22第2項ただし書扱い）
　① 輸入申告書（税関様式C第5020号）
　② 輸出許可書（税関様式C第5010号）

③ 加工・修繕・組立製品減税明細書（税関様式T第1060号）

④ 付属書（税関様式P第7710号）

⑤ 加工・組立輸出貨物確認申告書関係

　1）加工・組立輸出貨物確認申告書交付用（税関様式P第7700号）

　2）総括実績表（税関様式P第7700号—2号）

　3）個別実績表（税関様式P第7700号—3号）

⑥ 契約書等

⑦ 加工仕様書・加工指図書

⑧ マスターパターンのマーキング仕様書

⑨ 必要に応じた生地見本等

また、システム業者が、複雑な書類の作成に対応したパソコン用ソフトを開発し、関係書類の作成代行を受託する通関業者向けに売り込んでいます。

近年、法8条による減税制度からEPAによる特恵関税制度[4]へのシフトが顕著にみられますが、関税の優遇措置のみならず、法8条での輸出入通関の複雑さや煩雑さから招くトラブルを回避することも相まっているものと思えます。

4　EPA（Economic Partnership Agreement：経済連携協定）による特恵関税制度とは、わが国とEPAを締結した国あるいは地域との間で、EPA特恵税率を適用することができる通関制度のこと。締結相手との関税譲許に従って関税の撤廃や引下げが行われるため、法8条の減税制度より優遇税制を享受できることがある。ただし、譲許のスケジュールによっては、必ずしも優遇税制とはならないので注意が必要である。また、EPA特恵税率の適用を受けるためには、原則としてEPA協定に基づいた現産品であることを証明する締結相手国の発給機関が発行した原産地証明書を提出する必要がある。

表 6-1 関税暫定措置法 8 条第 1 項の適用を受けることができる政令第20条 1 項、3 項および 5 項に定められたわが国からの輸出原材料（2019年 4 月 1 日現在）

1．法 8 条 1 項 1 号　革製品

輸出統計品目表（HS コード）	原材料の品目
第39類26項20号	プラスチック製衣類付属品
第39類26項90号	プラスチック製ハンガー等
第40類15項	ゴム製衣類付属品
第41類04項	牛または馬類の動物のなめした皮
第41類05項	羊のなめした皮
第41類06項	その他の動物のなめした皮
第41類07項	牛または馬類の動物の革
第41類12項	羊革
第41類13項	その他の動物の革
第41類14項	シャモア革、パテントレザーおよびパテントラミネーテッドレザーならびにメタライズドレザー
第42類03項	革製またはコンポジションレザー製の衣類および衣類付属品
第42類05項00号の 2	その他の革製品およびコンポジションレザー製品
第43類04項	人造毛皮およびその製品
第49類08項90号	紙製転写プリント
第50類04項	絹糸（縫糸に限る）
第50類07項	絹織物
第51類11項～13項	毛織物
第52類04項	綿製の縫糸（実行関税率表第11部注 5）
第52類08項～12項	綿織物
第53類09項～11項	麻織物等
第54類01項	人造繊維の長繊維の縫糸（実行関税率表第11部注 5）
第54類07項～08項	人造繊維の長繊維の織物
第55類08項	人造繊維の短繊維の縫糸（実行関税率表第11部注 5）
第55類12項～16項	人造繊維の短繊維の織物
第56類	不織布等
第58類	パイル織物、レース、ししゅう布
第59類	塗布、被覆、積層した織物
第60類	メリヤス編物およびクロセ編物
第61類	編物製の衣類および衣類付属品
第62類	織物製の衣類および衣類付属品
第73類19項40号	安全ピン（安全ピンに限る）
第73類26項20号	ブラジャーのワイヤー
第74類19項99号	安全ピン

	（ワイヤクロス［ワイヤエンドレスバンドを含む］、ワイヤグリルおよび網［銅の線から製造したものに限る］、銅製のエキスパンデッドメタルならびに銅製のばねを除く）
第83類08項	フック、アイ
第96類06項～07項	ボタン、ファスナー
第39類23項21号および29号、第48類19項40号、第48類21項10号、第48類23項90号に掲げる物品で包装に使用するもの	包装用袋（ポリエチレン製、塩化ビニル製、紙製）、製品に取り付ける紙製ラベル、衣類上衣の台紙（特定の形状に切ったもの）

２．法８条１項２号　繊維製品等

第39類26項20号	プラスチック製衣類付属品
第39類26項90号	プラスチック製ハンガー等
第40類15項	ゴム製衣類付属品
第42類03項40号	革製のその他の衣類付属品（レザーパッチを含む）
第48類23項90号の２	紙製ハンガー
第49類08項90号	紙製転写プリント
第50類04項	絹糸（縫糸に限る）
第50類07項	絹織物
第51類11項～13項	毛織物
第52類04項	綿製の縫糸（実行関税率表第11部注５）
第52類08項～12項	綿織物
第53類09項～11項	麻織物等
第54類01項	人造繊維の長繊維の縫糸（実行関税率表第11部注５）
第54類07項～08項	人造繊維の長繊維の織物
第55類08項	人造繊維の短繊維の縫糸（実行関税率表第11部注５）
第55類12項～16項	人造繊維の短繊維の織物
第56類	不織布等
第57類	じゅうたん
第58類	パイル織物、レース、ししゅう布
第59類	塗布、被覆、積層した織物
第60類	メリヤス編物およびクロセ編物
第61類	編物製の衣類および衣類付属品
第62類	織物製の衣類および衣類付属品
第63類	リネン、インテリア製品
第73類19項40号	安全ピン（安全ピンに限る）
第73類26項20号	ブラジャーのワイヤー
第74類19項99号	安全ピン （ワイヤクロス［ワイヤエンドレスバンドを含む］、ワイヤグリルおよび網［銅の線から製造したものに限る］、銅製のエキスパン

	デッドメタル並びに銅製のばねを除く
第83類08項	フック、アイ
第96類06項〜07項	ボタン、ファスナー
第39類23項21号および29号、第48類19項40号、第48類21項10号、第48類23項90号に掲げる物品で包装に使用するもの	包装用袋（ポリエチレン製、塩化ビニル製、紙製）、製品に取り付ける紙製ラベル、衣類上衣の台紙（特定の形状に切ったもの）

3．法8条1項3号　革製履物の甲

第39類21項	プラスチック製のその他の板、シート、フィルム、はく等
第41類07項	牛または馬類の動物の革
第41類12項	羊革
第41類13項	その他の動物の革
第41類14項	シャモア革、パテントレザーおよびパテントラミネーテッドレザーならびにメタライズドレザー
第42類05項00号の2	その他の革製品およびコンポジションレザー製品
第43類02項	なめしまたは仕上げた毛皮
第43類04項	人造毛皮およびその製品
第50類04項	絹糸（縫糸に限る）
第51類11項〜13項	毛織物
第52類08項〜12項	綿織物
第54類01項	人造繊維の長繊維の縫糸（実行関税率表第11部注5）
第54類07項〜08項	人造繊維の長繊維の織物
第55類08項	人造繊維の短繊維の縫糸（実行関税率表第11部注5）
第55類12項〜16項	人造繊維の短繊維の織物
第56類01項	紡績用繊維のウォッディングおよびその製品
第56類02項	フェルト
第56類03項	不織布
第56類09項	糸、ひも、網またはケーブルの製品
第64類06項10号	革靴の甲およびその部分品
第64類06項90号	靴のその他の部分品（本底およびかかと以外のもの）
第83類08項	フック、アイ
第96類06項〜07項	ボタン、プレスファスナー、スナップファスナー、プレススタッド、およびスライドファスナー等およびその部分品

（出所：財務省ホームページ）

表6-2 関税暫定措置法第8条1項が適用される輸入製品

	実行関税率表（HSコード）	主な製品名
第8条1項第1号 （革製品）	第42類02項に該当し、外面が革製またはコンポジションレザー製のもの 第42類03項に該当し、野球用グローブおよびミット以外のもの	旅行用バッグ、リュックサック、ハンドバック、財布等 革製またはコンポジションレザー製の衣類および衣類付属品等
第8条1項第2号 （繊維製品）	第57類 第61類 第62類 第63類	じゅうたん、その他の床用敷物 編物製衣料、衣類付属品 織物製衣料、衣類付属品 カーテンその他の繊維製品
第8条1項第3号 （革製履物の甲）	第64類06項10号の1に該当し、履物の甲（革製および毛皮を使用したもので、本底以外の底に取り付けてあるか否かを問わない）	革製履物の甲

（出所：筆者作成）

税関様式P第7700号

申請番号

加工・組立輸出貨物確認申告書

令和　年　月　日

税関長　殿

申　請　者
住所
氏名（名称及び代表権者の氏名）
　　　　　　　　　　　　　　　　印
（署名）

　下記の貨物は加工又は組立てのため輸出しますが、製品を輸入する際関税の軽減を受けたいので、関税暫定措置法施行令第22条第1項の規定により申請しますから確認して下さい。

記

輸出貨物の品名等	品　　名	貨物の性質、形状、記号及び番号	数量	輸出申告価格の計算の基礎

加工（組立）地名及び加工（組立）業者名	
加工又は組立の概要	
その他参考となるべき事項	
輸出申告書の番号	

（注）1．この申告書は2通を輸出申告をする税関官署に提出してください。
　　　2．申告者欄には、住所及び氏名を記載の上、押印又は署名のいずれかを選択することができます（法人においては、法人の住所及び名称並びにその代表権者の氏名を記載の上、法人又は代表権者の押印若しくは代表権者の署名のいずれかを選択）。

（規格A4）

図6-1　加工・組立輸出貨物確認申告書（税関様式P第7700号）
（出所：税関ホームページ）

〈表面〉

別表第一の三

根拠法規　輸出貿易管理規則第1条第1項第3号
主務官庁　経　済　産　業　省

輸　出　許　可・承　認　申　請　書

経済産業大臣殿
　　申　請　者

※許可・承認番号　_____
※有　効　期　限　_____

記名押印
又は署名　_____　　申請年月日　_____
住　　所　_____　　電話番号　　_____

次の輸出許可・承認を外国為替及び外国貿易法第48条第1項及び輸出貿易管理令第2条第1項第1号の規定により申請します。

取引の明細
(1) 買　主　名　_____　　住　所　_____
(2) 荷　受　人　_____　　住　所　_____
(3) 需　要　者（貨物を費消し、又は加工する者）
　　　　　　　　_____　　住　所　_____
(4) 仕　向　地　_____　　経由地　_____
(5) 商品内容明細

商品名	型及び等級	輸出貿易管理令 別表第1 貨物番号	別表第2 貨物番号	単位	数量	価額 単価	総額
					計	計	

（ただし、数量及び総額が_____%増加することがある。）

※許可・承認又は不許可・不承認

この輸出許可・承認申請は、｛外国為替及び外国貿易法第48条第1項／外国為替及び外国貿易法第67条第1項／輸出貿易管理令第2条第1項第1号（及び第　号）／輸出貿易管理令第8条第2項｝の規定により

許可・承認	する。
許可・承認	しない。
次の条件を付して	許可・承認する。

条件

経済産業大臣の記名押印

日　付　_____
資　格　_____
記名押印　_____

図6-2　輸出許可・承認申請書
（出所：経済産業省ホームページ）

〈裏面〉

(裏面)

※通 関

税関申告番号	商 品 名	船積数量	送状金額	積 出 港	通関月日	税関記名押印

注 (1) ※印の欄は、記入しないで下さい。
　 (2) 記載事項は、やむを得ない場合には、英語で記入しても差し支えありません。
　 (3) 需要者の欄は、需要者が申請時に確定していない場合には、「未定」と記入して下さい。
　 (4) 用紙の大きさは、A列4番とします。
　 (5) この申請書は、輸出貿易管理令第2条第1項第2号に該当する場合には、使用できません。

6.2　国際郵便による輸出入通関（郵便通関）

　外国へ送ろうとする信書、または送られてくる信書、あるいは比較的小さなサンプル品や個人宛てのプレゼントなどの場合、手軽に利用できる手段として国際郵便があります。

　しかし、信書は別にして、国際郵便は国内郵便と違い、対象物がいくら小さいからといっても通関を行わず、自由に外国向けに発送できるわけではありません。また、外国からの贈り物を国内郵便と同じように自動的に配達してくれるわけでもありません。

　国際郵便で物品を外国へ送る場合はれっきとした輸出行為であり、外国から送られてきた場合は輸入行為となるため、通関申告は必要です。

　郵便物の輸出入申告手続に関しては、以下のような規定が設けられています。

(1) 外国へ物品を発送する場合

　① 価格が20万円以下の場合

　輸出申告は不要ですが、郵便局に備え付けられている「税関告知書[5]」に必要事項を記載して、それを送付しようとする郵便物に貼付して、税関に対して、その内容を通知（輸出申告）する必要があります。

図6-3　国際郵便局
（出所：筆者撮影）

　これらの国際郵便物は、日本郵便株式会社の通関（国際）郵便局に集められ、同局内に設置されている税関外郵出張所で差出人の告知内容に相違がないかの確認・検査等が行われ、問題がなければそれぞれの仕向地向けに発送されます（図6-3参照）。ただし、法令により輸出の許可や承認が必要とされた物品の場合は、税関から「輸出郵

5　税関告知書とは、税関に対して国際郵便物の内容を通知するための書式で、物品の価格が300SDR未満の場合に使用する書式番号CN22と、300SDR以上の場合に使用する書式番号CN23の2種類あります。

便物の通関手続について」という葉書が送付されてきますので、それに従った手続を行わなければ、海外への発送は許可されません。

② 価格が20万円を超える場合

一般の輸出入貿易の場合と同様の通関手続が必要で、税関に輸出申告を行い、その許可を取得することが義務付けられています。この通関手続の案内は、郵便局で受けることができます。

通関手続は、通関代行業を行う日本郵便や他の通関事業者に委託する方法と、通関手続が行える保税地を管轄する税関で差出人自身が行う方法があります。

自身で通関手続を完了した場合は、税関より輸出許可書が交付されますので、それを日本郵便の通関郵便局に提示することで、郵便物を外国に向け発送することができます。

いずれの方法にしても、**通関手続を行うには郵便物の内容を記載したインボイス等の関係書類を事前に準備しておく必要があります。**

また、**法令により輸出の許可や承認が必要とされる規制対象物の場合は、事前に許可や承認を取得しておく必要があります。**

③ 事前検査制度

国際郵便の場合、日本郵便の通関郵便局内に設置された税関外郵出張所か、あるいは最寄りの税関官署で物品検査を事前に行うことにより、法的要件の適正確認を受けることができる制度があります。とくに、次のような場合は事前検査により、法的要件の適正確認を受ける必要があります。

1）外国から輸入した物品が契約内容と相違することにより、違約品として返送することで、関税の払い戻しを申請しようとする場合
2）輸入品を修繕するために輸出し、その後再輸入する際に減税申請をしようとする場合
3）他法令に抵触し、輸出の許可、または承認が必要な場合

この制度を利用して税関の事前検査を受けた場合、郵便物は「封かんテープ」により封印され、「事前検査済印」が押されて依頼人に戻されます。

(2) 外国から送られてきた物品を受け取る場合

課税価格が20万円以下の場合、すべての物品の申告は不要ですが、税関検査は行われます。その結果、関税および内国消費税・地方消費税が課されない郵

便物の場合はそのまま荷受人に配達されます。

次に、課税価格が20万円以下で、納税額合計が１万円以下の場合、あるいは１万円を超えて30万円以下の場合であっても、荷受人が郵便局による配達を希望する場合は、税関外郵出張所から郵便物と一緒に「国際郵便物課税通知書」と「納付書」が配達されてきますが、その時に日本郵便の配達員に税金の納付を同社に委託する旨の意思表示を行い、「国際郵便物課税通知書」に記載されている税額を支払えば、郵便物を受け取ることができます。

また、税関外郵出張所より「国際郵便物課税通知書」が送付されてきた同通知書に特定されている郵便局で納付書の交付手続きを行い、郵便局またはその他の金融機関で税額を支払えば郵便物を受け取ることができます。

さらに、価額が20万円を超える寄贈物品や無償貸与品を郵便で輸入する場合は申告が必要です。しかし、価格がはっきりしないことから、**税関長が賦課課税によってその課税価格と関税額を決定**します（関税法第76条第１項かっこ書、第67条）。

なお、税関外郵出張所の所在地は表６−３のとおりです。

6.3　旅具通関

外国貿易による商業貨物の輸出入は、一般輸出入通関としての業務通関扱い

表６−３　税関外郵出張所一覧（2014年９月現在）

東京税関　東京外郵出張所	03-5665-3755
〒136-0075　東京都江東区新砂３−５−14　日本郵便株式会社東京国際郵便局内	
横浜税関　川崎外郵出張所	044-270-5780
〒219-8799　川崎市川崎区東扇島88　日本郵便株式会社川崎東郵便局内	
名古屋税関　中部外郵出張所	0569-38-1524
〒479-0199　常滑市セントレア３−13−２　日本郵便株式会社中部国際郵便局内	
大阪税関　大阪外郵出張所	072-455-1850
〒549-8799　泉南市泉州空港南１番地　日本郵便株式会社大阪国際郵便局内	
門司税関　福岡外郵出張所	092-663-6260
〒811-8799　福岡市東区蒲田４−13−70　日本郵便株式会社新福岡郵便局内	
沖縄地区税関　那覇外郵出張所	098-854-8292
〒900-0025　那覇市壺川３−３−８　日本郵便株式会社那覇中央郵便局内	

で手続が行われます。これに対し、以下のような貨物の輸出入通関は、特殊貨物としての「旅具通関扱い」で簡易な手続で行うことができます。

なお、旅具通関扱いで手続が行える貨物は、原則として輸出入貿易管理令の規定により、輸出入の許可または承認を要しないものであって、出入国時に携帯するもの（輸出入携帯品）、あるいは出入国時の前後に別送するもの（輸出入別送品）および出入国する他者に託送するもの（輸出入託送品）となります。ただし、**自動車、船舶および航空機については、旅具通関扱いから除外され、業務通関扱い**とされています。

また、**旅具通関扱いで手続が行える輸入貨物は、あくまで「私用に供する」と認められるものに限り一定範囲内での免税の便宜が図られています。**さらに、免税範囲を超えるものについては、関税定率法第3条の2の規定に基づき、関税と国内消費税および地方消費税額を総合した簡易税率が適用され、賦課課税方式により課税されます。

ただし、販売目的の商業貨物については、旅具通関扱いでの手続が認められないため免税での輸入はできません。また、課税価格が30万円程度を超えるものについては、商業貨物および私用に供するものに関わりなく、旅具通関扱いとはならないため、業務通関扱いによる申告納税方式での輸入手続が必要となります。

(1) 輸出携帯品

旅具通関扱いで輸出手続が行える携帯品の範囲は以下の場合に限られ、また、この範囲内には別送品も含まれます。

- 品目ごとの数量が3個または3組以下のもの
- 品目ごとの数量が3個または3組を超え、10個または10組以下であって、その総額が30万円程度以下のもの
- 品目ごとの数量が10個または10組を超え、かつ、それに該当するすべての品目の総価額の合計額が30万円程度以下のもの

① わが国から出国する旅客または船舶の乗組員もしくは航空機の乗組員が携帯品として持ち出すことができる貨物
　1）輸出貿易管理令別表第6に掲げられているもの

・手荷物

・衣類

・書籍

・化粧品

・身辺装飾用品

・職業用具

・その他本人の私用に供するもので、必要と認められるもの

2）輸出貿易管理令別表第6に掲げられていないもの

・すべての品目の総価額の合計額が30万円程度以下のもの

　ただし、狩猟のため携帯する猟銃等であって、同令の規定による輸出の許可または承認を取得しているもののうち、税関長により支障がないと認められたものについては含まれます。

② 携帯品の輸出申告手続

　わが国から出国する旅客または船舶もしくは航空機の乗組員が携帯品として持ち出す貨物の輸出申告は、口頭により手続を行うことができます。

　ただし、以下のような場合において、外国製品を携帯して出国する際に手続を怠れば、再びわが国に持ち込む（再輸入する）する際に外国で購入したものとの区別がつかないため、課税対象貨物と見なされ、旅具通関扱いとしての手続が行えないこともあります。

1）旅客の場合

　出国時に携帯して持ち出す外国製品、たとえば時計、ネックレス、指輪などは「外国製品の持出し届」（図6-4参照）に必要事項を記入し、現品を添えて税関の確認を受けておく必要があります。また、スーツケースなどに入れた状態で持ち出す場合は、荷物を航空（船）会社に預ける前に税関の確認を受けなければなりません。

　なお、税関の確認印が押された「外国製品の持出し届」は、入国（帰国）の際に、税関への提出を求められます。

2）船舶もしくは航空機の乗組員の場合

　外国製品持出確認票（税関様式C第5330号、図6-5参照）を税関に提出した上で確認を受けておかなければ、再びわが国に持ち込む（再輸入

図6-4 外国製品の持出し届
(出所:税関ホームページ)

する)際に旅具通関扱いでの手続が行えません。

(2) 輸入携帯品

旅具通関扱いで輸入手続きが行える携帯品は、以下に掲げられる場合となります。

① わが国に入国(帰国)する旅客または船舶もしくは航空機の乗組員が携帯品として持ち込むことができる貨物

1) 関税定率法第14条第1号から第3号、第4号、第6号、第7号から第10号の規定に該当するもの

ただし、再輸入貨物に関しては、旅客または船舶もしくは航空機の乗組員が携帯して輸出したものに限られます。

2) 関税定率法施行令第33条の2の規定の適用を受けるもの

3) 輸入貿易管理令別表第2に掲げるものについては以下の範囲に限られ、また、この範囲には別送品も含まれます。

・品目ごとの数量が3個または3組以下のもの

・品目ごとの数量が3個または3組を超え10個または10組以下であって

（表　面）　　　　　　　　　　　　（裏　面）

税関様式C第5330号

外国製物品持出確認票

氏　　名 _____

生年月日 _____

所属会社名 _____

＜注意事項＞
1. 再び日本に持ち込む外国製品（時計、ゴルフ用具等で番号等によって同一性が確認されるものに限る。）を携帯輸出する場合は、この票に必要事項を記入し、輸出の際税関の確認を受けてください。
2. この票は繰り返し使用できますから、紛失、き損等のないよう十分注意願います。万が一紛失した場合は、その物品を日本に持ち込む際、課税されることがあります。
3. 外国製物品で持出確認済のものを携帯して、税関を通過するときは、その都度、この票を税関職員に提示してください。

品名・銘柄及び特徴	数量	税関確認印

品名欄には番号等詳しく記入して下さい。

図6-5　外国製物品持出確認票（税関様式C第5330号）
(出所：税関ホームページ)

　　その課税価格が30万円程度以下のもの
・品目ごとの数量が10個または10組を超え、かつ、それに該当するすべての品目の課税価格の合計額が30万円程度以下のもの
4）輸入貿易管理令別表第2に掲げられていないもの
・すべての品目の課税価格の合計額が30万円程度以下のもの

② 携帯品の輸入申告手続
1）旅客または航空機の乗組員の場合
　　以下のいずれかの手続により輸入申告を行う必要があります。
・携帯品・別送品申告書（税関様式C第5360号、図6-6参照）のA面の各項に記載して税関に提出し手続を行います。
　　なお、別送品として輸入する予定がある場合は、同申告書のA面およびB面の双方に必要事項を記載して税関に2通提出し、1通を確認

済の証として返却してもらっておく必要があります。
・国賓等に係る携帯品であって、あらかじめ税関に申告事項が報告されている場合等で、税関により監視取締上支障がないと認められた場合は、口頭により手続を行うことができます。
・携帯品の数量または価格が関税定率法第14条第7号または8号の規定に基づく免税の基準を超過している場合等の輸入申告は、携帯品・別送品申告書（税関様式C第5360号）のA面のほか、B面にも所用事項を記載して税関に提出し手続を行います。

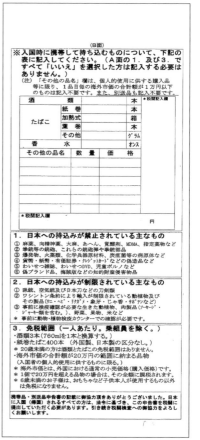

図6-6　携帯品・別送品申告書（税関様式C第5360号）

(出所：税関ホームページ)

2）船舶の乗組員の場合

以下の手続により輸入申告を行う必要があります。

・船舶が到着したわが国の最初の港において、乗組員携帯品申告書（税関様式 C 第5370号、図 6－7 参照）を税関へ 1 通提出して申告します。

乗組員携帯品申告書
CREW'S EFFECTS DECLARATION

						Page No
1. 船舶の名称 Name of ship		2. 関税等の免除が認められないもの又は日本への持込みが禁止若しくは制限されているもの Effects ineligible for relief from customs duties and taxes or subject to prohibitions or restrictions				
3. 船舶の国籍 Nationality of ship		酒類 Alcoholic Beverages	たばこ Tobacco Products	銃砲刀剣類 Firearms or Swords	その他 Others	
4. 番号 No 5. 氏名 Family name, given names	6. 職名 Rank or rating	数量 本 Bottle	数量 本又は瓦 Piece or Gram	数量 個 Number	品名、数量、価格 Articles, Quantity, Value	7. 署名 Signature

8. 日付及び船長又は委任を受けた代理人若しくは船舶の職員による署名
Date and signature by master, authorized agent or officer

(注) 日本の免税範囲等について不明な場合は、所持品すべてを記入し、その旨を税関職員に伝えてください。
Note When you are not sure of the duty-free allowance in Japan, fill in all the articles you have and remind it to a customs officer.

図 6－7 乗組員携帯品申告書（税関様式 C 第5370号）

（出所：税関ホームページ）

なお、船舶がその後わが国内の各港に寄港する場合は、当該申告書を船長に託すなどの方法により寄港地税関へ送付する必要があります。

また、別送品を輸入する予定がある場合は、携帯品・別送品申告書（税関様式C第5360号）のA面およびB面に必要事項を記載して税関に2通提出し、1通を確認済の証として返却してもらっておく必要があります。

(3) 携帯品の簡易税率

入国者の携帯品および別送品（引越貨物等）の輸入通関については、①関税が無税および免税の貨物、②関税法上の犯罪に係る貨物、③商業量に達する数量の貨物、高価な貨物、その他国内の産業に多大な影響を与える貨物（米、こんにゃく芋、海苔他）を除いて、有税による少額通関の場合は、簡易通関に基づく簡易税率によって処理されます。

この際、高級な外国製品等を携帯品として持ち込む場合には、出国時に申告した外国品等の持出し届（図6-4参照）で、輸入は、携帯品・別送品申告書（表6-5参照）によって申告を行います。この時に適用される税率は、関税定率法別表の付表第1の「入国者の輸入貨物に対する簡易税率表」で、「簡易税率」として定められています。たとえば、第1号のアルコール飲料は従量税率（ウィスキー・ブランデーは600円/L、ラム・ジン・ウォッカは400円/L、リキュール・焼酎は300円/L、ワイン・ビールは200円/L参照）、紙巻たばこ（11.5円/本）、アルコール飲料、たばこ以外の第2号のその他の物品は従価税率で15％となっています（表6-4参照）。

少額輸入通関に対する簡易税率表は、関税の税番適用の簡素化による納付手続効率化を図るため、関税定率表別表の関税率表に定める各品目については、同表の付表第2の「少額輸入貨物に対する簡易税率表」として、包括的な関税率を定めたものです。この点で、入国者の携帯品等に対する簡易税率が関税と内国消費税率および地方消費税率を総計して算出した税率であるものとはその内容を異にしています。

ちなみに、簡易関税率表は表6-5のとおりです。

(4) 輸出別送品

旅具通関扱いで輸出手続が行える別送品は、出国前に発送（輸出）するものについては旅券等により出国することが確実と認められる場合、出国後に発送

表6-4 携帯品に対する簡易税率（関税定率法第3条の2関係）

品名	税率
1．酒 類	
(1) ウィスキー、ブランデー	600円/L
(2) ラム、ジン、ウォッカ	400円/L
(3) リキュール、焼酎	300円/L
(4) その他のもの（ワイン、ビールなど）	200円/L
2．その他の物品（関税が無税のものを除く）	15%

（たばこ税およびたばこ特別税）

紙巻たばこ	1本につき12.5円

＊上記簡易税率表は、関税と消費税等国内消費税を合わせた税率です。ただし、(1)、(2)、(3) のリキュールについては租税特別措置法に基づく酒の特別税率です。
＊腕時計、ゴルフクラブ等関税がかからない品物には消費税及び地方消費税がかかります。ただし、次のようなものは簡易税率が適用されず一般の関税と消費税等がかかります。また、米については納付金の納付が必要となります。
・1個または1組の課税価格が10万円を超えるもの
・米
・食用の海苔、パイナップル製品、こんにゃく芋、紙巻たばこ以外のたばこ、猟銃
・品物の全部につき簡易税率の適用を希望しないとき

（輸出）するものについては出国後6か月以内の場合に限られます。

また、旅具通関扱いで輸出手続が行える別送品の範囲は以下の場合で、さらに、この範囲には携帯品も含まれます。

① わが国から出国する旅客または船舶の乗組員もしくは航空機の乗組員が別送品として発送できる貨物

　1）引越荷物

　　留学や職業上の理由等により海外で居住することを目的として出国する場合等で、本人およびその家族に供する生活用品等であって、必要と認められるもの。ただし、家庭用電気製品（冷蔵庫、テレビ、洗濯機等）、楽器（ピアノ、オルガンなど）および自転車等において本人が使用すると認められる範囲内で、1品目につき2個以上は認められないので留意が必要です。

　2）その他

　　輸出貿易管理令別表第6に掲げられる本人が供すると認められるものであって、重量や容積および形状等が何らかの理由により出国時に携帯品

表6-5 少額輸入貨物に対する簡易税率(関税定率法第3条の3関係)

2017年8月10日現在

	品目(具体的な品目例)	関税率
1	酒類	
	(1) ワイン	70円/L
	(2) 焼酎等の蒸留酒	20円/L
	(3) 清酒、リンゴ酒等	30円/L
2	トマトソース、氷菓、なめした毛皮(ドロップスキンを除く)、毛皮製品等	20%
3	コーヒー、茶(紅茶を除く)	15%
4	衣類および衣類付属品(メリヤス編みまたはクロセ編みのモノを除く)等	10%
5	プラスチック製品、ガラス製品、卑金属(銅、アルミニウム等)製品、家具、玩具、等	3%
6	ゴム、紙、陶磁器製品、鉄鋼製品、すず製品	無税
7	その他のモノ	5%

① 課税価格が1万円以下の貨物の場合、原則として、関税、消費税および地方消費税は免除されます。ただし、酒税およびたばこ税・たばこ特別消費税は免除されません。また、革製のバッグ、パンスト・タイツ、手袋・履物、スキー靴、ニット製衣類などは個人的な使用に供されるギフトとして居住者に贈られたものである場合を除き、課税価格が1万円以下であっても関税等は免除されません。
② 個人の方がご自身の個人的使用の目的で輸入する貨物の課税価格は、海外小売価格に0.6を掛けた金額となります。その他の貨物の課税価格は、商品の価格に運送費および保険料を足した金額になります。
③ 上記の関税率とは別に、内国消費税(消費税、酒税等)および地方消費税が別途課税されます。また、無税のものについては、内国消費税および地方消費税のみが課税されます。
④ 郵便物の重量制限などのため2個以上に分割されている場合は、この合計が課税価格となります。
⑤ 以下の事例のようなものについては、少額輸入貨物に対する簡易税率表は適用されません。
◎米などの穀物とその調製品
◎ミルク、クリームなどとその調整品
◎ハムや牛肉缶詰などの食肉調製品
◎たばこ、精製塩
◎旅行用具、ハンドバッグなどの革製品
◎ニット製衣類
◎履物
◎身辺用模造細貨類(卑金属製のものを除く)

として持ち出すことに不便等が生ずるような場合で、郵便や宅配便等により、別送して輸出するもの。

② 別送品の輸出申告手続

わが国から出国する旅客または船舶もしくは航空機の乗組員が別送品として持ち出す貨物の輸出申告は、輸出・輸入託送品(携帯品・別送品)申告書(税関様式C第5340号、図6-8参照)2通を税関に提出して手続を行います。

税関様式 C 第 5340 号
Customs Form C No.5340

Export / Import Declaration for Consigned Articles
(Accompanied Articles・Unaccompanied Articles)
輸出 / 輸入 託送品（携帯品・別送品）申告書

申告税関＿＿＿＿ To；(Name of Customs)　出入港年月日＿＿＿＿ Date of Departure or Entry
積載船（機）名＿＿＿＿ Vessel；Name　積出港（船（取）卸港）＿＿＿＿ Port of Shipment (Port of Unloading)
荷送人住所氏名＿＿＿＿ Name and Address of Consignor
受取人住所氏名＿＿＿＿ Name and Address of Consignee

品名 Description	数量 Quantity	価格 Value

託送品目録対象＿＿＿＿ Check on Consignments List　申告年月日＿＿＿＿ Date of Declaration
申告者住所氏名印＿＿＿＿ Name, Address and Signature of declarant

種別 Classification	※ 課税価格 Value for Duty	※ 税額 Amount of Duty
関税 Customs Duty		
消費税及び地方消費税 Consumption Tax and Local Area Consumption Tax		
酒税 Liquor Tax		
その他の税 Other Tax		
計 Total		

※許可印 Customs Seal of Permit

(注) 1. この申告書は2通提出してください。
2. 公用品については、証明書類を添付してください。
3. ※の箇所は記入しないで下さい。
Note 1. This declaration shall be submitted in duplicate.
2. The certificate shall be attached on articles for official use.
3. The declarant shall leave out the columns marked ※.

(規格A 4)

図6－8　輸出・輸入託送品（携帯品・別送品）申告書（税関様式C第5340号）
（出所：税関ホームページ）

なお、申告した税関の管轄内から、地域外の港や空港までの運送を必要とする場合は、当該申告書の裏面に運送先および運送期間等の所用事項を記載してもらい、保税運送の承認を得る必要があります。

(5) 輸入別送品

旅具通関扱いで輸入手続が行える別送品は、入国（帰国）後6か月以内に

輸入する場合に限られます。

また、旅具通関扱いで輸入手続が行える別送品の範囲は以下の場合で、またこの範囲には携帯品も含まれます。

① わが国に入国（帰国）する旅客または船舶もしくは航空機の乗組員が別送品として持ち込むことができる貨物

　1）引越荷物

　　わが国に1年以上滞在する外国人の入国、または海外で1年以上居住していた邦人の帰国に伴い、本人およびその家族が供する生活用品等であって必要と認められるもの。

　2）その他

　　輸入貿易管理令別表第2に掲げられているものであって、重量・容積および形状等の理由により入国時に携帯品として持ち込むことに不便等が生じるような場合で、郵便や宅配便等により、別送して輸入するもの。

　　なお、別送品として輸入するには以下の点を満たすことが条件となり、海外で購入したお土産品などを購入先に依頼して発送する場合はとくに留意する必要があります。

　・自分自身を名宛人として海外から発送したものであること。

　・梱包の外装に「別送品（Unaccompanied Baggage）」と表示されていること。

　・原則として、本人の入国（帰国）後6か月以内に輸入すること。

　・入国（帰国）の際に、携帯品・別送品申告書（税関様式C第5360号）を税関に2通提出し、税関の確認印が押された1通を所持していること。

② 別送品の輸入申告手続

　1）国際宅配便などによる場合

　　運送を依頼した国際宅配便会社などから、貨物の到着通知を受けた後、同宅配便会社などから輸入申告に必要な関係書類を受け取り、入国（帰国）の際に税関で確認を受け交付された携帯品・別送品申告書（税関様式C第5360号）、パスポート、領収書などを税関に提出して手続を行います。

　　あるいは、国際宅配便は運送と通関手続等の一貫サービスを提供してい

るため、パスポートおよび入国（帰国）の際に税関で確認を受けて交付された携帯品・別送品申告書など必要な関係書類一式を同宅配便会社に預けて、輸入申告手続を依頼することもできます。

2）国際郵便による場合（6.2項参照）

3）留意点

　自動車、自動二輪車、原動機付自転車、船舶および航空機については、業務通関扱いでの輸入申告手続を必要としますが、入国（帰国）する前に使用していたものについては、以下のような便宜がはかられています。

　輸入申告の際に自動車等の引越荷物免税申請書（税関様式T第1280号、図6-9参照）3通と、本人またはその家族がすでに使用していたこと、また船舶および航空機については、入国（帰国）前に1年以上使用していたことを証明する外国における登録書などを提出することにより、免税の適用を受けることができます。

　ただし、輸入の許可日から2年以内に転売および譲渡等を行った場合は、免税された関税および国内消費税がただちに徴収されることになります。

(6) **輸出託送品**

　わが国と外国とを往来する船舶または航空機に積載し、出国する旅客または船長もしくは機長に委託して輸出手続を行い、船荷証券を作成せずに運送される貨物。

① わが国から出国する旅客または船長もしくは機長に託すことができる貨物

1）受取人の個人的使用に供されるものまたは総額が30万円程度以下のもの

2）受託者の属する船会社または航空会社名が印刷されている便せん、封筒、積荷目録、船荷証券、船積書類等で他の目的または用途に供される恐れのないもの

3）総額60万円以下の無償の商品見本または宣伝用物品

4）外国公館が輸出する公用品または外国の外交官等が輸出する自用品

5）わが国の在外公館に送付される公用品

申請番号　　　　　　　　　　　　　　　　　　　　　　　　税関様式T第1280号
Application No.＿＿＿＿＿　　　　　　　　　　　　　　Customs Form T No.1280

自動車等の引越荷物免税申請書
Application Duty Exemption on Household Effect, removed on account of Removal of Residence such as Automobiles. etc.

平成　　年　　月　　日
Date:＿＿＿＿＿＿＿＿

税関長殿
To Director of Customs:＿＿＿＿＿＿＿＿＿＿＿＿

申請者
Applicant:

住所又は所在地
Address or Location:＿＿＿＿＿＿＿＿

氏名又は名称
Name and/or Sign. or Trade Name:＿＿＿＿＿＿＿＿㊞

関税定率法第１５条第１項第９号の規定により免税を受けたいので関係書類を添え下記のとおり申請します。

Attaching the relevant documents, I hereby for duty exemption under Item 9, par. 1, Art. 15 of the Customs Tariff Law, as follows.

記

使用者氏名 Name of owner				国籍 Nationality	
職業 Occupation		パスポート番号 Passport No.		在籍資格 Status in Japan	
入国年月日 Date of entrance		船名又は機名 Name of vessel or aircraft		入国港名 Port of entrance	
日本において同居する家族の数 Number of family residing in Japan		使用の目的 Purpose for use			
現住所 Present address				電話（　　） Tel.	
勤務先住所及び名称 Name and address of office				電話（　　） Tel.	

自動車（船舶、航空機）の名称 Name of automobile(vessel, aircraft)	形式 Model	年式 Type	車台番号 Chassis No.	機関番号 Engine No.

（注）１．関税及び内国消費税の免税を受けた上記の貨物が、輸入の許可の日から２年以内に自己又は家族の個人的な使用以外の他の用途に供されたときは、免税を受けた関税及び内国消費税は直ちに徴収されます。

２．入国前に申請者又はその家族が既に使用したこと（船舶又は航空機については、入国前１年以上申請者又はその家族が使用したこと）を証明する書類を添付して下さい。

３．入国の際、上記物品について別送申告をしてあつたときは、税関の確認を受けた別送申告書を添付してください。

４．本邦に住居を移転するため入国するものであることを証するパスポートその他の書類を提示してください。

Remarks: 1. If the above mentioned goods, exempted from customs duty and internal tax, are offered for use other than the personal use of yourself or your family, within 2 years after the import permit was granted for the goods, there shall immediately be collected the customs duty and internal tax exempted.

2. The application shall be accompanied with:

(i) The document certifying that goods (except the vessels and aircrafts)have been used by you or your family before your entry into Japan (in case of the vessels and aircrafts, the document certifying that these have been used by you or your family one year or more before your entry into Japan), and.

(ii) The declaration for unaccompanied goods, certified by the customs, if the goods mentioned above were declared in advance as unaccompanied goods upon your entry into Japan.

3. The passport or any other document certifying your entry into Japan for removal of your residence shall be produced.

（規格Ａ４）

図6－9　自動車等の引越荷物免税申請書（税関様式T第1280号）

（出所：税関ホームページ）

②　輸出託送品の申告手続

船長または機長に託す場合は船舶または航空機に積み込まれる以前に、また出国する旅客に託す場合においては出国手続をする前までに、託送を受諾した者が「輸出・輸入託送品（携帯品・別送品）申告書（税関様式C第5340号）」を船舶または航空機が停泊している港または空港を管轄する税関

に提出して手続を行います。

(7) 輸入託送品

わが国と外国とを往来する船舶または航空機に積載し、入国（帰国）する旅客または船長もしくは機長に委託して輸入手続を行い、船荷証券を作成せずに運送される貨物。

① わが国に入国（帰国）する旅客または船長もしくは機長に託すことができる貨物

1）輸入貿易管理令別表第1第4号に掲げるものまたは課税価格が30万円程度以下のもの
2）受託者の属する船会社または航空会社名が印刷されている便せん、封筒、積荷目録、船荷証券、船積書類等で、課税価格が20万円程度を超えないもの
3）無償で送付される宣伝用印刷物または関税定率法第14条第6号の規定の適用を受ける商品見本で、課税価格が20万円程度を超えないもの
4）外国公館の公用品または外交官等の自用品
5）わが国の在外公館から送還された公用品

② 輸入託送品の申告手続

船長または機長に託した場合においては船舶または航空機から荷卸しされる前に、また入国（帰国）する旅客に託した場合においては入国手続をする前までに、船長または機長あるいは荷受人が、輸出・輸入託送品（携帯品・別送品）申告書（税関様式C第5340号、図6‑8参照）を船舶または航空機が停泊している港または空港を管轄する税関に提出して手続を行います。

付録 帳票類

資料① インボイス

Invoice

ABC
ABC INTERNATIONAL CORPORATION
Aoyama Bldg. 17F F, P.O.Box No.1
37-1, Aoyama 5-chome, Minato-ku
Tokyo 111-8888, Japan

TEL:(03)5777-0555
FAX:(03)5777-0666

INVOICE

Invoice NO. 7102720 date Feb.02.2001

of

on acqount and risk of

| messrs. | XYZ EUROPE B.V. | address. | INDUSTRIEWEG 28
42586 ZUELPICH, ROTTERDAM,
THE NETHERLANDS
TEL:02361/9470-0 |

shipped from YOKOHAMA, JAPAN   to   ROTTERDAM
per "DONAU BRIDGE" via date Feb.10.2001.
payment REMITTANCE 90 DAYS AFTER B/L DATE
contract No. 7102720   P/O No. 2200100271

CASE NO.	DESCRIPTION OF GOODS	QUANTITY	UNIT PRICE	AMOUNT
	ELECTRIC OVEN SET & TV MONITOR			CIF ROTTERDAM
1	ELECTRIC OVEN SET	4 SET	@ ¥312,000 JPY	¥1,248,000
2	TV MONITOR S/N.0821,0822	2 EA	¥60,000	¥120,000
3	TV MONITOR S/N.0823,0824	2 EA	¥60,000	¥120,000
TOTAL :	THREE (3) WOODEN CASES	4 SET & 4 EA	JPY	¥1,488,000

SHIPPING MARK :   O/N 2200100271

7102720
ROTTERDAM
MADE IN JAPAN
NO.1-3

COUNTRY OF ORIGIN : JAPAN
FREIGHT : PREPAID

Insured with The Chiyoda Fire and Marine
Insurance Co., Ltd. Under Open Policy No.
5196-6290.
Against All Risks,incl. War & S.R.C.C.
Insured Value & Amount: 110% of Invoice Value.

ABC INTERNATIONAL CORPORATION

AUTHORIZED SIGNATURE

資料② パッキングリスト

Packing List

ABC
ABC INTERNATIONAL CORPORATION
Aoyama Bldg. 17F F, P.O.Box No.1
37-1, Aoyama 5-chome, Minato-ku
Tokyo 111-8888, Japan

TEL:(03)5777-0555
FAX:(03)5777-0666

PACKING LIST

Invoice NO. 7102720   date Feb.02.2001

of

on account and risk of

messrs. XYZ EUROPE B.V.   address. INDUSTRIEWEG 28
                                              42586 ZUELPICH, ROTTERDAM,
                                              THE NETHERLANDS
                                              TEL:02361/9470-0

shipped from YOKOHAMA, JAPAN   to   ROTTERDAM
                                     via
per   "DONAU BRIDGE"   date   Feb.10.2001.
payment   REMITTANCE 90 DAYS AFTER B/L DATE

contract No. 7102720   P/O No. 2200100271

CASE NO.	DESCRIPTION OF GOODS	QUANTITY	NET WEIGHT	GROSS WEIGHT
	ELECTRIC OVEN SET & TV MONITOR			
1	ELECTRIC OVEN SET	4 SET	280 KGS	
2	TV MONITOR S/N.0821,0822	2 EA	20 KGS	
3	TV MONITOR S/N.0823,0824	2 EA	20 KGS	
TOTAL :	THREE (3) WOODEN CASES	4 SET & 4 EA	320 KGS	

SHIPPING MARK :   O/N 2200100271

```
   ABC
  7102720
 ROTTERDAM
MADE IN JAPAN
  NO.1-3
```

COUNTRY OF ORIGIN : JAPAN
FREIGHT : PREPAID

Insured with The Chiyoda Fire and Marine
Insurance Co., Ltd. Under Open Policy No.
5196-6290.
Against All Risks,incl. War & S.R.C.C.
Insured Value & Amount; 110% of Invoice Value.

ABC INTERNATIONAL CORPORATION

AUTHORIZED SIGNATURE

資料③　輸出許可書

```
<SEA/EXP>                輸出許可通知書（大額）                      1/1
代表統番    申告種別   区分   あて先税関   提出先   申告年月日      申告番号
 0602      L E  E     2    OSAKAGAIYU    88    2010/01/15   435 6832 9700
                                      申告条件[　]                本申告[　]

輸出者        －    SAEKI SUMIHIRO
 住所      7918022  EHIME KEN    MATSUYAMA SHI
                   MISAWA 2-6-24

 電話     0899275740
仕向人        －    ROMAN PAVLICA
 住所              BREHOVA 10, BRNO
                   61400
                   CZECH REPUBLIC                         国コード   CZ
 代理人    4AJPP   JAPAN POST SERVICE A. ADACHI OSAKA INT  通関士コード 21029

輸出管理番号  EG026697310JP      貨物個数         1 CT
AWB番号                        貨物重量        11.180 KGM
                              保税地域   4JW01  JP-KIX
最終仕向地  CZZZZ   OTHER       事前検査済貨物等識別　[　]
積込港     JPZZZ   UNKNOWN     貿易形態別符号   218    調査用符号
積載予定船（機）名
出港予定年月日  2010/01/15    船積（搭載）確認（関税[　] 内国消費税[　] その他[　]）
記号番号

輸出承認証等区分  E1            仕入書番号       －
輸出承認証番号等 (1) ELNO U-AG-09-100246   仕入書番号（電子） －
                (2) PLNO 675-91-0000193  仕入書価格  FOB-JPY-      243,500 - A
                (3)                     FOB価格          －
                (4)                     通貨レート        －
                (5)                     BPR合計

                                              構成  1 枚  1 欄

バンニング場所
  住所

コンテナ適用日           コンテナ本数     本
記事（税関）  CITES U-AG-09-100246(W)

記事（通関）  01008
記事（荷主）
社内整理番号              利用者整理番号 00327 荷主リファレンス番号

税関通知欄
  関税法第67条の規定により、あなたが申告した貨物の輸出を許可します。
  許可年月日   2010/01/15           大阪税関大阪外郵出張所長
  保税運送承認期間 2010/01/15 ～ 2010/02/03
  (注) この申告に基づく処分について不服があるときは、その処分があったことを知った日の翌日から起算して
      2ヶ月以内に税関長に対して異議申立てすることができます。

< 01 欄 >  統合先欄                                      価格再確認 [　]
  品名  LIVE PLANT (INCLUDING ROOTS), N. E. S.   統計品目番号 0602.90-900 5
  申告価格（FOB）    ¥243,500              数量(1)           10 KG
                  (              )         数量(2)
                                           BPR按分係数
                                           BPR金額
  関税法70条関係(1)    (2)    (3)    (4)    (5)    輸出令別表 20360  外為法第48条 [　]
  減免戻税条項符号                      (法)                (令)
  内消税免税符号
```

資料③ （裏面）

```
<SEA/EXP>              輸出許可通知書（大額）（つづき）              2 / 2

代表統番    申告種別    区分    あて先税関    提出先    申告年月日    申告番号
 5208        LE        1 Y     ROKKOU        02       2017/ . .

< 02 欄>  統合先欄                                                  価格再確認[  ]
        品名         .   .                統計品目番号   5208.29-000 6
        申告価格（FOB）        ¥             数量（1）
                    (           )           数量（2）
                                            BPR按分係数
                                            BPR金額
        関税法70条関係(1)   (2)    (3)    (4)    (5)    輸出令別表      外為法第48条[  ]
        減免戻税条項符号  2080    暫定法  (出) 法第8条第1項    (令)
        内消税免税符号     －

< 03 欄>  統合先欄                                                  価格再確認[  ]
        品名         .   .                統計品目番号   5208.52-300 X
        申告価格（FOB）        ¥             数量（1）
                    (           )           数量（2）
                                            BPR按分係数
                                            BPR金額
        関税法70条関係(1)   (2)    (3)    (4)    (5)    輸出令別表      外為法第48条[  ]
        減免戻税条項符号  2080    暫定法  (出) 法第8条第1項    (令)
        内消税免税符号     －
```

資料④　輸入実行関税率表

番号 No.	統計 細分 Stat. Code No.	N A C C S 用	品　名	税　率 Rate of Duty				単位 Unit	Description
				基　本 General	協　定 WTO	特　恵 Preferential	暫　定 Temporary		
20.02			調製し又は保存に適する処理をしたトマト（食酢又は酢酸により調製し又は保存に適する処理をしたものを除く。）						Tomatoes prepared or preserved otherwise than by vinegar or acetic acid:
2002.10	003	4	トマト（全形のもの及び断片状のものに限る。）	9.6%	9%	7.6% *無税 Free		KG	Tomatoes, whole or in pieces
2002.90			その他のもの						Other:
	100	3	1 砂糖を加えたもの	22.4%	13.4%	*無税 Free		KG	1 Containing added sugar
			2 その他のもの						2 Other:
			(1) トマトピューレー及びトマトペースト	20%					(1) Tomato purée and tomato paste:
			―気密容器入りのもの 注：保税工場において輸出用の魚又は目類の缶詰の製造に使用し、かつ、積み戻したものは、関税法により輸入貨物とせず、関税を課さない。		16%				In airtight containers Note: The goods, above mentioned, when used at a bonded manufacturing ware-house for the manufacture of canned fish or shellfish for export and re-exported shall be exempted from customs duty in accordance with the provisions of the Customs Law, Law No. 61, 1954:
	211	2	――トマトケチャップその他のトマトソースの製造に使用するものについて、当該年度における国内需要見込数量から国内生産見込数量を控除した数量を基準とし、国際市況その他の条件を勘案して政令で定める数量以内のもの			*無税 Free		KG	For the quantity (quota) stipulated for manufacture of tomato ketchup and other tomato sauces by a Cabinet Order, on the basis of the quantity of prospective domestic demand in the coming fiscal year (April-March) with deduction of the quantity of prospective domestic production, and also in consideration of international market situation and other relevant conditions
	219	†	――その他のもの			*無税 Free		KG	Other
			――その他のもの		16%				Other:
	221	5	――トマトケチャップその他のトマトソースの製造に使用するものについて、当該年度における国内需要見込数量から国内生産見込数量を控除した数量を基準とし、国際市況その他の条件を勘案して政令で定める数量以内のもの			*無税 Free		KG	For the quantity (quota) stipulated for manufacture of tomato ketchup and other tomato sauces by a Cabinet Order, on the basis of the quantity of prospective domestic demand in the coming fiscal year (April-March) with deduction of the quantity of prospective domestic production, and also in consideration of international market situation and other relevant conditions
	229	†	――その他のもの			*無税 Free		KG	Other
	290	4	(2) その他のもの	9.6%	9%	7.6% *無税 Free		KG	(2) Other
20.03			調製し又は保存に適する処理をしたきのこ及びトリフ（食酢又は酢酸により調製し又は保存に適する処理をしたものを除く。）						Mushrooms and truffles, prepared or preserved otherwise than by vinegar or acetic acid:
2003.10			きのこ（はらたけ属のもの）						Mushrooms of the genus *Agaricus*:

（注）20.02, 20.03　食品衛生法　　　　(Note) 20.02, 20.03　Food Sanitation Law

資料⑤　輸入許可通知書

```
                          輸入許可通知書
                          輸入許可通知書
                                                        <IMP>
代表税番    申告種別  区分   あて先税関  提出先  申告年月日  蔵置場所    申告番号
 8504L       IC      I    SIMONOSEKI   03    19991013    6ND15    61000637820
                                     予備申告[ ] 申告予定年月日 19991013 本申告[ ]
輸入者
 住所
 電話
代理人    6SKKN    KANKO KISEN CO.LTD. K.YAMAMOTO         通関士コード 711
保税地域   TERMINAL-1      一括申告[ ]
輸入取引者
輸出者
                      CO., LTD.
 住所

 電話              輸出の委託者

B/L番号 (1) 9999KPFCBK991010304  (2)              (3)
        (4)                      (5)
貨物個数              3CR       貨物重量(グロス)      900.000KGM
貨物容積           6.900MTQ    貨物重量(ネット)      631.000KGM
貨物の記号等    T.L.T         EFD231005K     TOKYO, JAPAN   C/NO.:1/3-
               3/3      MADE IN KOREA

積載船(機)名  9999   HAMAYUU              入港年月日 .   19991011
船(取)卸港   JPSHS SHIMONOSEKI - YAMAGU   船(機)籍符号     1
積出地        KRPUS PUSAN                 貿易形態別符号   418
コンテナ扱い [ ]  航空貨物 [ ]  調査用符号
本船・ふ中扱い           はしけ名
係留場所          積付状況

原産地証明  特恵用 [ ]  協定用 [ ]  その他 [ ]   包括審査          戻税申告 [ ]
貿易管理令 [ ]   輸入承認 [ ]   支払手段等 [ ]
関税法70条関係許可承認 (1)      (2)      (3)     (4)      (5)
共通管理番号           食品 -           植防 -              動検 -
輸入承認証番号等 (1)                    (2)
             (3)                    (4)
             (5)
インボイス番号    B-               インボイス年月日
インボイス価格   A-FOB-JPY-    7,200,000   評価 0-
運賃         A-USD-          200.10   補正 -   -          -
保険         D- -                     -   -               -
通関金額      -                    -
ベーシックPR合計          -        計算方式 [ ]

都道府県  35-山口県

口座 [B] 直納 [ ] 納期限延長 [ ] BP申請事由    たばこ登録    石油承認

    税科目            税額合計  欄数     税科目             税額合計  欄数
 D 関税                  ¥0    0    F 消費税           ¥288,800   1
 A 地方消費税        ¥72,200    1

                                          納税額合計        ¥361,000

            担保額                         構成  3 枚  1 欄

記事 (税関用)
記事 (通関業者用)                   社内整理番号    407-0722-K
記事 (荷主用)                       利用者整理番号  00345
通貨レート    USD-  106.09

  (注) この申告による課税標準又は納付すべき税額に誤りがあることがわかったときは、修正申告又
       は更正の請求をすることができます。なお、輸入の許可後、税関長の調査により、この申告に
       よる税額等を更正することがあります。

 [税関記入欄]
                                     審査印    審査印    許可・承認年月日
```

資料⑤ （裏面）

輸入許可通知書（つづき）

＜ＩＭＰ＞

代表税番	申告種別	区分	あて先税関	提出先	申告年月日	蔵置場所	申告番号
8504L	IC	1	SIMONOSEKI	03	19991013	6ND15	61000637820

＜01欄＞統合先欄
品名　BALLAST FOR DISCHARGE LAMP OR TUBE
税表番号　8504.10
申告価格（ＣＩＦ）　　　　　¥7,221,228

品目番号　　　850410-0006　　　単価確認 [ ]
数量（1）　　　30,000.00NO
数量（2）　　　　　631.00KG
課税標準数量

関税率　S　　　　　FREE
関税額　　　　　　　　　　　　¥0
減免税額

特恵適用 [ ]　　　　　　　輸入令別表
ベーシックＰＲ按分係数
ベーシックＰＲ金額　　　　7,221,228
原産地　KR-R. KOREA-R　　　運賃按分 [ ]

減免税法条項　定 [ ] 暫 [ ] 法　　　令
－内国消費税等（1）　消費税
　課税標準額　　　　　　¥7,221,228

別表　　　減免税コード
種別　F1
課税標準数量

　税率　　4%
　税額　　　　　　　　　　¥288,840
　減免税額

減免税コード
輸徴法 [ ]　租特法 [ ]　その他 [ ]
減免税条項

－内国消費税等（2）　地方消費税
　課税標準額　　　　　　¥288,800

種別　A1
課税標準数量

　税率　　25%
　税額　　　　　　　　　　¥72,200
　減免税額

減免税コード
輸徴法 [ ]　租特法 [ ]　その他 [ ]
減免税条項

－内国消費税等（3）
　課税標準額

種別
課税標準数量

　税率
　税額
　減免税額

減免税コード
輸徴法 [ ]　租特法 [ ]　その他 [ ]
減免税条項

＜　欄＞統合先欄
品名
税表番号
申告価格（ＣＩＦ）

品目番号　　　　　　　　　単価確認 [ ]
数量（1）
数量（2）
課税標準数量

関税率
関税額
減免税額

特恵適用 [ ]　　　　　　　輸入令別表
ベーシックＰＲ按分係数
ベーシックＰＲ金額　　　－
原産地　　－　　－　　　　運賃按分 [ ]

減免税法条項　定 [ ] 暫 [ ] 法　　　令
－内国消費税等（1）
　課税標準額

別表　　　減免税コード
種別
課税標準数量

　税率
　税額
　減免税額

減免税コード
輸徴法 [ ]　租特法 [ ]　その他 [ ]
減免税条項

－内国消費税等（2）
　課税標準額

種別
課税標準数量

　税率
　税額
　減免税額

減免税コード
輸徴法 [ ]　租特法 [ ]　その他 [ ]
減免税条項

－内国消費税等（3）
　課税標準額

種別
課税標準数量

　税率
　税額
　減免税額

減免税コード
輸徴法 [ ]　租特法 [ ]　その他 [ ]
減免税条項

資料⑥ GSP Form A

Customs Form P - 8210

Certificate of Origin

1. Goods consigned from (Exporter's business name, address, country)	Reference No **GENERALISED SYSTEM OF PREFERENCES CERTIFICATE OF ORIGIN** (Combined declaration and certificate) **FORM A**
2. Goods consigned to (Consignee's name, address, country)	Issued in .... (country) <div align="right">See Notes overleaf</div>
3. Means of transport and route (as far as known)	4. For official use

5. Item number	6. Marks and numbers of packages	7. Number and kind of packages; description of goods	8. Origin criterion (See Notes overleaf)	9. Gross weight or other quantity	10. Number and date of invoices

11. Certification It is hereby certified, on the basis of control carried out, that the declaration by exporter is correct. Place and date, signature and stamp of certifying authority	12. Declaration by the Exporter The undersigned hereby declares that the above details and statements are correct; that all the goods were produced in .... (country) and that they comply with the origin requirements specified for those goods in the Generalised System of Preferences for goods exported to .... (importing country) Place and date, signature of authorized signatory

参考文献

1）TPP11協定書
2）石原伸志『増補改訂　貿易物流実務マニュアル』、成山堂書店、2015年
3）石原伸志・小林二三夫・花木正孝・吉永恵一『改訂　新貿易取引』、経済法令研究会、2019年
4）外務省ホームページ（特恵関税制度他）　https://www.mofa.go.jp/mofaj/
5）経済産業省「第Ⅲ部　経済連携協定・投資協定；第1章　物品貿易の諸論点」『不公正貿易報告書』
6）経済産業省ホームページ　https://www.meti.go.jp/
7）神戸税関監視部「保税蔵置場等非違事例」
8）財務省「輸入事後調査の状況」
9）財務省・関税局「原産地規則の概要」
10）財務省・関税局「事後調査の非違事例について」
11）財務省・関税局「輸出入申告官署の自由化・通関制度の見直しについて」
12）財務省ホームページ　https://www.mof.go.jp/
13）税関ホームページ　http://www.customs.go.jp/
14）東京税関「一般特恵関税マニュアル」
15）名古屋税関「保税業務検査と非違について」
16）日EU・EPA協定書
17）日本関税協会『関税関係基本通達集』
18）日本関税協会『関税六法』
19）日本関税協会『実行関税率表』
20）日本関税協会『通関士試験の指針』
21）日本関税協会『貿易と関税（Trade Journal）』
22）日本関税協会『輸出統計品目表』
23）日本関税協会教育セミナーテキスト『2019年通関手続（入門編）』
24）日本通関業連合会『加工再輸入減税事務処理要領（関税暫定措置法第8条）』

25）日本通関業連合会『関税分類の要諦』

26）日本通関業連合会『税関・貿易用語集』

27）日本通関業連合会『通関業法に基づく申請届出報告等の手引書』

28）日本通関業連合会『通関士六法』

29）日本通関業連合会「JCBA (Japan Customs Brokers Association)」

30）日本貿易振興機構「TPP11解説書」

31）日本貿易振興機構「日EU・EPA解説書」

32）日本貿易振興機構ホームページ　https://www.jetro.go.jp/

33）農林水産省「関税割当制度の概要」

34）農林水産省ホームページ　http://www.maff.go.jp/

35）貿易キャラナビ Tlady　https://lab.pasona.co.jp/trade/

36）貿易ともだち　https://gewerbe.exblog.jp/

37）山口国際行政書士事務所「CPTPPと日EU・EPA：メガFTAへの対処について」

38）輸出入・港湾関連情報処理センター株式会社「NACCS業務資料 輸入通関・輸出通関」

39）輸出入・港湾関連情報処理センター株式会社ホームページ　https://www.naccs.jp/

40）らくらく貿易　https://www.rakuraku-boeki.jp/

索　引

欧文

AEO 通関事業者（認定通関事業者）…… *52*
AEO 通関制度 ………………………………… *11*
AEO の相互承認 …………………………… *15*
AEO 相互認証 ……………………………… *ii*
AEO 保税運送者（特定保税運送者）…… *53*
AES ……………………………………………… *21*
AFR ……………………………………………… *15*
ANIPAS ………………………………………… *8*
Cargo Manifst（積荷目録）……………… *67*
CC ……………………………………………… *163*
CFS …………………………………………… *38,66*
CFS 通関 ……………………………………… *71*
CHC …………………………………………… *163*
CHIEF ………………………………………… *21*
CIF ……………………………………………… *46*
CISTEC（安全保障貿易センター）…… *39*
CTC ルール（関税分類変更基準）…… *148*
CTSH ………………………………………… *163*
CY（コンテナ・ヤード）………………… *38,67*
CY 通関 ……………………………………… *70*
EPA（経済連携協定）……………………… *148*
EPA 税率（経済連携協定税率）… *10,109,148*
EPA による特恵関税制度 ………………… *195*
ETD …………………………………………… *13,38*
FAINS ………………………………………… *8*
FCL …………………………………………… *67,70*
FOB ……………………………………………… *46*
FVNM ………………………………………… *177*
GSP Form A（特恵用原産地証明書）
　……………………………………………… *111,227*
HDS …………………………………………… *67*
Health Certificate ………………………… *135*

HS コード（統計品目番号）……………… *46*
HS 条約 ……………………………………… *46*
IQ（輸入割当制）…………………………… *72*
JETRAS ………………………………………… *8*
JMC（日本機械輸出組合）……………… *40*
JP24（日本版出港前報告制度）……… *15,17*
LCL …………………………………………… *38,67*
MaxNON …………………………………… *164*
NACCS（輸出入・港湾関連情報処理
　システム）……………………… *6,8,9,55,222*
NC ……………………………………………… *178*
NVOCC（利用運送事業者）……… *18,38,71*
OLT（保税運送）…………………………… *67*
PQ-NETWORK ……………………………… *8*
Re-Ship（積戻し）………………………… *61*
RLF ……………………………………………… *21*
RVC …………………………………………… *163*
SCM ……………………………………………… *5*
SP ルール（加工工程基準）……………… *153*
TPP11 ………………………………………… *156*
UNCTAD（国連貿易管理開発会議）
　……………………………………………… *111,143*
VA ルール（付加価値基準）……………… *148*
VNM …………………………………………… *177*
WCO（世界税関機構）……………… *15,46,127*
WTO 協定税率 ……………………………… *110*

ア行

安全保障貿易センター（CISTEC）……… *40*
域内原産割合 ……………………………… *163*
意匠権 ………………………………………… *133*
一般特恵関税制度（GSP）……………… *111*
違約品の輸出 ……………………………… *140*

インフォーム要件 …………………… 41
インボイス ……………………… 44,83,220
オーシャン（マスター）B/L ………… 18

カ行

海貨事業者 …………………………… 54
外国貨物 ……………………………… 2
外国製品の持出し届 ………………… 208
外国製物品持出確認票 ……………… 209
外国ユーザーリスト ………………… 42
外為法（外国為替及び外国貿易法） … 4,37
加工・組立輸出貨物確認申告書 …… 200
加工工程基準（SPルール） ………… 153
課税価格 ……………………………… 85
課税数量 ……………………………… 85
課税対象（課税標準） ………………… 4
貨物収容解除承認申請 ……………… 139
通い容器 ……………………………… 13
仮陸揚貨物 …………………………… 80
関税暫定措置法 ……………………… 4
関税暫定措置法第8条（暫8） …… 190
関税定率法 …………………………… 4
関税の計算方法 ……………………… 120
関税評価 ……………………………… 85
関税分類変更基準（CTCルール） … 151
関税法 ………………………………… 1,3
関税率 ………………………………… 110
関税割当制度 ………………………… 118
季節関税 ……………………………… 115
基本税率 ……………………………… 110
逆委託加工貿易 ……………………… 42
客観要件 ……………………………… 41
キャッチオール規制 ………………… 40
狭義の通関手続 ……………………… 1
協定税率 ……………………………… 110
許可前引取り承認制度 ……………… 126
区分コード1 ……………………… 56,123

区分コード2 ……………………… 56,124
区分コード3 ……………………… 57,124
経済連携協定（EPA） ……………… 148
経済連携協定税率（EPA税率） …… 10
携帯品 ………………………………… 209
携帯品・別送品申告書 ……………… 210
原産地規則 ……………………… 148,162
原産地証明 ……………………… 156,161
原産地証明書 ………………… 10,157,159
原産地に関する申告文 ………… 182,183
原産品申告書 …………………… 184,188
原産品申告明細書 …………………… 184
現実支払価格 ………………………… 86
公海 …………………………………… 2
広義の通関手続 ……………………… 1
更正の請求 …………………………… 98
港湾運送事業者 ……………………… 11
国定税率 ……………………………… 4
国連貿易開発会議（UNCTAD） … 111,143
個別延納方式 ………………………… 120
個別申告 ……………………………… 89
個別搬し ……………………………… 67
混合税 ………………………………… 117

サ行

在宅勤務の開始・終了の申請書 …… 24
差額関税 ……………………………… 115
差し押え ………………………… 138,139
暫定税率 ……………………………… 110
自国関与品 …………………………… 154
事後調査 ………………………………… 11,98
自社通関 ……………………………… 62
事前確認制度 ………………………… 73
事前教示 ……………………………… 91
事前教示制度 ……………………… 92,94
事前教示に関する照会書 …………… 94
実行関税率表 ………………………… 46

実用新案権 ……………………………… 133
指定保税地域 …………………………… 68
自動車等の引越荷物免税申請書 ……… 218
重加算税 ………………………………… 100
従価従量税 ……………………………… 117
従価従量品 ……………………………… 85
従価税 …………………………………… 117
従価税品 ………………………………… 85
修正申告 ………………………………… 97
収容 ……………………………………… 138
従量税品 ………………………………… 85
従量税 …………………………………… 117
順委託加工 ……………………………… 44
少額特例 ………………………………… 60
消費税の還付 …………………………… 63
商標権 …………………………………… 133
申告納税方式 …………………………… 96
数量変更 ………………………………… 61
スライド関税 …………………………… 115
税関 ……………………………………… 5
税関外郵出張所 ………………………… 205
税関の役割 ……………………………… 5
全地域規制
　（輸入令第4条第1項第2号）……… 73
船名変更 ………………………………… 61
総合保税地域 …………………………… 70

タ行

ターミナル・オペレーター ………… 11,67
他所蔵置 ………………………………… 70
他法令 …………………………………… 45
帳簿類 …………………………………… 11
著作権 …………………………………… 133
通関 ……………………………………… 1
通関業務 …………………………… 33,34,35
通関士 …………………………………… 22,34
通関時確認制度 ………………………… 78

通関事業者 ……………………………… 33
通関士の在宅勤務 ……………………… 22
通関非違 …………………………… 26,32
積荷目録（Cargo Manifst）…………… 67
積戻し貨物（Re-Ship）………………… 61
デバンニング …………………………… 67
統計品目番号 …………………………… 46
到着即時輸入許可制度 ………………… 125
特定委託輸出申告制度 ………… 48,51,52
特定地域規制
　（輸入令第4条第1項第2号）……… 73
特定保税運送者（AEO保税運送者）…… 53
特定輸出者 ……………………………… 51
特定輸出申告制度 ………………… 12,48,49
特別特恵関税制度（LDC）…………… 113
特例委託輸入申告制度 ………………… 129
特例輸入申告制度 ………………… 13,127,130
特許権 …………………………………… 133
特恵関税制度 …………………………… 143
特恵税率 …………………………… 10,109,111
特恵用原産地証明書（GSP Form A）
　………………………………………… 111,227

ナ行

内国貨物 ………………………………… 2
日EU・EPA …………………………… ii,156
日EU・EPAの原産地証明 …………… 161
日本機械輸出組合（JMC）…………… 40
日本版出港前報告制度 JP24 ……… 15,17
認定通関事業者（AEO通関事業者）…… 52
納期限の延長方式 ……………………… 120
乗組員携帯品申告書 …………………… 211

ハ行

ハウス B/L ……………………………… 18
パッキングリスト ………………… 44,83,221
パラメーターシート …………………… 39

犯則調査 …………………………… 98,103
搬入確認 …………………………………… 66
搬入届 …………………………………… 65,66
非違 ………………………………………… 26
非特恵原産地規則 ………………………… 153
評価申告 ………………………………… 86,89
フォワーダー ……………………………… 53
賦課課税方式 ……………………………… 96
付加価値基準（VA ルール） …………… 151
船積み24時間前ルール …………………… 12
不納付加算税 …………………………… 100
別送品 …………………………………… 215
便益税率 ………………………………… 115
包括（一括）搬入 ………………………… 67
包括延納方式 …………………………… 121
包括申告 ………………………………… 89,90
保税運送（OLT） ………………………… 67
保税管理者 ………………………………… 31
保税工場 …………………………………… 69
保税蔵置場 ………………………………… 69
保税地域 …………………………………… 68
保税展示場 ………………………………… 69
保税転売 ………………………………… 135
保税搬入原則 ……………………………… 48
保税非違 ……………………………… 26,30
保全担保額 ……………………………… 128

マ行

マスター AWB …………………………… 20
未搬入申告扱い …………………………… 48
無為替 ……………………………………… 78
無申告加算税 …………………………… 100

ヤ行

郵便通関 ………………………………… 203
輸出 ……………………………………… 2,37
輸出許可・承認申請書 ………………… 201
輸出許可書 ………………………… 46,194,222
輸出携帯品 ……………………………… 206
輸出港出港24時間前報告制度 …………… 15
輸出申告撤回 ……………………………… 60
輸出託送品 ………………………… 217,218
輸出統計品目表 ………………………… 46,47
輸出取止め ………………………………… 60
輸出入・港湾関連情報処理システム
　　（NACCS） ………………… 6,9,55,222
輸出入申告官署の自由化 ………………… 20
輸出入通関取扱最高限度額表の廃止 …… 24
輸出の特例 …………………………… 58,59
輸出免税 …………………………………… 63
輸出・輸入託送品（携帯品・別送品）
　　申告書 ……………………………… 215
輸入 ……………………………………… 2,65
輸入許可通知書 ………………………… 123,225
輸入携帯品 ……………………………… 208
輸入検査 ………………………………… 108
輸入公表 …………………………………… 78
輸入実行関税率表 ……………………… 224
輸入承認 ………………………………… 71,81
輸入審査 ………………………………… 107
輸入通関時間 ……………………………… 26
輸入の特例 ………………………………… 79
輸入割当規制（IQ） ……………………… 72
予備申告 …………………………………… 33
予備審査制度 ……………………………… 33

ラ・ワ行

利用運送事業者（NVOCC） ……… 18,38,71
領置 ……………………………… 138,139
旅具通関 ………………………………… 205
累積原産品 ……………………………… 155
ワッセナー・アレンジメント …………… 39

著者紹介

石原　伸志（いしはら　しんじ）
1974年早稲田大学卒業、三井倉庫株式会社入社。1988年～1993年三井倉庫（タイランド）に出向。三井倉庫国際部長を経て、2006年東海大学海洋学部教授に就任。2015年より東海大学海洋学部特任教授。多摩大学大学院客員教授、一橋大学、神奈川大学他の非常勤講師を歴任。
著書は『増補改訂　貿易物流実務マニュアル』（成山堂書店）、『新貿易取引』（共著・経済法令研究会）、『コンテナ輸送の理論と実際』（共著・成山堂書店）、『ASEANの流通と貿易―AEC発足後のGMS産業地図と企業戦略―』（編著・成山堂書店）、『貿易実務シリーズ①　貿易と保険実務マニュアル』（共著・成山堂書店）他。

松岡　正仁（まつおか　まさひと）
株式会社ジャパンエキスプレス　顧問
1975年　株式会社大森廻漕店入社。主に、通関業務（1978年通関士試験合格）・プラント貨物輸送業務・国際複合輸送業務を担当し、海外駐在（タイ1988～1993年およびマレーシア1994～1997年）の後、国際企画室長および国際複合輸送部長として三国間輸送等の国際物流に従事。
2002年　株式会社ジャパンエキスプレス入社。国際営業部長として国際物流に従事し、大阪支店長を経て現在に至る。

貿易実務シリーズ②
輸出入通関実務マニュアル
定価はカバーに表示してあります。

2019年8月18日　初版発行

著　者	石原伸志・松岡正仁
発行者	小川　典子
印　刷	亜細亜印刷株式会社
製　本	東京美術紙工協業組合

発行所　㍿成山堂書店

〒160-0012　東京都新宿区南元町4番51　成山堂ビル
TEL：03(3357)5861　　FAX：03(3357)5867
URL　http://www.seizando.co.jp

落丁・乱丁本はお取り換えいたしますので，小社営業チーム宛にお送り下さい。

©2019　Shinji Ishihara, Masahito Matsuoka

Printed in Japan　　　　　　　　　　　　　ISBN978-4-425-93191-0

成山堂書店　海運・保険・貿易関係図書案内

現代海上保険	大谷孝一・中出哲　監訳	A5・376頁・3800円
海上リスクマネジメント【2訂版】	藤沢・横山・小林　共著	A5・432頁・5600円
液体貨物ハンドブック【改訂版】	日本海事検定協会　監修	A6・268頁・3200円
海難審判裁決評釈集	21海事総合事務所　編著	A5・266頁・4600円
新訂 ビジュアルでわかる船と海運のはなし	拓海広志　著	A5・256頁・2600円
グローバル・ロジスティクス・ネットワーク ―国境を越えて世界を流れる貨物―	柴崎隆一　編 アジア物流研究会　著	A5・248頁・2800円
ＡＳＥＡＮの流通と貿易 ―AFC発足後のGMS産業地図と企業戦略―	石原・魚住・大泉　編著	A5・256頁・2800円
新訂　外航海運概論	森　隆行　編著	A5・328頁・3800円
船舶知識のＡＢＣ【9訂版】	池田宗雄　著	A5・226頁・3000円
船舶売買契約書の解説【改訂版】	吉丸　昇　著	A5・480頁・8400円
国際物流のクレーム実務 ―ＮＶＯＣＣはいかに対処するか―	佐藤達朗　著	A5・362頁・6400円
海上貨物輸送論	久保雅義　編著	A5・176頁・2800円
貨物海上保険・貨物賠償クレームのQ＆A【改訂版】	小路丸正夫　著	A5・188頁・2600円
設問式 定期傭船契約の解説【全訂版】	松井孝之　著	A5・354頁・4000円
設問式 船荷証券の実務的解説	松井孝之・黒澤謙一郎　編著	A5・392頁・4500円
設問式 船舶衝突の実務的解説	田川俊一監修／藤沢 順　著	A5・176頁・2600円
船会社の経営破綻と実務対応	佐藤達朗・雨宮正啓　共著	A5・296頁・3800円
傭船契約の実務的解説【2訂版】	谷本裕範・宮脇亮次　共著	A5・374頁・6200円
ＬＮＧ船がわかる本【新訂版】	糸山直之　著	A5・308頁・4400円
ＬＮＧ船運航のＡＢＣ【改訂版】	日本郵船LNG船運航研究会　著	A5・240頁・3200円
載貨と海上輸送【改訂版】	運航技術研究会　編	A5・394頁・4400円
増補改訂 貿易物流実務マニュアル	石原伸志　著	B5・488頁・8800円
貿易実務シリーズ① 貿易と保険実務マニュアル	石原・土屋・水落・吉永　共著	A5・374頁・3800円
新・中国税関実務マニュアル【改訂増補版】	岩見辰彦　著	A5・300頁・3500円
ココで差がつく！貿易・輸送・通関実務	春山利廣　著	A5・328頁・3000円
港湾倉庫マネジメント	篠原正人監修／春山利廣著	A5・368頁・3800円
図解 船舶・荷役の基礎用語【6訂版】	宮本　榮　編著	A5・372頁・3800円
英和 海事大辞典	逆井保治　編	A5・604頁・16000円
ＬＮＧ船・荷役用語集【改訂版】	ダイアモンド・ガス・オペレーション（株）編著	B5・254頁・6200円
海運六法【年度版】	国土交通省海事局　監修	A5・1442頁・16200円
船舶油濁損害賠償保障関係法令・条約集	日本海事センター　編	A5・600頁・6600円
海事仲裁がわかる本	谷本裕範　著	A5・240頁・2800円
港湾六法【年度版】	国土交通省港湾局　監修	A5・970頁・13500円

解説付総合図書目録進呈

※定価は本体価格（税別）です。
　定価は変更する場合があります。最新の情報は、弊社webでご確認ください。
　http://www.seizando.co.jp

（2019年7月）